Ruediger Dahlke

Das Buch der Widerstände

arkana

Ruediger Dahlke

unter Mitarbeit von Margit Dahlke

Das Buch der Widerstände

Wie wir unser Leben
wieder in Fluss bringen

arkana

Verlagsgruppe Random House FSC® N001967
Das für dieses Buch verwendete FSC®-zertifizierte Papier
Munken Premium Cream liefert Arctic Paper Munkedals AB, Schweden.

1. Auflage
Originalausgabe
© 2013 Arkana, München
in der Verlagsgruppe Random House GmbH
Umschlaggestaltung: Uno Werbeagentur, München
Lektorat: Christine Stecher
Satz: Barbara Rabus
Druck und Bindung: GGP Media GmbH, Pößneck
Printed in Germany
978-3-442-34134-4

www.arkana-verlag.de

Dank

Ich danke Margit für ihre Hilfe und Korrekturen, Rita für ihre Anregungen und Dorothea für Korrekturen, Christine Stecher für das bewährte Lektorat und die gute Zusammenarbeit am Konzept.

Sabine Aebersold, Thom Bezenek, Bruno Fauchet, Simone Duxbury, Thomas Fleischhacker, Josef Fuhrmann, Gebhard Gediga, Bruno Faucherre, Christin Hack, Karin Hamvai, Florian Harzmann, Gerhard Hempfer, Dr. Ingo Hobert, Freda Jeske, Sabine Klämbt, Dr. Carlo Metzler, Melanie Meyer, Meike Nittel, Dr. Gabriele Paulsen, Daniela Sainitzer, Maria Schlüter, Kristine Schrader, Paul Strässle, Wolfgang Umlauf, Roland Vorlaufer, Balthasar Wanz und Sabine Wigg-Wolf gilt mein Dank für ihre Beiträge zur Sammlung der Widerstände und Beschwerden.

Inhalt

Inhalt

Widerstände als Wachstumschancen

Wir alle hätten es wahrscheinlich am liebsten, wenn das Leben immer so wäre, wie wir es uns gerade wünschten. Aber das Leben ist kein Wunschkonzert. Die Mehrheit hat das verstanden. Ein großer Teil vor allem westlicher Menschen ist deshalb bestrebt, das Leben ganz aktiv nach persönlichen Wünschen umzugestalten, damit es dem eigenen Traum wenigstens nahekommt. Ein anderer großer Teil, vor allem im Osten, versucht hingegen, das Vorgefundene gelassen hinzunehmen, es anzunehmen und darin den Willen der Schöpfung oder des Schöpfergottes zu erkennen. Das ist der grundsätzliche Unterschied von westlicher und östlicher Lebensphilosophie. Doch folgt auch das Christentum dem letzteren Weg, wenn wir an das »Dein Wille geschehe« aus dem Vaterunser denken.

Global betrachtet, gewinnt der Westen mit seiner Lebenseinstellung auf ganzer Linie, denn in den großen Schwellenländern des Ostens, Indien und China, hat die westliche Machermentalität, die die Schöpfung optimieren will, längst die Oberhand gewonnen. Religion wie Spiritualität geraten dadurch auch dort – wie bei uns schon längst geschehen – in den Hintergrund. Bei tieferer Betrachtung wird allerdings deutlich, wie viele westliche Menschen sich schon wieder von dieser Machermentalität verabschiedet haben. Und es werden ständig mehr angesichts des auf Erden angerichteten Fiaskos im Zuge von Misswirtschaft, Ausbeutung und Zerstörung.

Gleichzeitig resigniert aber sowohl im Westen als auch im Osten heute ein wachsender Teil der Bevölkerung und ergibt sich widerwillig einem Schicksal, das hoffnungslos erscheint. Diese Menschen finden sich in der Opferrolle wieder, und ihr Jammern ist unüberhörbar. Hierher gehört die zunehmende Zahl von Wahlverweigerern und Boykotteuren des Konzepts eines ständig zu steigernden Bruttosozialprodukts. In vielen westlichen Ländern wie etwa den USA nimmt nicht einmal mehr die Hälfte der Bürger ihr Wahlrecht wahr; der größere Teil hat die Hoffnung offenbar längst aufgegeben, dass sich auf diesen demokratischen Wegen etwas zum Besten verändern ließe. Und dass die Steigerung des Bruttosozialproduktes als einziges wirkliches Ziel westlicher Demokratien sich immer mehr als wahnwitzig herausstellen wird, mag folgendes Beispiel zeigen: Essen wir einfach so weiter wie bisher Massen an Fleisch- und Milchprodukten aus Massenproduktion, werden wir erleben, wie Herzinfarkt- und Schlaganfallraten weiter steigen und Krebs und Alzheimerkrankheit weiter zunehmen. Dies führt zu teuren Behandlungen wie Intensivpflege und Chemotherapien, die allesamt das Bruttosozialprodukt steigern und in dieser pervertierten Betrachtungsweise als positiver Zuwachs aufscheinen. Wechselten wir dagegen zu pflanzlicher Nahrung im Sinne von *Peace Food* auf regionaler und saisonaler Versorgungsbasis, wäre das schlecht fürs Bruttosozialprodukt, denn es reduziert Produktionskosten der Lebensmittel und verhindert viele aufwendige Therapien.

Um es an einem anderen Beispiel zu verdeutlichen: Wer ist schon so verrückt, es als Erfolg zu verbuchen, sein Auto zu Schrott zu fahren, um es anschließend teuer reparieren zu lassen. Aber das steigert das Bruttosozialprodukt, und genau das machen wir im Bereich Ernährung und Gesundheit und nicht nur dort.

Kleine Gruppen der Bevölkerung, angefangen bei Mitgliedern der Occupy-Bewegung bis hin zu Umweltschützern, Tierrechtsaktivisten und Veganern, leisten aktiv Widerstand gegen die erkennbar irrsinnigen Ziele des modernen Kapitalismus. Das ist bewundernswert, aber leider oft noch von wenig Erfolg gekrönt. Der Grund liegt in diesen Bewegungen selbst, deren Mitglieder oft dazu neigen, sich lieber untereinander zu bekämpfen, als den Gegner, das unmenschliche System, ins Visier zu nehmen, um es zu ändern.

Zur weitaus größeren Gruppe der Resignierten sind nicht nur die Wahlmüden, sondern auch die vom Bore-out-Syndrom Betroffenen zu zählen. Es sind diejenigen, die sich nirgends engagieren, sondern zu Tode langweilen. Auf dem Gegenpol finden sich die Burn-out-Opfer. Sie haben sich anfangs fast zu Tode geschuftet, um die Welt ihren Wünschen anzupassen, sind aber daran gescheitert und resignieren dann ebenfalls und meist auf Kosten der Allgemeinheit. Diese beiden Gruppen treffen sich in jenem bedauerlichen Zustand, den ich Seeleninfarkt nenne.

Ob die Menschen nun aktiv bis hyperaktiv oder resignierend bis depressiv auf die vorgefundene Realität reagieren – sie kommen auf diese Weise mit sich selbst nicht weiter und schon gar nicht zu sich selbst. Insofern ist es leicht erklärlich, dass unsere Welt trotz ständiger technischer und auch medizinischer Fortschritte vom Klagelied Bedauern und Mitgefühl heischender Opfer widerhallt. Diese Menschen finden so vieles ungerecht und beschweren sich mehr oder weniger lautstark darüber. Sie leisten zwar Widerstand, aber auf einer Ebene, die politisch sicher nichts bringt, sie selbst jedoch langfristig das Leben kostet. Sie erinnern mich an jenen Kreuzfahrtgast, der sich vom ersten Tag der Reise nur mit deren Schattenseiten beschäftigte, um anschließend über Regress und die Kulanzabteilung große

Teile der Kosten erstattet zu bekommen. Er hielt es für ein tolles Geschäft, manchmal fünfzig Prozent zurückzubekommen, und begriff nicht, dass er sich die Reise immer hundertprozentig verdarb. Bei der Analogie zum Leben kommt noch hinzu, dass es gar keine Erstattungen gibt, aber beliebig viele Möglichkeiten nachzusitzen. Wer also schon in Widerstand gerät, ist gut beraten, diesen zu artikulieren und damit seine Erfahrungen zu machen.

In spirituellen Kreisen und in der Esoterikszene wird ein dritter Weg versucht. Statt sich an der Welt abzuarbeiten oder zu resignieren, setzt man darauf, durch Wunschrituale und Bestellungen beim Universum dauerhaftes Glück zu erzwingen. Viele durchschauen dabei nicht, dass die Wünsche und Bestellungen nur die Kehrseite von Beschwerden und somit letztlich von Widerstand sind. Wer sich Glück und Geld beim Universum bestellt, beklagt damit zugleich den Mangel an beidem und informiert die Schöpfung über diesen Fehler mit der Bitte, ihn möglichst rasch in Ordnung zu bringen, und zwar in der persönlich ersehnten Weise. Obwohl wir durchaus beim Vaterunser beten: »Dein Wille geschehe«, meinen wir aber in Wirklichkeit meist: »Lieber Gott, ich habe da zwei Vorschläge, bitte mach das so und so …«

Wir hätten es einfach so gern, wenn unsere Wünsche und Bestellungen bei der Universumsleitung auf offene Ohren stießen und wir mit sofortiger Lieferung rechnen könnten. Kein Wunder, dass solche Programme Hochkonjunktur haben; es wäre einfach zu schön, wenn das klappen würde. Das tut es aber nicht, jedenfalls nicht auf Dauer, denn die Schicksalsgesetze haben Priorität und fordern anderes, vor allem steht das Gesetz der Polarität noch über dem der Resonanz.

Den Traum eines vollkommenen Lebens zu verwirklichen

und wunschlos glücklich zu sein, das gelingt am ehesten denjenigen, die Vervollkommnung im Bewusstsein erreichen. Wer Befreiung oder Erleuchtung auf Bewusstseinsebene gefunden hat und dauerhaft in die Erfahrung der Einheit eingetaucht ist, erkennt, dass alles in Ordnung war und ist – da es einer größeren, höheren Ordnung folgt. Aus der Perspektive der Polarität, die von der Mehrheit geteilt wird, erscheint die Welt hingegen in beklagenswerter Unordnung. Die daraus erwachsende Geisteshaltung des Verbesserns bis zur Besserwisserei, des Kritisierens bis zu Nörgelei und Kritiksucht greift dieses Buch auf, um dazu anzuregen, diese Formen von Widerstand in Akzeptanz umzuwandeln und dabei innerlich zu wachsen.

Persönliche Krankheitsbilder sind Ausdruck von Unordnung – genauso wie die Krankheitsbilder der Gesellschaft und Wirtschaft, von Partnerschaft und Religion. Hier Ordnung zu schaffen ist das Anliegen politischer und überhaupt engagierter Menschen. Wer die *Schicksalsgesetze* und *Spielregeln des Lebens* durchschaut,* kann erkennen, dass es um die Struktur des Bewusstseins geht, aus der sich die Erkenntnis äußerer Ordnung zwanglos ergibt. Man muss nicht in einen Orden mit sehr geordneten Verhältnissen eintreten, um Ordnung in seinem Leben eintreten zu lassen, sondern kann auch innerlich Ordnung erkennen und schaffen und diese auf die Umwelt abfärben lassen. Genauso lässt sich aber aus den ungeordneten äußeren Verhältnissen auf die eigene innere Unordnung schließen und daraus lernen, was einem zur Vollkommenheit fehlt. Diesen Weg wollen wir gemeinsam beschreiten. Sind wir schließlich ausgesöhnt, mit allem, was ist – in und um uns –, werden wir aus dem Widerstand heraus- und in die Einheit

* Siehe das Literaturverzeichnis im Anhang

eintreten. Zwar sind die Definitionen von Erleuchtung und Vollkommenheit so verschieden wie die Kulturen, die sie beschreiben, aber allen gemeinsam ist die Erfahrung der Freiheit von Widerstand.

Widerstand, Nörgelei und Besserwisserei, die letztlich hinter allen Wunsch-Orgien stecken, in Akzeptanz und Wunschlosigkeit zu wandeln ist also der anspruchsvolle Weg, der vor uns liegt. Dabei gilt es, sich selbst dort abzuholen, wo man gerade steht, und das lässt sich am besten bei den Beschwerden festmachen – den körperlichen wie in *Krankheit als Symbol* und denjenigen des Alltagslebens hier in diesem Buch. Das wird umso leichter, als der (westliche) Kampf gegen widrige äußere Umstände auf Dauer wenig Befriedigung und schlechte Ergebnisse bringt – jedenfalls für die Mehrheit und für das Leben auf diesem Planeten. Der östliche Weg hat vielen Menschen in der Vergangenheit immerhin Entwicklung und Wachstum gebracht, und so versuchen inzwischen auch im Westen spirituell Suchende, ihm zu folgen.

Zum Glück gibt es neben dem westlichen, östlichen und »esoterischen« noch einen vierten Weg, der sich dadurch auszeichnet, dass das Akzeptieren des Vorgefundenen mit dem Engagement verbunden wird, die eigene (Um-)Welt zu deuten und die erlebten Probleme in ehrlicher Weise auf sich zu beziehen. Dadurch zeigt sich der Sinn der Hindernisse. Wird er verstanden und akzeptiert, können eigene Lernschritte diese anschließend überflüssig machen. Konkret könnte das heißen: Statt auf Tierquäler loszugehen, stellt man die eigene Ernährung bewusst auf vollwertige pflanzliche Kost um und macht damit bereits viel Tierleid unspektakulär überflüssig. Das eigene Beispiel wird Schule machen und Vorbildfunktion haben. Zusammen mit ruhiger Überzeugungsarbeit und Information über bessere Möglichkeiten wirkt diese Haltung auf andere ansteckend. Vor allem wird das eigene gesündere und ethisch akzeptablere Leben überzeugen. Den Tierquäler kann man immer noch ruhig und überlegt anzeigen. Demgegenüber sind die meisten Tierschützer und -freunde nicht einmal bereit, persönlich auf Tierprodukte in ihrer Ernährung zu verzichten. Das lässt ihren ganzen Einsatz in eigenartigem Licht erscheinen und wird letztlich nicht über Pyrrhussiege hinausführen. Wirkliche Veränderung muss bei einem selbst beginnen, oder sie beginnt nicht.

Bei sich selbst anfangen hat sich im Hinblick auf die Krankheitsbilder-Deutung seit gut drei Jahrzehnten bewährt. So folgt das vorliegende Buch dem gleichen Ansatz und der Idee von *Krankheit als Symbol*, nur statt sich auf Krankheitsbilder und ihre Deutung zu spezialisieren, nimmt es sich die großen und kleinen Probleme des täglichen Lebens vor, deutet sie und lässt so die darin verborgenen Lernaufgaben *deut*lich werden. All jene, die die Erfahrung gemacht haben, wie wenig Jammern und Klagen nützt und wie sehr ständige Beschwerden das Leben beschweren, können hier einen gangbaren Ausweg aus der Misere bisherigen Lebenselends finden. Gefordert ist dabei ein in jeder Hinsicht kreativer, aktiver und konstruktiver Umgang mit den Widrigkeiten des Lebens, der wachsen lässt und zu Selbsterkenntnis führt. Am Anfang sind einige liebgewonnene Gewohnheiten aufzugeben, etwa das Projizieren von Schuld auf andere und Umstände. Aber mittel- bis langfristig werden wir auf diesem Weg reich beschenkt. Und ohne viel an den Umständen zu ändern, ändern sie sich. Das Motto klingt einfach: *Wer die Welt ändern will, muss sich ändern.* Die (Um-)Welt folgt dann schon. Wer also beispielsweise den Sinn seiner Mandelentzündungen verstanden hat und ihm entspricht, braucht diese Erfahrung nicht ständig am eigenen Hals zu wiederholen. Im Bereich der deutenden Medizin liegen bereits ungezählte gute Erfahrungen mit diesem Ansatz vor. Wer entsprechend weiterdenkt, stellt sich auch den Krankheitsbildern seiner (Um-)Welt, letztlich den Problemen des Alltags, wie er jedem von uns in seiner symbolischen Be-Deutung täglich begegnet. Es hat natürlich Sinn und insofern Bedeutung, wenn uns jemand ins Auto fährt oder im Beruf mobbt oder ein Wasserrohr bricht.

Die Schule des Lebens – das Leben als Schule

Das Universum und unser kleines Leben sind kein Chaosfeld, in dem sich zufällig Katastrophen ereignen, sondern eine Schule, in der uns gesetzmäßig Lernaufgaben zufallen, die von uns bewältigt werden wollen. Verweigern wir sie, können sie sich zu persönlichen Katastrophen, dramatischen Hindernissen und schrecklichen Beschwerden auswachsen. Ist jedoch eine Aufgabe gelöst, wird sie uns nicht weiter belästigen. Dafür kommen neue Aufgaben auf uns zu. Es reicht also nicht, sich auf der Gewissheit auszuruhen, dass das Leben eine Schule ist. Zwingend ist, auch zu erkennen, dass *die Schule des Lebens ein Leben lang dauert*. Diejenigen, die in der ersten Lebenshälfte wenig lernen, erleben in der zweiten die Aufforderungen dazu in Form von zunehmenden und anhaltenden Krankheitsbildern. Chronische Symptome, die gar nicht mehr verschwinden, sind Ausdruck des sich verstärkenden Lerndrucks.

Der Gedanke, ein Leben lang zur Schule, nämlich in die Lebensschule zu gehen und lernen zu müssen, mag für viele moderne Menschen eine Zumutung sein. Doch Widerstand ist nutzlos; die wirkende Wirklichkeit hat ihre Regeln, und solange diese nicht verinnerlicht sind, werden wir immer wieder darauf gestoßen. Es geschieht zuerst sanft und dann mit zunehmendem Druck und schließlich sogar mit der Gewalt von Krankheitsbildern und Katastrophen. Dabei liegt in dem Wort *Katastrophe* schon die Lösung und damit auch Hoffnung, denn damit ist im Griechischen auch der Umkehrpunkt gemeint, und genau darum geht es: umkehren vom sturen Beharren auf eigenen Positionen und anerkennen, was die Wirklichkeit (von uns) fordert, sowie akzeptieren, dass nicht unsere kurzlebigen Wünsche, sondern die Themen eines universellen Lehrplans bestimmend sind.

Solange wir die Spielregeln des Lebens, die Schicksalsgesetze, nicht akzeptieren, werden uns weiter Aufgaben diktiert, an denen wir verzweifeln oder an denen wir zeigen können, dass wir es inzwischen begriffen haben. Ist das der Fall, hören zwar nicht die Aufgaben, aber die Zumutungen auf, und es kehrt auf dieser Ebene Frieden ein. Anschließend eröffnet sich allerdings gleich ein neues Lernfeld. Deshalb haben weise Lebenslehrer des Ostens geraten, immer das sogenannte Schüler-Bewusstsein zu behalten oder gleich woanders wieder Schüler zu werden, wenn in einem Bereich Meisterschaft erreicht ist. Intelligente Schüler lernen rasch, dass nicht das Zur-Schule-Gehen blöd ist, sondern das Sich-Wehren gegen den Lehrplan. Wer sich nach den Schulen der Kindheit und Jugend (geistig) zur Ruhe setzen will, wird keine finden. Bei ihm müssen Krankheitssymptome und Probleme für jene kreative Unruhe sorgen, die zum Lernen anregt und manchmal auch zwingt.

Der Lehrplan der Schule des Lebens wird wie in allen Schulen stufenweise anspruchsvoller. Zuerst – gleichsam auf der

Grundstufe – geht es darum, die Spielregeln des Lebens in Gestalt der *Schicksalsgesetze* zu lernen. Dies entspricht dem Schreiben- und Lesenlernen und dem Lernen der Grundrechnungsarten.

Das Polaritätsgesetz

Das wichtigste und alles andere entscheidende Gesetz ist das der Polarität. Tatsächlich gibt es unter Gesetzen immer eine Hierarchie. Wer zum Beispiel eine Hochschwangere in Presswehen im Auto hat, braucht die Geschwindigkeitsregeln nicht zu beachten. Die Frau schnell und sicher zur Hebamme zu bringen, hat Vorrang.

Nach dem Gesetz der Polarität besitzt alles (s)einen Gegenpol oder Schatten. Im Glück des Lebens begegnet uns dessen lichte Seite, im Unglück seine dunkle. Das Ein- und das Ausatmen sind zwei Seiten derselben Medaille. Sobald wir das Einatmen, das Nehmen der Luft, gegenüber dem Ausatmen, dem Entlassen der Luft, bevorzugen, entwickelt sich Asthma. Geben und Nehmen müssen also in Harmonie bleiben. Jedes Ungleichgewicht in dieser Hinsicht führt zu Symptomen und Problemen.

Krankheitsbilder und (Alltags-)Probleme sind demnach Ausdruck von Ungleichgewicht. Bleibt es uns unbewusst, entwickelt sich daraus Schatten, der die Aufgabe hat, dieses Ungleichgewicht ins Bewusstsein zu bringen. Im Schatten liegt also immer eine Lernaufgabe, ein Hinweis auf Korrektur der Lebensrichtung. Er deutet an, dass uns etwas fehlt und auch, um was es sich dabei handelt. Wenn wir folglich das uns Bedrängende verstehen und integrieren, werden wir dadurch vollständiger und heiler.

Symptome, ob im körperlichen, seelischen oder sozialen Bereich, sind immer Ausdruck von Schatten. Dies wissend, können wir aus ihnen die Thematik herauslesen und sie, statt in unerlöster Symptomatik, auch auf einer erlösten Ebene leben, und dieser Wandel vom Unerlösten zum Erlösten ist lernbar. Krankheitsbeispiele machen das deutlich: Statt ständig unter Hustenattacken zu leiden, können wir einem Quälgeist etwas husten, ihm die Meinung sagen und das Problem so lösen. Das Thema hinter dem Husten ist das Aggressions- oder Marsprinzip. Aggression kann sich sowohl auf schrecklichen Schattenebenen äußern, etwa durch Gewalt, Brutalität oder eben Husten, als auch in erlöster Weise in Mut, Konfliktbereitschaft und Entscheidungsfähigkeit. Damit wird der Schatten zu unserem Schatz, denn er führt uns – entsprechend beachtet, gedeutet und umgesetzt – zu unseren Lernthemen, und diese schenken uns die Chance zu Entwicklung und Wachstum. Dies ist die erlöste Variante des Umgangs mit Schatten, gleichgültig ob in Gestalt von Symptomen, Problemen oder anderen Herausforderungen.

Die unerlöste Variante ist die *Projektion*. Was ich an mir selbst nicht leiden kann, bekämpfe ich draußen an anderen (Menschen oder Umständen). Ein typisches Beispiel ist der ehemalige Raucher, der jetzt als strikter Antiraucher fanatisch auf jeden Raucher losgeht. Obwohl es als richtig empfunden werden mag, Rauchern ihre Grenzen aufzuzeigen, wird hier deutlich, dass die bislang unbewältigte eigene Problematik an jenen bekämpft wird, die noch voll im Problem stecken. Ein anderes Beispiel ist der Übergewichtige, der einen Fastenwilligen mit (obendrein) falschen Gesundheitsargumenten von seinem Vorhaben abbringen will. Der Übergewichtige kann nicht ertragen, wie ein anderer ein Problem löst, vor dem er selbst

resigniert. Noch deutlicher ist das Beispiel eines Kursteilnehmers, der vor einem Schuldenberg stand und daraufhin den
Kopf in den Sand steckte. Als er ihn Jahre später wieder heraus-
zog, waren ihm die Zinsen und die Zinsen der Zinsen weit über
den Kopf gewachsen, und die Angelegenheit wurde in seinen
Augen hoffnungslos. Statt nun sein Geldproblem pragmatisch
zu lösen, verbrauchte er sich und seine Energie im ideologi-
schen Kampf gegen das Zins- und Zinseszinssystem dieser
Welt und scheiterte in vieler Hinsicht. Hier war jedem klar, welches Spiel er spielte. Den Kampf gegen dieses System, wie ihn
Margrit Kennedy, die Kapitalismuskritikerin und Mitbegrün-
derin von Occupy Money, seit Jahrzehnten führt, halte ich für
sehr berechtigt, aber im Fall des Kursteilnehmers war er hoffnungslos, weil von Projektionsleidenschaft gespeist. Der Mann
konnte auch niemanden überzeugen.

Wenn wir uns mit der Deutung von Problemen und Symptomen beschäftigen, sind wir also immer am Schatten tätig.
Seine Integration macht uns heil. Das ist die große Chance im
Leben: an Problemen wachsen in Richtung Heil und Vollkommenheit.

Die Lebensprinzipien

Mit zwölf Lebens- oder Urprinzipien lässt sich die Wirklichkeit,
mit der wir uns täglich auseinandersetzen, gut beschreiben
und durchschauen: **1.** Widder-MARS, **2.** Stier-VENUS, **3.** Zwillinge-MERKUR, **4.** Krebs-MOND, **5.** Löwe-SONNE, **6.** Jungfrau-MERKUR, **7.** Waage-VENUS, **8.** Skorpion-PLUTO, **9.** Schüt-
ze-JUPITER, **10.** Steinbock-SATURN, **11.** Wassermann-URA-
NUS, **12.** Fische-NEPTUN.

Nach dem Polaritätsgesetz hat jedes Lebensprinzip (s)eine

erlöste und unerlöste Seite. Im Problem wird es seinen unerlösten Teil zeigen; in der angestrebten Lösung muss der erlöste zum Ausdruck kommen. In der Tiefe von Problemen findet sich oft auch eine Mischung mehrerer Lebensprinzipien. So wird beim Erkennen eines problematischen Themas und seiner Wandlung von der unerlösten zur erlösten Seite der Medaille die genauere Kenntnis der Lebensprinzipien weiterhelfen.

Spirituelle und religiöse Menschen sehen hinter allen Erscheinungen die Einheit. Erleben können wir aber meist nur die Polarität, die Welt der Gegensätze, wie sie sich uns im Tai-Chi-Symbol darstellt.

Alles in dieser Welt tritt uns in dieser Spaltung in Yin und Yang, weiblich und männlich, entgegen. Wenn wir das weibliche Yin in die beiden weiblichen Elemente Wasser und Erde, und das männliche Yang in die männlichen Elemente Feuer und Luft unterteilen, gelangen wir zu den vier Elementen, Feuer und Wasser, Luft und Erde, wie wir sie im westlichen Kulturkreis kennen.

Nun können wir noch einen Schritt weitergehen, denn es gibt nicht nur eine Form etwa des Wasserelements. Das sanfte Wasser der Teiche und Seen ordnen wir dem Mondprinzip zu, das verschlingende, trübe der Sümpfe dem des Pluto und die unendliche Weite des Meeres dem Neptunischen. Dieser Schritt von einem Element zu seinen drei Erscheinungsformen lässt sich bei jedem Element durchführen. Beim männlichen Feuer finden wir das lodernde Feuer des Anfangs im Marsprinzip, das aus dem Mittelpunkt strahlende Feuer des Sonnenprinzips und die innere Glut und Begeisterung des Jupiterprinzips. Beim Luft- und Erdelement gilt Ähnliches, wie in dem Buch *Die Lebensprinzipien* (siehe Anhang) ausführlich dargestellt, nur treten hier die Prinzipien von Venus und Merkur in zwei verschiedenen Ausdrucksformen, einer weiblichen und einer männlichen, auf. Letztlich erhalten wir auf diese Weise (vier Elemente mal drei Erscheinungsformen) zwölf Urprinzipien.

Genau wie in *Krankheit als Symbol* werden auch in diesem Buch die Lebens- oder Urprinzipien am Ende jedes dargestellten Problems zur besseren Orientierung mit angegeben. Die Beschäftigung mit den Widerständen und Beschwerden des Alltags wird somit auf anschauliche Weise zum Erlernen und Vertiefen der Kenntnis der Lebensprinzipien beitragen.

Das Resonanzgesetz

Das zweitwichtigste Gesetz ist das der Resonanz. Es besagt, dass wir nur mit den Menschen, Dingen, Themen und Situationen in Berührung kommen, zu denen wir einen inneren Bezug haben beziehungsweise mit denen wir seelisch in Verbindung stehen. Hier wird das, was wir herkömmlich als Zufall bezeichnen, durch den Begriff Entsprechung, Affinität oder Resonanz ersetzt. Wir entwickeln kein Symptom und kein Krankheitsbild, zu dem wir nicht in Resonanz sind. Und das gilt ohne Einschränkung auch für Hindernisse und Widrigkeiten des Alltags sowie alle möglichen anderen Probleme und Katastrophen.

Alles passt in dieser Schöpfung zusammen. Wenn wir uns etwas nicht erklären können, liegt es meist daran, dass wir den Zeitrahmen zu knapp wählen. Wenn ich nach gesund verbrachtem Morgen mit Meditation und Müsli zwei Mails bekomme, die mich vonseiten der Bank über ein erhebliches Minus auf dem Konto und vonseiten des Internisten über fürchterliche Blutwerte in Kenntnis setzen, lässt sich natürlich über Ungerechtigkeit und Beschwernisse des Lebens lamentieren, immerhin war der Tagesbeginn makellos. Aber das ist offensichtlich zu kurz gedacht. Wer den Zeitrahmen weiter spannt und seinen Lebenswandel der letzten Jahre einbezieht, als in finanzieller und gesundheitlicher Hinsicht weit über die eigenen Verhältnisse gelebt wurde, der versteht die Briefinhalte. Über die Kette der Leben und das Gesetz des karmischen Ausgleichs kommt letztlich alles immer wieder in Balance.

Folglich regt dieses Buch nicht dazu an, Probleme zu bekämpfen und aus der Welt zu drängen, sondern Lösungen zu suchen, die wir im Erkennen des tieferen Sinns der Probleme und der Art unseres Widerstands gegen neue Entwicklungsschritte finden. Wir nehmen jedes unserer Probleme ernst und richten unsere Aufmerksamkeit – über die in seiner Tiefe verborgenen, noch in unerlöster Form wirkenden Urprinzipien – auf dessen positive Seiten. Diese sind immer vorhanden und warten nur darauf, in der negativ wirkenden Energie erkannt zu werden. Energie ist an sich wertfrei, und sobald das Problem durchschaut und die Lage entsprechend korrigiert ist, wird sie in eine neue konstruktivere, weil erlöste Spielart dieses Prinzips fließen. Der Schatten wird so zum Gewinn. In diesem Sinne folgt hier das Deuten von Symptomen und Problemen dem Modell der Homöopathie, die mit den Symptomen arbeitet und sie nicht unterdrücken will wie die Allopathie der Schulmedizin.

Praktische Perspektiven und Lösungswege

Jammern und Klagen, chronische Unzufriedenheit, das typisch deutsche Alltagsnörgeln und Dauerkritisieren sind Ausdruck einer Tendenz, alles Schlechte oder Fehlende überzubewerten. Für alles Wundervolle und im Überfluss Vorhandene wird so die fällige Dankbarkeit eingespart. Diese Haltung ruiniert zwar jede Stimmung, aber ihr ist – in unserem Sinne – eine Menge abzugewinnen. Denn dieser Widerstand an der vorgefundenen Wirklichkeit ist *wunder*voller Stoff für Klärungsprozesse mit Hilfe dieses Buches; es könnte im übertragenen Sinn der Ofen werden, der hilft, all das zu verbrennen und in wertfreie Wärme beziehungsweise Energie zu wandeln, und *durch den Wandel entsteht das Wunder.*

Die so verbreitete pessimistische Sichtweise hat natürlich ihre Gründe, und diese sind uralt. Das macht (Ver-)Änderungen auch so schwierig. Moralische und noch so gut gemeinte Appelle fruchten deshalb wenig. In der Frühzeit der Menschen waren nämlich die negativen Dinge wesentlich wichtiger als die wenigen positiven. Wenn unsere frühesten, noch mehr mit Tönen als Worten ausgerüsteten Vorfahren sich freuten und zufrieden waren, mussten sie dies nicht unbedingt mitteilen. Aber sobald das Futter oder Feuer auszugehen drohte, war diese Gefahr sehr wohl sofort anzuzeigen, denn es konnte über Leben und Tod entscheiden. So wurde gelernt, auf Mangel oder Bedrohung unverzüglich zu reagieren und im Übrigen äußerst kritisch auf der Hut zu sein. Da das Leben in den nördlichen Breiten besonders hart war, mussten die Menschen dort stets das Schlimmste befürchtend wachsamer sein als etwa Südsee-insulaner, denen alles Notwendige dank stets hoher Temperaturen gleichsam von selbst in den Mund wuchs. Über Jahrmillionen der Evolution wurden wir also darauf getrimmt, alles Negative sofort zu erkennen und zu melden – dieses Programm sitzt nun tief und hängt uns nach. Das ist auch der Grund für das Elend der modernen Presse, die sich bis heute praktisch nur mit Negativem beschäftigt – nach der scheußlichen Devise, dass nur schlechte Nachrichten gute Nachrichten seien. Andererseits haben wir dadurch genug Stoff für den Problem-Ofen. Wer sich mit diesem Buch der Widerstände beschäftigt, riskiert also einen Überfluss an Energie in naher Zukunft. Die Gefahr liegt höchstens darin, dass uns der Brennstoff in Gestalt von Problemen ausgeht. Wer jeden Tag eines seiner Lebenshindernisse angeht, wird wohl nicht einmal Stoff für ein Jahr finden. Denn wer hat schon 365 Probleme! Insofern ist es wahrscheinlich genug und obendrein leichter, jede Woche nur eines zu verarbeiten. Aber selbst dann könnten bei 52 Wochen die Probleme doch allmählich knapp werden.

Zudem steht noch ein Abschied bevor. Es ist der Abschied von einer der am besten trainierten Rollen: der des armen Opfers. Wer diese möglicherweise liebgewonnene Rolle aufgibt, bekommt dafür die Verantwortung für sich und seine Probleme, aber auch für sein Leben. Was kurzfristig wie ein schlechtes Geschäft anmuten mag, dürfte mittel- und langfristig zum besten Entschluss des Lebens werden.

Wer auf seine Widerstände aufmerksam wird, Resonanzen erkennt, seine Projektionen zurücknimmt und Licht in seine Schattenseiten bringt, wird schon bald nicht mehr *dieselbe* sein. Wobei dieser Ansatz natürlich auch für Männer funktioniert, die ihn bisher nur leider viel weniger einsetzen. Wer der Frage »Was lehren mich meine Beschwerden ans Universum?«, wie hier vorgeführt, systematisch nachgeht und erkennt, wie wenig Unterschied zwischen Wünschen und Beschwerden besteht, wird in diesem Brevier der häufigsten Klagen und ihrer Lösungen seinen Schatz finden und heben.

Dargestellt sind sie meist in Frageform nach dem Motto »Warum geht es ausgerechnet mir so schlecht?« Gegenfragen machen das Thema noch deutlicher oder klären es weiter, etwa: »Stimmt das überhaupt? Geht es mir wirklich so schlecht? Und im Vergleich zu wem?«

Andererseits verlangen Fragen vor allem Antworten, und diese führen konsequent zur Verantwortung, zu der Fähigkeit zu antworten. Sie steht im Mittelpunkt dieses Buches. Der Ansatz ist nicht neu; er leitet sich konsequent aus der hermetischen Philosophie ab. Wir erkennen ihn auch schon bei Sigmund Freud, dem Vater der modernen Psychologie. In seiner *Psychopathologie des Alltagslebens* führt er aus, wie die kleinen Unbilden des Alltags, zum Beispiel Versprecher oder Fehlleistungen, tiefere Bedeutung haben und auf seelische Themen hinweisen.

Exemplarische Deutungen

Selbst eine noch so umfangreiche Sammlung von Problemen, Ärgernissen und Beschwerden (an das Universum) kann natürlich nicht vollständig sein; ihr Wert liegt vor allem im exemplarischen Charakter. Die genaue persönliche Problematik wird sich darin auch nicht finden lassen, aber über die Lebensprinzipien-Lehre doch eine urprinzipiell ähnliche. Und diese zu verstehen ist ausgesprochen hilfreich.

Andererseits scheint die Liste der gängigen Klagen und Beschwerden auch wieder endlich und überschaubar. Bei meiner Sammlung bat ich viele Freunde und Bekannte aus ganz verschiedenen Bereichen, ihnen zu Ohren kommende Klagen und

Kümmernisse zu sammeln und mir zukommen zu lassen. Ich erhielt daraufhin viel Material vor allem aus den deutschsprachigen Ländern, aber auch aus dem Ausland bis Australien sogar, und zwar von Menschen aller möglichen Berufsgruppen, wenn auch bevorzugt Therapeuten, sowie aller Altersgruppen und verschiedener Gesellschaftsschichten. Die große Zahl eingegangener Beschwerden brachte jedoch wenig grundsätzlich Neues zu jener von Christine Stecher und mir bereits zusammengetragenen Sammlung hinzu. Alles Weitere unterstrich nur noch das bereits Notierte. Das lässt darauf schließen, dass wohl nicht viel Andersartiges und Neues mehr dazukommen würde, wenn wir noch viele Tausende befragt hätten. Das heißt, der Pool unserer Widerstände und Beschwerden ist durchaus überschaubar. Wer sich also mit der hier zusammengetragenen, nach Gebieten geordneten Sammlung ehrlich auseinandersetzt, wird auf seine (noch) offenen Grundthemen stoßen.

Entscheidend ist natürlich, ob jemand bereit ist, die aufgeworfenen Probleme auch auf sich zu beziehen, oder ob er sie nur an anderen durchspielen will. Das ist bereits bei *Krankheit als Symbol* die entscheidende Frage. Die Anwendung nur in Bezug auf andere wird zwar auch noch den Impuls zum Lernen geben, aber wenig bis nichts zur Eigenentwicklung beitragen. Fallgeschichten und Beispiele machen Verstrickungen und Projektionen anschaulich und *deut*lich, wirklich wertvoll werden sie aber erst, sobald der Bezug zum eigenen Leben hergestellt wird.

Der Nutzen der *Deutungen* dieses Buches liegt also weder darin, individuelle Problemlösungswege vorzuschreiben, noch hat das Buch den Anspruch, die ganze schlecht funktionierende Welt zu erklären. Es werden vielmehr Hinweise auf die jeweils tangierten Urprinzipien gegeben, mit denen die Betroffenen sich (noch) unbewusst auseinandersetzen. *Mustergültige Lösungen* sind das Ziel, und diese können, je nach eigener Geschichte, sehr unterschiedlich zu verstehen sein. Ein Beispiel mag dies verdeutlichen: Wenn Deutsche Israel bereisen, sind sie in der Regel entsetzt über die Sperranlagen und Mauern, die Israelis dort gezogen haben, schon weil sie baulich *verteufelt* an die *Berliner Mauer* und damit die Grenzanlagen der DDR erinnern. Mauer heißt für Deutsche meist *Teilung, Unglück, Tod, Hindernis, Einschränkung und Behinderung* des freien Willens und der Bewegungsfreiheit. Sie halten *Mauerbauer* schnell für schlecht und *beschränkt*. Juden denken dagegen beim Thema Mauer nicht zuerst an die Berliner Mauer, sondern an ihre westliche *Tempelmauer*, das Einzige, was ihnen vom ursprünglichen Tempel Salomons blieb, jenes *Mauerstück*, das ihnen so heilig ist und heute als *Klagemauer* bezeichnet wird. Ihre moderne *Grenzmauer* hat ihnen *Schutz* und *Sicherheit* gebracht, die Todesrate durch palästinensische Attentate dramatisch gesenkt, der Intifada die Spitze genommen.

Alle hier kursiv gesetzten Worte sind dem Saturnprinzip zuzurechnen, zu dem auch die Mauer an sich gehört. So zeigt sich, wie sie den einen Sicherheit und Schutz und den anderen Tod und Behinderung bedeuten kann. Dieselbe Mauer wird dem einen zum schützenden Bollwerk; dem anderen ist sie Anlass zu Klagen und Anklagen. Die Idee einer Klagemauer mögen die Wenigsten verstehen. Aber vielleicht ist es klüger, einen festen Ort mit festen Zeiten zum Klagen und Jammern zu haben, als überall und jederzeit zu klagen und zu jammern.

Das Lebensprinzip Saturn ist immer dasselbe, aber es lässt sich aus verschiedenen Perspektiven ganz unterschiedlich beurteilen. Die Israelis haben mein Verständnis für ihr Bedürfnis nach Schutz und Sicherheit, die Palästinenser für ihr Entsetzen über die Mauer, die durch das Land und die Herzen seiner Menschen geht. Möglicherweise könnte diese ambivalente Sicht, wenn sie sich durchsetzte, dazu führen, dass die Mauer in den Herzen abgebaut wird und die Terroristen in den eigenen Reihen kaltgestellt statt ermuntert oder toleriert werden. Dann könnte die äußere Mauer überflüssig sein. Der Friedensprozess aber wird nur innen beginnen können, in den Herzen der Menschen. Nur diejenigen, die innerlich Frieden gefunden und gemacht haben, können auch diejenigen in den eigenen Reihen, die das rigoros ablehnen, zu Vernunft und Einsicht bringen.

Neben Saturn ist Jungfrau-Merkur ein in unserem Zusammenhang besonders wichtiges Lebensprinzip. Es ist bei Beschwerden und Verbesserungen bis hin zur Besserwisserei aktiviert. Unter seinem Einfluss gehen wir davon aus, dass die Welt vollkommen sein sollte, und streben danach, dies mit perfektionistischem Anspruch durchzusetzen. Die grundsätzlich als unordentlich und verbesserungsbedürftig erlebte Welt soll mit dem hohen Anspruch, perfekte Ordnung zu schaffen, überarbeitet und ideal gestaltet werden. Jungfrau-Merkur ist auch das Lebensprinzip, das die Medizin beherrscht und ein Gesundheitswesen schafft, das den Menschen für generell verbesserungsfähig hält. Statt ständig zu ordnen und aufzuräumen, geht es in der erlösten Form dieses Prinzips darum, die große Ordnung in allem zu erkennen und zu lernen, einverstanden zu sein. Das heißt, wer sein Glück daran hängt, alles so hinzubekommen, wie er will, hat kaum Chancen. Wer dagegen lernt, alles so hinzunehmen, wie es kommt, ist schon gleich glücklich.

Wer mit Hilfe von *Krankheit als Symbol* und anderen Büchern der Krankheitsbilder-Deutung gelernt hat zu verstehen, wie sich über die Gesetze und Urprinzipien Symptome deuten lassen und Zugänge öffnen, die zu echten Problemlösungen und neuer Handlungsfähigkeit führen, kann diesen Ansatz nun leicht auch auf andere Gebiete übertragen. Wer hingegen zuerst mit diesem Buch den urprinzipiellen Umgang mit seinen Alltags- und Umweltproblemen lernt, kann ihn umgekehrt anschließend leicht auch auf Krankheitsbilder übertragen.

Selbst wer bereits gut mit den Schicksalsgesetzen und der Archetypenlehre der Lebensprinzipien vertraut ist, wird im konkreten Fall persönlicher Betroffenheit vielleicht trotzdem für Deutungsvorschläge und Orientierungshilfen dankbar sein. Eigenblindheit ist ein verbreitetes Hindernis; wir neigen nun einmal dazu, den Splitter im Auge des anderen zu erkennen, den Balken im eigenen aber zu übersehen. Das ist auch verständlich, denn dort, wo das eigene Problem liegt, hat unser Ego viel zu verlieren.

Mit jeder Lösung und Integration von bisher Fehlendem wird es für das Ego enger. Wenn wir schließlich alle Fehler als etwas Fehlendes und damit als Chance erkannt und in allen Enttäuschungen die Täuschung durchschaut haben, wenn wir mit allem einverstanden sind, hat das Ego ausgespielt, und das Selbst übernimmt. Dieses definiert C. G. Jung nach der Gleichung: Selbst = Ich + Schatten. Wenn mehr und mehr Schattenthemen durchschaut und integriert sind, werden wir immer vollständiger und nähern uns über Selbsterkenntnis der Selbstverwirklichung oder, wie Jung sagt, der Individuation: Ich werde das Individuum, das nur ich sein kann, mit all meinen Facetten und Nuancen.

Falls die Grundlage noch unsicher ist, lässt sie sich im ersten Schritt mit den *Schicksalsgesetzen* erarbeiten, im zweiten mit dem *Schattenprinzip* vertiefen, und es kann im dritten

Schritt mit Hilfe der *Lebensprinzipien* Ordnung und Verständnis ins Leben kommen und sein Hintergrund verstanden werden – Letzteres außerdem mit Hilfe der entsprechenden CDs aus dem Set von Meditationen und Übungen zu jedem der zwölf Lebensprinzipien (siehe Literaturverzeichnis im Anhang), selbst wenn dies nicht ausdrücklich in der Rubrik Literatur angegeben sein sollte. So wird das Lernprogramm durchschaubar, das unser Leben darstellt.

Analyse der Beschwerden

In diesem Buch der Widerstände wird die erste Frage oder Beschwerde aus dem Alltagsbewusstsein gestellt, dem leidenden, sich unverstanden fühlenden Ich. Die Gegenfragen und Antworten kommen – auch in der Ich-Form – bereits aus der tieferen Ebene, die, auf dem Weg zum Selbst, um die Schicksalsgesetze und die Urprinzipien weiß. Letztlich geht es darum, aus der Beschwerde zu lernen, dass nicht die Schöpfung fehlerhaft ist, sondern man selbst noch Fehler hat, mit deren Hilfe Fehlendes gelernt und integriert werden kann. So werden Beschwerden zu Chancen, wobei sich eine Klage nach der anderen bei ihrer Bearbeitung auflöst und den Weg frei macht zur Akzeptanz dessen, was ist.

Bei der Deutung von Problemen und Beschwerden ist es hilfreich, vor der Ebene der zwölf Lebensprinzipien noch die vier Elemente im Auge zu haben und dann die Polarität von Yin und Yang, weiblich und männlich. Umgekehrt ergeben sich aus den beiden Polen – und + immer wieder die vier Elemente: Wasser und Erde als weibliche, Feuer und Luft als männliche, die sich in jeweils drei Entwicklungsstufen weiter unterteilen. Diese beginnen stets mit der *kardinalen* Stufe, in der uns das

Element am reinsten und ursprünglichsten begegnet, gefolgt von der *fixen* Ausprägung, die in der Fixierung schon zum Übertreiben der Elementequalität neigt, und es endet mit dem *labilen* Ausdruck dieses Elementes, wenn es sich wieder abmildert und (auf-)löst. Damit wird auch innerhalb des Elementes wie im ganzen Entwicklungskreis der zwölf Lebensprinzipien Bewegung, Wachstum und Entwicklung betont. Das Zusammenspiel in diesem wundervollen Kreis ist in dem Buch *Die Lebensprinzipien* (siehe Anhang) ausführlich dargestellt.

Grundsätzlich gilt:

- Das Element *Wasser* steht im Vordergrund, wenn es um Empfindungen und Gefühle, Heim(at) und Zuhause, Eltern- und Kinderthemen (Mond) geht, aber auch um radikale Verwandlung im Sinne von Metamorphose und Metanoia (Pluto), wie auch um Schuld und Gnade (Neptun).

- Das *Erdelement* ist bei allen Problemen mit Struktur und Ordnung im Spiel (Saturn). Materielle Werte sind ebenfalls das Thema, von Existenz- über Geldsorgen bis zu Problemen mit Pension oder Rente sowie zu Fragen, ob etwas besessen wird oder macht (Stier-Venus). Die Beschwerde an sich ist hier ebenso anzutreffen, hinzu kommen alle Weltverbesserungs- und Aufräumaktionen (Jungfrau-Merkur).

- Das *Feuerelement* kommt bei allen Aggressionen, bei Energie- und Kraftthemen (Mars), blockiertem Selbstausdruck und Autoritätsproblemen (Sonne) sowie bei fehlender Begeisterung und Schwierigkeiten, den Sinn des Lebens (Jupiter) zu entdecken, zum Ausdruck.

- Das Element *Luft* ist bei Kommunikations- und Partnerschaftsproblemen im Spiel sowie bei Schwierigkeiten mit zwischenmenschlichen Kontakten und geistigen Ansprüchen (Zwillinge-Merkur). Bei Beschwerden im Bereich von Sinnlichkeit, Erotik und Liebe (Waage-Venus) ist es vertreten und wenn es um Originalität und Humor (Uranus) geht.

Das Wasserelement

- Bei den Lebensprinzipien des Wasserelementes kommt zuerst das kardinale *Krebs-Mondprinzip* mit den Problemen im Bereich Geborgenheit, Heim(at), Nest, Zuhause, Familie, Kinder und Schwangerschaft.

- Beim fixen Wasser, dem *Skorpion-Plutoprinzip*, sind es die Probleme, die mit Macht und Unterdrückung zusammenhängen, mit fixen Vorstellungen und Hinterhalten, mit Sexualität und Eifersucht, Erpressung und Nötigung. Themen sind die Grausamkeit der Welt, Terrorismus, die »Achse des Bösen«, die den Fortbestand der Menschheit bedrohende Atomkraft.

- Das labile Wasser, *Fische-Neptunprinzip*, gehört zu den transsaturninen Prinzipien und kämpft mit kollektiven Themen wie Schuld und Schulden, der Vergiftung der Welt und träumt von Endzeitvisionen und Welterlösungsvorstellungen. Themen sind Unfrieden und Unbarmherzigkeit in der Welt, die Verhaftung im Materiellen, Drogensucht, Alkoholismus.

Das Erdelement

- beginnt mit dem kardinalen *Steinbock-Saturnprinzip* und dem Thema Ordnung und Struktur. Hier finden sich Probleme mit Bürokratie, Regierung, Staatsmacht sowie Reglementierung. Thema sind auch Alter und Härte und Stur- und Starrheit, die oft mit ihm einhergehen.

● Beim fixen *Stier-Venusprinzip* können materielle Werte wie Geld, aber auch der Körper, Besitz und das eigene Revier, überhaupt alles Wertvolle, zu dem der Selbstwert gehört, zum Problem werden.

● Die labile Erde, das *Jungfrau-Merkurprinzip*, verdient geradezu ein eigenes Kapitel. Hier neigt man dazu, sich praktisch über alles zu beschweren; man weiß alles besser, empfindet die Welt als Chaos. Überall ist Unordnung, die geordnet und anschließend kontrolliert gehört. Alles ist fast grundsätzlich zu überarbeiten oder wenigstens etwas zu verbessern, Beispiel dafür ist das moderne Controlling. Kritik wird zum Dauerthema.

Das Feuerelement

● beginnt mit dem kardinalen oder *Widder-Marsprinzip* und allen Beschwerden im Hinblick auf Aggression, Ungeduld, Ärger und Streit. Aber auch Energieprobleme und solche aus ungestümen, draufgängerischen Aktionen sind hier zu finden.

● Beim fixen Feuer des *Löwe-Sonnenprinzips* geht es um Probleme mit Autorität und der Chefrolle, mit Ausstrahlung und Im-Mittelpunkt-Stehen.

● Das labile *Schütze-Jupiterprinzip* konfrontiert mit Beschwerden über fremde Kulturen und Religionen, andere Weltanschauungen und ganz konkret Ausländer. Es geht

um (In-)Toleranz und Spiritualität, so gehört auch das Thema Fanatismus im religiösen und weltanschaulichen Bereich hierher, wobei Fanatismus generell Ausdruck des Plu-
toprinzips ist.

Das Luftelement

- beginnt mit dem kardinalen *Waage-Venusprinzip* und Themen und Problemen wie Partnerschaft, mangelnde Schönheit, (Dis-)Harmonie, (Dys-)Balance, Versöhnung und (Un-)
Frieden. Auch Gerechtigkeit gehört hierher in der Gestalt der
(blinden) Justitia, die niemanden bevorzugt oder benachteiligt. Bei der höheren Gerechtigkeit hat aber auch Jupiter ein
Wörtchen mitzureden, und auch das *Jungfrau-Merkurprinzip* schlägt sich mit (Un-)Gerechtigkeitsthemen herum.

- Das *Wassermann-Uranusprinzip* bringt die fixe Luft ins
Spiel des Lebens und beschäftigt sich als transsaturnines,
sich aus menschlicher Perspektive sehr langsam bewegen-
des Prinzip mit kollektiven Themen. Zu ihnen gehören die
allgemeine Technisierung und die Revolution durch die
IT-Branche, die mit ihren elektronischen und digitalen »Ge-
schenken« die Welt auf unkriegerische und oft (vor-)witzige
Art im Sturm erobert. Hier zuzuordnen ist aber auch das
emotions- und rücksichtslose Verfolgen von abgehobenen
Idealen. Weitere Themen sind die »böse« Technik in Form
von Mobilfunk(strahlen) bis zu Computerspielen sowie der
im Pazifik entstandene »Planet Plastik« als Resultat von
Umweltverschmutzung.

- Beim *Zwillinge-Merkurprinzip* begegnen wir der labilen
Luft. Hier geht es um Kontakt und Kommunikation, Schule

und Ausbildung, Verbindungen und Vernetzung, um Netzwerke und Infotainment.

Wichtig ist festzuhalten, dass es über die Elemente und Lebensprinzipien möglich ist, die Gesamtheit der Probleme und Beschwerden zu erfassen, wenn auch nicht in jeder konkreten Ausformung, so aber doch generell und urprinzipiell.

Sich vom ersten Gedanken führen lassen – eine Übung

Neben dem intellektuellen Nachdenken über ein Problem ist es auch immer möglich und empfehlenswert, dem ersten aufsteigenden Gedanken zu einer Frage oder einem Problem zu vertrauen:»Was fällt mir spontan dazu ein?« Diesem intuitiven Hinweis wollen wir Raum geben. Je entspannter wir dabei sind, desto tiefer können die Ergebnisse reichen. Wer in diese Welt der inneren Reisen oder geführten Meditationen hineinfindet, kann sich eine ganz andere, dem archetypisch weiblichen Pol der Wirklichkeit zuzurechnende Erkenntnismethode erschließen, die der intellektuellen, die notgedrungen im Buch den größten Raum einnimmt, nicht nachsteht, im Gegenteil. Die folgende Übung bietet dafür einen guten Einstieg. Sie ist am besten erst zu lesen und dann sinngemäß nachzuvollziehen. Die darin enthaltenen Übungen des ersten aufsteigenden Gedankens sind aber gleich mitzumachen, da sie nur beim ersten Mal wirklich sicher funktionieren.

Natürlich können auch andere geführte Meditationen als Rahmen zur Entspannung benutzt werden oder eine CD wie *Selbstheilung* (siehe Anhang), die sich auf jede Art von Problem anwenden lässt.

Legen oder setzen Sie sich bequem hin, schließen Sie die Augen, und lassen Sie sich mit jedem Ausatmen tiefer sinken. Nutzen Sie Ihr Ausatmen als Mantra des Loslassens und Tiefersinkens in die Welt Ihrer inneren Bilder und Vorstellungen, Ihrer Farben, Schwingungen und Töne.

Öffnen Sie sich für eine Erfahrung mit Ihrem ersten aufsteigenden Gedanken. Noch wissen Sie nicht, worum es geht, das mag den Intellekt beunruhigen, aber das gehört dazu. Stellen Sie sich darauf ein, zu einem beliebigen, gleich auftauchenden Thema Ihren ersten aufsteigenden Gedanken wahr- und wichtigzunehmen …

Stellen Sie sich auch auf die dadurch jetzt entstehende Spannung ein …

und jetzt denken Sie an das erste Tier, das Ihnen einfällt …, und schon ist es da! Nehmen Sie es wahr und wichtig. Behalten Sie es für sich – in jeder Hinsicht. Es ist Ihr Tier, Ihr Totemtier oder Ihr Tierverbündeter, wie die Indianer sagen. Der erste aufsteigende Gedanke hat es Ihnen geschenkt.

Diese Übung können Sie mit beliebigen anderen Themen wiederholen.

Denken Sie jetzt einmal mit Ihrem ersten aufsteigenden Gedanken an Ihren Baum …, und schon ist er da. Behalten Sie ihn wieder ganz für sich, auch er hat Bedeutung für Sie.

So können Sie sich jetzt auch noch – wieder mit dem ersten aufsteigenden Gedanken – Ihren persönlichen Edelstein vorstellen …, und schon hat Ihr erster aufsteigender Gedanke ihn aus der Schatztruhe Ihrer inneren Bilder hervorgezaubert.

Auf diese Weise können Sie einfach weitermachen, und immer würde Ihnen der erste aufsteigende Gedanke weiterhelfen, und das wird er während der kommenden Bilder-Reise auch tun.

Stellen Sie sich nun Ihr aktuelles oder grundsätzliches Problem in all seinen Aspekten vor, mit allem, was daran hängt: Mitbetroffene und Gegner, Hindernisse und Behinderungen ...

Und geh dabei ganz hinein in dieses unangenehme Erleben, und spür die Energie, die im Zentrum des Problems herrscht und dich erfüllt. Stell dir dein Problem so deutlich vor, dass es vor deinem inneren Auge konkrete Gestalt annimmt, die getragen sein kann von Personen oder Umständen, Figuren oder Symbolen. Lass es so deutlich werden, wie du es auch in deinem Alltag spürst, mit allen Schikanen, die daran hängen, bis du es spürst ... es riechst ... es siehst ... und es mit allen deinen Sinnen erlebst ...

Und nun zieh dich daraus zurück, und betrachte es mit mehr Abstand, mit einer gewissen inneren und äußeren Distanz, spür aber noch die Energie, die darin steckt, deine Lebensenergie, die dort gebunden ist und dir woanders fehlt – nimm sie wahr und wichtig. Bleib bei dieser Energie mit deinen Gedanken und Gefühlen, und stell dir nun vor, dich so auf diese Energie zu konzentrieren, dass allmählich nur noch sie übrig bleibt. Zuerst mag da noch das Muster sein, in das sie bisher hineinfließt und dieses Problem aufbaut. Aber immer mehr löst sich alles andere auf, verschwimmt immer weiter, und es bleibt nur das Gefühl für die Energie übrig und sehr spürbar. Geh in Gedanken ganz an die Wurzel des Problems, wo es wirklich nur Energie ist – reine, prickelnde, heiße Energie, die sich in jedes Muster ergießen kann ...

Und nun stell dir vor, wie sich diese Energie in einer Schale sammelt und sich in ihrem schon ziemlich reinen Zustand noch weiter klärt und reinigt, wie sie alle Färbungen und Einflüsse und sogar Nuancen von jenem konkreten Problemmuster in dieser reinen Hitze ihrer Konzentration verliert ...

Stell dir nun weiter vor, wie du noch viel tiefer in die Entspannung sinkst, auf eine Ebene, wo du dich weit über das konkrete Problem erheben kannst und die ganze Szenerie und alles damit Verbundene von oben betrachtest. Da ist das ganze bekannte Umfeld, aber die Energie hat sich daraus zurückgezogen und in der Schale in der Mitte gesammelt ... Lass dich tiefer sinken, bis auf die Ebene in dir, wo du selbst ganz klar bist und tief in das Wesen der Dinge sehen kannst und dich reif fühlst für eine Lösung jenes Problems, das jetzt so weit da unten, in der Tiefe unter dir, sich energetisch in dieser Schale sammelt ...

Und nun stell dich innerlich auf das Wunder der Verwandlung ein ... Lass dich ganz leer werden – so leer, wie es jetzt gerade geht, und erlebe staunend und mit deinen ersten aufsteigenden Gedanken, wie die Energie sich aus der Schale erhebt und in ein erlöstes Muster fließt, das allen Beteiligten energetisch ebenso gerecht wird und der augenblicklich bestmöglichen Variante entspricht, die du jetzt vor deinem inneren Auge auftauchen siehst. Und gleichgültig, ob es sich um konkrete Formen oder Symbole handelt, die du dort siehst, du nimmst sie wahr und wichtig, und sie prägen sich wie von selbst deinem Bewusstsein ein ...

Und schließlich beginnt ein ganz neues Muster vor deinem inneren Auge zu entstehen, und du siehst seine Eckpunkte und die ganze Situation wie neu oder mit anderen Augen, mit einem erlösten Blick ... Du nimmst die Chancen wahr, die in dieser neuen Lösung liegen und darauf warten, sich verwirklichen zu dürfen ... Erlaube es ihnen jetzt ganz ausdrücklich ...

Und mit ruhigen Zügen atmest du dieses neue Muster nun ein in dein Herz und bewegst es ganz bewusst in deinem Herzen ...

Und jetzt schau dir an – wiederum mit Hilfe deines ersten aufsteigenden Gedankens –, wie sich das Ganze in einem Jahr für dich darstellen wird ... und nun in zwei Jahren ... und dann in fünf Jahren ... und schließlich in zehn Jahren.

Mein Alltag als Symbol

● Die großen Beschwerden ans Universum

Ungerechtigkeit

Warum ist das Leben so ungerecht (zu mir)? Das ist nicht fair!

Im Namen der Gerechtigkeit sind schon viele Kriege geführt und Aufstände geprobt worden. Für Gerechtigkeit steht das Venusprinzip, zu dem auch das Symbol der Justitia mit den verbundenen Augen und der Waage in der Hand gehört. Es will ausdrücken, dass zum Schluss jedem Recht widerfährt, und zwar ohne Ansehen der Person. Dafür steht im Christentum das Jüngste Gericht. Im alten Ägypten war es die Göttin Maat, die das Herz jedes Verstorbenen wog. Wessen Herz als zu leicht befunden wurde, der musste das Nichtgelernte nachholen; seine Seele wurde zurückgeschickt, um ein Leben zu leben, das dem Herzen mehr Gewicht gibt.

Kann ich selbst diesen Bildern gerechten Abwägens und Ausgleichens trauen, und kann ich entspannen in dem Wissen, dass das Schicksal schon für Gerechtigkeit sorgt?

In der Lebensphilosophie des Ostens wird dies durch die Karmalehre ausgedrückt und in der christlichen Kultur des Westens durch den alttestamentarischen Satz »Auge um Auge, Zahn um Zahn«.

Gehöre ich zu den Menschen, die ungeduldig sind und alles jetzt sofort wollen, auch Gerechtigkeit?

Da jeder Mensch, wie schon in der Einleitung angedeutet, nur relativ kurze Zeiträume überblickt, erscheint mir vieles ungerecht, was im Rahmen einer weiteren Perspektive durchaus gerecht ist. Das Gesetz von *actio = reactio* besagt, dass alles immer auf Ausgleich hinausläuft.

Wo bin ich selbst ungerecht, weil zu kurzfristig denkend, obwohl ich mich im Recht wähne? Kann ich verstehen und akzeptieren, dass derjenige, der jetzt mehr geben muss, als er nehmen kann, irgendwann mehr genommen als gegeben haben muss. Und dass die scheinbare Ungerechtigkeit bereits der unvermeidliche Ausgleich ist, oder dass dieser Ausgleich später folgen wird?

Bei jeder Klage über die Ungerechtigkeit des Lebens oder auch nur über eine einzige Lebenssituation sollte ich mich aufgefordert fühlen, den eigenen Horizont zu erweitern und mehr Überblick zu gewinnen. Würde ich schlussendlich die Kette der Leben überschauen, könnte ich keine Ungerechtigkeiten mehr finden; diesbezüglich sind sich alle Religionen und Weisheitslehren einig. Wenn ich von Ungerechtigkeit ausgehe und überzeugt bin, ihr Opfer zu sein, habe ich die Zusammenhänge noch nicht genügend verstanden, aber ich habe die Chance, mich mit den Schicksalsgesetzen und den Spielregeln des Lebens auszusöhnen.

Wie sieht mein Lernstoff aus? Drücke ich mich vor Aufgaben, die ich mir jetzt zumuten sollte, um persönlich weiter zu wachsen? Was müsste ich anpacken?

Es ist sogar eine ausgesprochen faire Sache, wenn ich nur mit dem konfrontiert werde, was ich gerade zu lernen habe, und nicht auch noch mit den Inhalten, die ich schon längst beherrsche oder die viel zu fortgeschritten für mich sind.

Wo stehe ich? Wer steht mir bei, meine mir vom Schicksal aufgegebenen Lektionen zu lernen? Was darf ich mir zutrauen?

Ich sollte forschend lernen zu durchschauen, warum so vieles an mir vorbeiläuft beziehungsweise wie ich es angestellt habe, dass es so wirkt oder sich für mich so zeigt. Wir neigen fast alle dazu, den Zeitrahmen zu eng zu fassen; das ist eine grundsätzliche Thematik bei vielen Klagen.

Urprinzipieller Bezug: Waage-Venus (Gleichgewicht, Gerechtigkeit), Jupiter (das rechte Maß).

Lit.: LP; CD »Lebensprinzipien-Set: Waage-Venus, Jupiter«.

Pechsträhne

Immer habe ich so viel Pech! Warum kommt für mich ein Unglück so selten allein?

Im Pech zeigt sich das Saturnprinzip. Der Gegenpol ist das Glück, das zum Jupiterprinzip der Fülle und des Überflusses gehört.

Erwarte ich zu viel (Glück)?

Offensichtlich muss ich dem Saturnprinzip zuerst gerecht werden, andernfalls würde das Schicksal mir nicht ständig Saturnines, das heißt Reduzierendes, in Form von Pech servieren. Bei einer Pechsträhne erlebe ich einen Generalangriff auf meinen

Panzer gegen die Schicksalsmacht. Mein Jammern hat in dieser Situation letztlich keinen Sinn; aber es ist natürlich ein Jammer, wenn ich meine Aufgabe nicht begreife und den Zuwachs an Kraft und Selbstbestimmung, der hier für mich liegen mag, ignoriere.

Was habe ich getan, um derart in den Mittelpunkt des Schicksalsinteresses zu geraten? Wie lange habe ich das verweigert, was sich nun geballt aufdrängt?

Wenn Pech und Unglück sich als Unfall zeigen, ist das Uranusprinzip mit angesprochen. Mir wird eine Auseinandersetzung mit ihm abverlangt, um das Überraschende, Überrumpelnde an der Situation zu verstehen. Auf diese Weise habe ich die Chance, mein Unglück genauso überraschend und schnell, wie etwa der Unfall geschah, in Glück zu verwandeln.

Die Konfrontation mit der geballten Ladung an Pech und Unglück *und* der Druck des Schicksals wachsen so lange, bis etwas integriert ist und ich mit Saturn und Uranus ausgesöhnt bin und Frieden schließe. Wenn ich also nach dem ersten Unglück das Uranische darin erkenne und das Uranusprinzip in erlöster Form umsetze, etwa in einem spontaneren, witzigeren und ungewöhnlicheren Leben, bekomme ich durchaus meine Ruhe vor ihm. Falls ich das – aus welchem Grund auch immer – nicht tue, lerne ich das Gesetz der Serie kennen, das nichts anderes besagt, als dass das Schicksal nicht nachgibt.

Bin ich bereit, mich positiv überraschen zu lassen, Ungewöhnliches anzunehmen und spontaner zu werden?

Wenn ich diese Zusammenhänge nicht einsehe, kann die Eskalation weitergehen. Unglück und Unfälle können bekanntlich auch ums Leben bringen. Aus Schicksalssicht ist dies weniger hart, als wir es aus unserer eingeschränkten menschlichen Perspektive bewerten, denn es gibt in der Kette der Leben unendlich viele Möglichkeiten. Es kommt offenbar gar nicht auf eine Ehrenrunde mehr oder weniger an. Hier gleichen sich die Schule des Lebens und die der Menschen. Im Rückblick ist auch ein Durchfallen in einer Klasse nicht das Problem, als das es im Augenblick des Geschehens oft – besonders den Eltern – erscheint.

Um das Uranusprinzip nicht mehr als Opfer zu erleiden, sollte ich es durchschauen lernen und freiwillig kreativer, origineller und ausgeflippter leben, über Grenzen hinausgehen, hochfliegende Träume und Ideale (wieder) aufgreifen, aus der Reihe (der eingefahrenen Routine) tanzen und über die (oft selbstgezogenen) Stränge schlagen, mal richtig verrücktspielen und herauslassen, was noch alles in mir steckt, der Welt andere, vielleicht sogar überraschende, verblüffende Gesichter von mir zeigen.

Wenn mich Pech vor allem als Behinderung, Beschränkung verfolgt, müsste ich mich vorrangig mit dem Saturnprinzip beschäftigen und aussöhnen, was durch Beschränkung auf das Wesentliche zum Ausdruck kommt. Ich kann es etwa beim Fasten lernen oder beginnen, mich in Bescheidenheit zu üben und alles Überflüssige zu streichen. Es geht für mich darum, zu klaren Strukturen zu finden, nach denen ich mich richten kann.

Die beiden Prinzipien Saturn und Uranus erscheinen weiter voneinander entfernt, als sie es tatsächlich sind. Vor der Entdeckung des Uranus galten sie überhaupt als ein einziges Prinzip.

Urprinzipieller Bezug: Uranus (Unfall), Saturn (Pech).

Lit.: CD »Lebensprinzipien-Set: Uranus, Saturn«.

Böse Gegenwart

Früher war alles besser, überschaubarer.

Grundsätzlich leben wir immer in der für uns besten aller Zeiten, und zwar in der, die uns lernen lässt, was uns noch fehlt.

Wieso bin ich so gegen die Gegenwart eingestellt, die einzige Zeit, in der sich leben lässt?

Warum übersehe ich die Vorteile der Moderne? Warum erkenne ich nicht, dass wir wohl nie so leichten Zugang zu Information und Bildung hatten wie heute, dass wir frei von Denkbeschränkungen durch Kirche und Staat unser Leben selbst bestimmen und in die Hand nehmen können?

Wie mache ich mein Leben so unüberschaubar? Wieso habe ich mich und mein Leben so verkompliziert? Wie konnte ich mich so verwickeln lassen, dass ich selbst kaum noch durchblicke?

Wer seinem Leben eine sichere Grundlage geben will, kann auf dem Boden von Schicksalsgesetzen, Schattenprinzip und Lebensprinzipien in eigener Regie Sinn finden, kann für seine Gesundheit selbst die Verantwortung übernehmen und sich auf seinen Entwicklungsweg machen. Niemals war das so frei möglich. Genauso unbeschränkt sind die Möglichkeiten zu reisen – auf inneren und äußeren Ebenen. Mir steht ein reichhaltiges Angebot an Meditationen und Exerzitien aus allen möglichen Traditionen und Religionen zur freien Verfügung. Ich müsste nur aufwachen und aus diesen Chancen etwas machen: mein Leben leben! Auch wenn das Jammern und Klagen leichter ist und uns zur Gewohnheit wurde, ist es spannender und schöner, die vielfältig gebotenen Chancen zu ergreifen.

Urprinzipieller Bezug: Saturn (Hindernisse), Mond (Nostalgie, »Als ich noch klein war ...«).

Sündenbock sein

Wieso soll immer ich an allem schuld sein?

Die Rolle des Sündenbocks wird in aller Regel dem schwächsten Mitglied der Familie oder Gruppe zugeschoben. Ich sollte einmal nachforschen, wo die Wurzeln für mein Schuld-Abonnement und meine Sündenbock-Rolle liegen.

Wie habe ich mich zum Sündenbock gemacht oder machen lassen? Wann hat es begonnen, dass ich an allem schuld sein soll, und wovor hatte ich damals Angst?
Wieso habe ich mir das ursprünglich aufhalsen lassen? Wieso lasse ich es mir heute weiter gefallen und wehre mich nicht? Was gefällt mir daran noch – neben der Möglichkeit, ständig darüber zu klagen?

Es wird mir weiterhelfen, mir diese Zusammenhänge bewusstzumachen und mir einzugestehen, wie lange ich damit unbewusst einverstanden war und mir diese Rollenverteilung habe gefallen lassen. Ich könnte es dann weiter bewusst und in Demut ertragen im Sinne der Einsicht: »Ertragen werden muss alles«.

Mein bisheriges Annehmen dieser Schuld kann mich an die grundsätzliche Schuld dem Leben gegenüber erinnern, die in der Absonderung von der Einheit besteht, im grundsätzlichen Sündigsein. *Hamartanein*, der Ausdruck für sündigen in der Bibel, bedeutet auch, sich absondern und den Punkt verfehlen. Solange ich nicht in meiner Mitte, die der Mitte des Lebens-

mandalas entspricht, angekommen bin, bleibe ich abgesondert von der Einheit und damit sündig. Insofern ist das Ankommen in der Mitte die grundsätzlichste und nachhaltigste Befreiung von der Schuld.

Oder ich kündige die Rolle des Sündenbockes, erkläre mich
entsprechend vor der Gruppe und wehre in Zukunft weitere
Schuldzuweisungen ab. Der Sündenbock ist eine uralte Erfin-
dung der israelischen Stämme, die einen Ziegen- oder Schafs-
bock dazu auswählten, damit das Böse und die Schuld einen
Ort hatten. Was immer diesbezüglich anfiel, projizierten sie auf
das Tier, und am Ende eines Jahres opferten sie es Jahwe oder
vertrieben es in die Wüste. So war die Schuld aufgeräumt und
beschwerte nicht das Leben der Stammesmitglieder. Das
Schuld-Abonnement ist lediglich seine moderne Variante, die
anzeigt, wie schwer wir uns ohne festen Platz für die Schuld
tun. Akzeptiert wird diese Rolle heute natürlich nur von den
Schwächsten einer Gruppe, einer (Groß-)Familie oder Firmen-
abteilung. Auch ohne sich konkret darüber zu einigen, sind alle unausgesprochen froh, wenn sie sich auf einen Sündenbock
geeinigt haben, der die Rolle wegen seiner Schwäche innerhalb
des Gruppengefüges akzeptiert. Statt ihm dankbar zu sein,
wird auf ihn projiziert, und so verliert er immer mehr Energie.
Zumal er in der Regel nicht mehr freiwillig ausgetauscht wird,
sondern bis zu seinem Zusammenbruch in dieser Rolle bleibt.
Danach wird ein neuer Sündenbock gesucht, oder die Schuld
verteilt sich auf viele, was die Gruppe viel stärker belastet. Insofern stabilisiert ein Sündenbock seine projizierende Gruppe
und erntet dafür deren Undank in Form ständiger Schuldzuweisungen. Deshalb verlangt der Ausstieg aus diesem Muster
viel Kraft und Energie und gelingt meist am besten durch Lösung von der jeweiligen Gruppe und einen Neuanfang auf ei-

nem besseren Niveau. Viele Gruppen unterstützen das indirekt durch die Tendenz, Sündenböcke auszugrenzen und hinauszudrängen, da sie der Illusion aufsitzen, dass dadurch alles besser werde. In Wirklichkeit wird es aber nach Abgang des Sündenbocks erst richtig schlimm.

Urprinzipieller Bezug: Saturn (Schuld), Neptun (Leid).

Lieblosigkeit

Keiner liebt mich!

Die Antwort liegt auf der Hand: Ich liebe mich selbst nicht. Deshalb wird es für alle anderen schwer bis unmöglich, mich auch nur zu mögen. Es geht eben nicht darum, den Nächsten über alles zu lieben, sondern – auch im Sinne des Christuswortes – mit mir anzufangen und mich zu lieben. Mehr als mich kann ich niemanden lieben, das ist die Konsequenz aus »Liebe deinen Nächsten wie dich selbst«. Die Selbstliebe steht am Anfang.

Liebe ich mich?
Liebe ich meinen Körper?
Liebe ich mich, auch wenn ich etwas Dummes, Falsches getan oder gesagt, geglaubt oder nur gedacht habe? Mag ich mich so, wie ich bin?

Wenn ich mich nicht mag, wird das auch sonst niemandem gelingen. Also sollte ich anfangen, mich mit mir selbst auszusöhnen und mich in meiner Gestalt anzunehmen.

Urprinzipieller Bezug: Waage-Venus (Liebe), Stier-Venus (Selbstliebe, Selbstwert).

Lit.: CD »Selbstliebe«, CD »Aller guten Dinge sind drei«.

Einsamkeit

Ich bin so einsam und finde keinen Anschluss!

Bin ich einsam oder allein? Die Erlösung beider Themen kann mir Rückschlüsse darauf geben. Bei der Ein-sam-keit geht es darum, nur einen Samen zu kultivieren und sich um nichts anderes zu kümmern, ganz für eine Sache zu leben und eben nur den einen Samen, aber diesen bestimmt zur Blüte zu bringen. Da andere dabei stören könnten, ergibt sich so manchmal Einsamkeit.

Beim All-ein-sein geht es darum, alles in einem (selbst) zu finden. So ist der mönchische Einsiedler sicher allein, aber nicht zwingend einsam. Doch er könnte auch allein und einsam sein im erlösten Sinn, wenn er sich wirklich nur noch damit beschäftigt, den einen Samen in sich zum Erblühen zu bringen, so dass der tausendblättrige Lotus in ihm aufgeht und sich sein Kronen-Chakra öffnet.

Die Aufgabe ist, die Einsamkeit anzunehmen und zu erlösen – oder zu klären, ob ich wirklich Anschluss suche oder (so) hohe Bedingungen stelle, dass es dazu kaum kommen kann.

Möchte ich wirklich mit den anderen zusammen und mitten unter ihnen sein, habe ich darum schon gebeten oder mich wenigstens bemüht?
Oder erwarte ich, dass sie sich darum bemühen, und will es gar nicht aus ganzem Herzen?
Bin ich ganz gern allein und mag auch das Klagen darüber?
Weil ich vielleicht gern klage und mir dadurch Zuwendung erhoffe?
Gewähre ich anderen überhaupt Anschluss an mein Leben?
Teile ich meine Gedanken und Ideen mit?

Ich sollte mir bewusst werden, ob ich mehr am Alleinsein leide oder mehr davon profitiere. Wenn ich aber wirklich Anschluss will, muss ich ihn – nach dem Resonanzgesetz – auch bieten. Das Gefängnis der Einsamkeit lässt sich nur von innen öffnen.

Urprinzipieller Bezug: Saturn (Einsamkeit), Mond (Familie, Anschluss).

Ich und ich

● Selbstbilder, Selbstausdruck, Ansprüche

Unattraktivität

Leider habe ich nicht dieses Aussehen, diese Maße und deshalb nur Nachteile. Mir steht zum Beispiel nie, was gerade Mode ist. Was ich auch mache, ich sehe schlechter aus als andere und stehe schlechter da.

Ich verschanze mich hinter Gejammer und schütze Ausreden vor, indem ich etwa der Modebranche die Schuld an meinem Scheitern oder Versagen, an meiner Unzufriedenheit gebe.

Welche Ausreden bringe ich sonst noch vor?
Was sagen mein Aussehen und meine Maße über mich? Wo bin ich in die Maßlosigkeit geraten?

Es würde mir helfen, mich mit den Gründen auseinanderzusetzen, warum ich solche Projektionen (ge-)brauche und Gott, der Schöpfung und dem Universum den Schwarzen Peter zuschieben muss für all das, was ich im Leben nicht vollbringe. Es gibt genügend Beispiele, dass Glück und Erfolg nicht vom Aussehen abhängen. Ausreden bieten keine Chance.

Was will ich nicht leisten? Was glaube ich, nicht bringen zu können?
Was hindert mich, Erfolg und Glück zu haben?

Vor mir liegt die Aufgabe, in die Verantwortung für mein Leben zurückkehren. Das heißt auch zu lernen, mich von Mode und Aussehen unabhängig zu machen, meinen eigenen Stil zu finden und zu mir zu stehen.

Urprinzipieller Bezug: Stier-Venus (Körper, Aussehen), Pluto (Projektion), Sonne (eigener Stil).

Lit.: KS.

Vergangenes nicht loswerden

Mein Tattoo stört mich jetzt, ich wäre es so gern wieder los.

Das Tattoo verbindet mich mit einem Aspekt meiner Vergangenheit.

Zu welchen Erfahrungen und Erinnerungen kann und mag ich nicht stehen?

Meine Aufgabe ist, mich mit diesem Teil meines Lebens auszusöhnen und ihn abzuschließen. Dann könnte ich das alte Tattoo als Witz aus der Vergangenheit lächelnd in Kauf nehmen, als Teil von mir, den ich überwunden habe.

Vielleicht könnte ich es auch verwandeln lassen, um mich in meiner Haut wohler zu fühlen. Aber Vorsicht, es wird dann noch größer.

Urprinzipieller Bezug: Uranus (das Un- und Außergewöhnliche), Pluto (Selbstverletzung, Fixierung).

Kosmetik

Habe mich liften lassen und fühle mich nun nicht mehr als dieselbe.

Ich bin ja auch nicht mehr genau dieselbe, wenn meine Fassade nachgespannt wurde.

Was kann ich an meiner Jugend nicht loslassen, was habe ich versäumt und will ich noch nachholen? Warum will ich jünger aussehen, als ich bin? Was hält mich in der Jugend fest? Was habe ich zu jener Zeit nicht erlebt und fehlt mir nun? Oder sind es Angst und Abwehr bezüglich des Alters? Was schreckt mich daran?

Ich habe mich damit auseinanderzusetzen, inwieweit ich die Kurve in der Lebensmitte bekommen habe und was ich brauche, um nach gelungener Umkehr in der Lebensmitte den Heimweg bewusst und entspannt anzutreten.

Urprinzipieller Bezug: Sonne (Identität), Neptun (Verlust, Enttäuschung).

Lit.: L, KS; CD »Lebenskrisen als Entwicklungschancen«, CD »Lebensprinzipien-Set: Sonne, Neptun«.

Der Kleinste sein

Ich war immer der Kleinste, das blieb so.

Die Aufgabe besteht darin zu lernen, in Demut anzunehmen, was ich nicht ändern kann, mit Mut und Engagement zu ändern, was ich ändern kann, und um die Weisheit zu bitten, das eine vom anderen zu unterscheiden. In diesem Fall geht es vorrangig darum, das Geschenk des Körpers anzunehmen, denn alle konkreten Änderungsversuche – wie die chirurgische Streckung – führen in die Lächerlichkeit.

Das Akzeptieren des Kleinseins könnte zu Bescheidenheit führen, statt der Versuchung zu erliegen, in die bei Männern viel häufigere Variante der Kompensation auszuweichen. Aber auch die ist in Ordnung, wenn *man* sich ihrer bewusst ist. Das Beste aus dem Kleinsein machen heißt, etwas aus sich im übertragenen Sinn zu machen. Viele kleine Männer, von Napoleon bis Dustin Hoffman, haben dafür gesorgt, ganz groß herauszukommen.

Die andere Variante besteht darin, mich anzunehmen, so wie ich gemeint bin, und mich mit dem kleinen, aber feinen Lebensrahmen zufriedenzugeben, den ich leicht und gut ausfüllen kann. In jedem Fall bin ich dazu aufgefordert, etwaige Minderwertigkeitsgefühle zu durchschauen und das Bestmögliche aus mir zu machen.

Urprinzipieller Bezug: Sonne (Identität), Saturn (Hindernis, Hemmnis).

Unleserlichkeit

Ich höre immer wieder, dass ich eine so unleserliche Schrift habe, das verunsichert mich.

Natürlich ist es im Computerzeitalter ungewohnt, mit der Hand zu schreiben, aber ehrlich ist die eigene Handschrift immer noch. Der Beruf der Graphologin wird nur scheinbar unwichtiger; in der Schrift wird immer Selbstausdruck liegen im Gegensatz zu den Maschinenzeichen von Computerschriften. Ich selbst scheine mich einer Art Geheimschrift zu bedienen.

*Will ich geheim halten, was ich schreibe? Muss ich Unehrlich-
keit verbergen oder wenigstens verschleiern?*

Vielleicht kann ich auch zu dem, was ich schreibe, nicht stehen – wie so viele Mediziner mit ihrer berüchtigten Ärzte-
schrift, dem Albtraum junger Apotheker(innen). Was für die
Apothekerin nur unter großer Anstrengung lesbar ist, soll einerseits die Patienten ausschließen, die auch keine Arztbriefe
und Befunde zu sehen bekommen. Andererseits können viele
Schulmediziner nicht wirklich innerlich zu dem stehen, was ihnen die Pharmaindustrie in den Rezeptblock diktiert.

Die Aufgabe ist zu lernen, nur noch zu schreiben, wozu ich
auch stehen kann, und das klar auszudrücken. Es geht also
nicht darum das Schriftbild zu ändern, sondern die Inhalte.

Urprinzipieller Bezug: Zwillinge-Merkur (Schrift), Neptun (Geheimnis, Tarnung).

Unzufriedenheit mit mir selbst

Ich habe schon wieder alles falsch gemacht!

Fehler sind Chancen, Fehlendes zu erkennen und zu integrieren.

*Was sagen mir meine Fehler, was fehlt mir im Leben – beson-
ders jetzt?*
*Wie schaffe ich es immer wieder, meine Fehler ins Rampen-
licht zu stellen und ins Spiel des Lebens zu bringen?*

Ich sollte lernen, dass ich mit Selbstanklagen nicht weiterkom-
me, sondern mich auch für meine Fehler lieben und Wege finden, das Fehlende zu integrieren. Dazu ist es hilfreich, erst ein-

mal meine Schokoladenseiten zu akzeptieren, dann mein normales Sosein und zum Schluss auch noch die Fehler, die mich vollständiger und heiler machen.

Urprinzipieller Bezug: Sonne (Ich), Saturn (Hemmnis).

Lit.: CD »Selbstliebe«.

Erschöpfung

Warum werde ich mit allem so schlecht fertig und bin immer so fertig?

Mit allem nicht fertig zu werden hat vor allem mit Übertreibung zu tun – ähnlich wie bei Menschen, denen es überall wehtut. Sie wollen damit sagen, wie schlimm es um sie steht, und folglich Mitgefühl erregen. Das sollte ich ihnen im Übrigen nicht geben, sondern lieber Hilfe leisten, sich selbst auf die Schliche zu kommen.

Wo verplempere ich meine Energie? Wo geht sie mir unbemerkt verloren?

Im Leben strengt nichts so an und macht nichts so fertig wie Widerstand. Er führt auch dazu, dass ich mit dem Leben nicht oder nur schlecht fertigwerde.

Wo sitzt mein Hauptwiderstand gegen mein momentanes Leben? Was erschöpft mich so sehr? Was macht mich da so wenig an, dass es mich fertigmacht?

Ich kann es als Zeichen deuten, dass ich offenbar so wenig Lust habe, Dinge fertig zu machen, und stattdessen lieber mich fertigmache. Meine Vorhaben gefallen mir offenbar so wenig, dass ich nicht zu ihnen stehen kann und sie nicht weiterverfolge und auch nicht zum Abschluss bringe. Meine Aufgabe ist zu erkennen, was ich ohne Widerstand erfolgreich bewerkstelligen kann. Wenn ich ohne Widerstand handle, wird mir alles leichter und fließender von der Hand gehen. Komme ich aber selbst in Fluss, wird mich das weder ermüden noch auslaugen.

Urprinzipieller Bezug: Mars (Energie), Saturn (Widerstand).

Existenzängste, Zukunftsängste

Anfallartig überkommen mich entsetzliche Existenzängste. Wie soll das in Zukunft mit mir weitergehen?

Da das einzige Sichere der stetige Wandel ist, kann nur hohe Flexibilität und Anpassungsfähigkeit vor Zukunfts- und Existenzängsten bewahren.

Wo bin ich festgefahren? Wovon will ich nicht lassen?
Wie sehen meine heiligen Kühe aus, von denen ich partout nicht loslassen will? Wo halte ich mich krampfhaft fest und widersetze mich dem Lebensfluss? Wo blocke ich meine Energie ab aus Angst vor Bewegung und Entwicklung?

Wenn ich die Struktur der Wirklichkeit in ihrer beständigen Veränderung erkenne, bin ich sicher vor dieser Angst, und sie wandelt sich in Gewissheit einerseits und Gelassenheit andererseits. Insofern ist es am besten, mich stetig und begierig lernend auf andauernden Wandel einzustellen und immer wieder Neues, Aufregendes in mein Repertoire und Leben zu integrieren. Wenn ich viel zu bieten habe an Fähigkeiten und Flexibilität, werde ich mich auch gut ernähren und aufhören, Angst in Gestalt von Fleisch zu essen. Im Fleisch von Schlachttieren steckt deren Todesangst vor der Schlachtung in Form derselben Angsthormone wie bei uns Menschen.

Anfälle, die plötzlich und unvorhergesehen über mich hereinbrechen, verlangen geradezu nach uranischen Qualitäten wie Abwechslung und einem spontanen kreativen Leben.

Urprinzipieller Bezug: Saturn (Angst).

Lit.: KSy, PF; CD »Angstfrei leben«, CD »Lebensprinzipien-Set: Saturn«.

Erfolglosigkeit

Ich habe einfach keinen Erfolg.

Grundsätzlich muss ich mich fragen, ob ich überhaupt meinem Weg zu mir selbst folge.

Wohin soll Erfolg mich führen? Habe ich überhaupt meine Ziele definiert? Welche Ziele strebe ich an?
Gehe ich dabei zu ungeschickt vor?

Da ich meine Ziele nicht verwirkliche, muss irgendetwas in mir ihr Erreichen boykottieren.

Welcher Teil in mir blockiert mich? Was ist mir noch nicht bewusst? Wovor will mich dieser Teil bewahren?

Ich sollte es mir zur Aufgabe machen, meine Ziele neu zu definieren und herauszufinden, ob es wirklich meine sind, ob sie überhaupt zu mir passen und meine Seele nähren. Wenn nicht, gilt es, zu entsprechenden Zielen und Visionen zu wechseln. Sobald meine Seele einverstanden ist und voll dahintersteht, wird ihr Boykott aufhören und die Ziele gelangen in Reichweite.

Urprinzipieller Bezug: Jupiter (Erfolg, Wachstum), Saturn (Hemmung).

Ablehnung, Abfuhr

Ich habe schon wieder eine Abfuhr bekommen!

Dieser Misserfolg will mir sagen, dass ich auf einem falschen Weg bin, dass etwas für mich noch nicht stimmt.

Versuche ich etwas, das ich gar nicht wirklich will? Das zumindest ein Teil von mir – etwa meine Seele – nicht mitträgt?
Warum tue ich mir solche Dinge an, die möglicherweise nur der Intellekt will?
Was wäre, wenn ich Erfolg gehabt hätte? Könnte meine Seele das überhaupt ertragen?

Die Aufgabe ist herauszufinden, worin die Unstimmigkeit besteht, wo ich nicht stimme, wo die Stimmung nicht trägt. Oft kann die Stimme es tatsächlich verraten.

Urprinzipieller Bezug: Saturn (Ablehnung).

Lit.: ME; CD »Lebensprinzipien-Set: Saturn«.

Scheitern

Alles, was ich mir so schön zu Silvester vorgenommen habe, all meine guten Vorsätze sind nach wenigen Wochen verpufft.

So etwas kann nur Vorsätzen passieren, die entweder nicht für mich stimmig sind und meiner Situation nicht angemessen waren oder die in dieser Form nicht den Lebensprinzipien entsprachen. Zum Beispiel lässt sich Jähzorn nicht durch Beharren oder Hemmen beikommen, weil Jähzorn zum Marsprinzip gehört, Hemmen aber dem Saturnprinzip entspricht.

Was will ich – wenn ich meinem ersten aufsteigenden Gedanken folge? Was muss ich dafür tun oder womit aufhören?

Vorsätze von den Lebensprinzipien her stimmig zu gestalten ist lernbar. Was ich an Wichtigem lernen kann, sollte ich lernen, was sich an Notwendigem ändern lässt, kann ich ändern – und brauche zur Umsetzung noch Konsequenz und Disziplin, zwei der wichtigsten Eigenschaften überhaupt im Leben.

Urprinzipieller Bezug: Sonne (Identität), Neptun (Vergessen, Vergehen).

Lit.: LP, R, G, SI; CD »Rauchen«, CD »Sucht und Suche«, CD »Mein Idealgewicht«, CD »Lebensprinzipien-Set: Sonne, Neptun«.

Fehlende Ausdauer

Ausdauer habe ich leider nicht.

Zunächst ist wichtig anzuerkennen, dass sie mir fehlt. Außerdem kann ich Ausdauer und Geduld lernen und üben, selbst wenn ich ein vom Lebensprinzip Widder geprägter Mensch sein mag, dem sie schwerfällt. Es gibt genug rote Ampeln und Staus, und jedes dieser Hindernisse ist eine solche Lernaufforderung in Geduld und Ausdauer.

Andererseits geht es auch darum, meine Stärken anzuerkennen.

Kann ich das Schnelle und vielleicht Sprunghafte an mir schätzen und lieben? Was könnte ich daraus machen, so dass ich gar nicht so viel Ausdauer brauche? Anders gefragt: Warum ziele ich auf Marathonläufe statt auf Sprints, obwohl sich bei Letzteren – jedenfalls für mich – und sogar objektiv viel rascher und weniger mühsam Goldmedaillen gewinnen lassen? Warum sollte ich nicht etwaige Sprunghaftigkeit in Originalität und Abwechslungsbereitschaft wandeln? Mache ich, was meinem (Arche-)Typ entspricht und daraus das Beste?

Lerne ich hinzu, was für mich erreichbar ist?

Wenn ich lieben gelernt habe, was ist, kann ich immer noch hinzulernen, was bisher fehlte, etwa Ausdauer. Hierbei stehe ich mir nur selbst im Weg, niemand sonst.

Urprinzipieller Bezug: Mars (Schnelligkeit), Saturn (Ausdauer), Uranus (Sprunghaftigkeit).

Lit.: LP; CD Lebensprinzipien-Set: Mars, Saturn, Uranus«.

Innere Monologe

Mich frustrieren die ständigen Monologe, die in meinem Kopf ablaufen, etwa was sein wird, wenn ich diese Entscheidung treffe, oder was passiert, wenn ich sage, was ich wirklich denke. Ich sehe keine Möglichkeit, mal alle Bedenken oder Befürchtungen beiseitezuschieben und in den Augenblick zu kommen.

Um aus der Mühle der Gedanken auszusteigen, braucht es wirklich alle Kraft und letzte Konzentration. Sie quält fast alle Menschen und ist auf dem Entwicklungsweg wohlbekannt.

Wobei die Gedankenmühle bei Depressiven und Burn-out-Kandidaten, die Sinn und Inhalt im Leben verloren haben, am dramatischsten ist. Jeder Moment von Gedanken-Freiheit ist ein Gottesgeschenk und Schritt in Richtung Befreiung. Hier liegt die große Aufgabe, die umso drängender ist, je quälender die Gedankenschleifen sind.

Ein Mann kam zu einem Zen-Meister mit der Bitte, ihn zur Befreiung zu führen. Der Zen-Meister entgegnete: »Komm wieder, wenn du es wirklich willst.« Der Mann protestierte und sprach von seiner echten Sehnsucht und seinem großen Bedürfnis. Der Zen-Meister aber weigerte sich, weil er beides nicht spürte. Als der Mann hartnäckig blieb, ging er mit ihm an das nahe Flussufer und nahm dort neben ihm Platz. Dann bat er den Mann, sich dicht über das Wasser zu beugen und hineinzuschauen. Als der Mann seiner Bitte folgte, packte er ihn im Nacken und drückte ihn unsanft unter Wasser. Schon nach einer halben Minute fing der Mann an, sich zu wehren, aber der Meister *ließ nicht locker*. Als er ihn schließlich nach zwei Minuten losließ und der Mann ihn prustend und tobend anging, sagte er nur: »Wenn du so sehr nach Befreiung strebst, wie eben nach Luft, kannst du wiederkommen.«

Will ich aus meinem Gedankenkarussell wirklich aussteigen? Denn es ist natürlich möglich – mit verschiedensten Formen von Meditation. Die Frage, ob man dem ständigen inneren Monolog für Momente und irgendwann für immer entkommen will, ist eine lebensentscheidende und führt bei ihrer Bejahung auf den spirituellen Weg.

Urprinzipieller Bezug: Jungfrau-Merkur (innere Selbstgespräche), Pluto (Fixierung).

Lit.: SI, D; CD »Depression«.

Nichts geschenkt bekommen

Wenn dies, das oder jenes so wäre, könnte ich mich besser fühlen. Aber mir wird nun mal nichts geschenkt.

Niemandem wird etwas geschenkt, wir haben uns alle alles verdient – im Guten wie im Schlechten. Nur übersehen wir meist den Lauf der Zeit zu wenig, um das zu erkennen.

Ich stelle Bedingungen, wie ich glücklich werden könnte. Das hat noch nie funktioniert. Wenn ich mein Glück oder gutes Lebensgefühl an Bedingungen knüpfe, wird das Gott oder das Schicksal erfahrungsgemäß nicht zu deren Erfüllung bewegen. Solange ich also sage: »Ich bin glücklich, wenn das und das eintritt«, wird es nicht klappen. Wenn ich aber sage: »Egal was eintritt, ich bin einverstanden«, kann ich sofort glücklich sein. Die Strategie, Glück daran zu knüpfen, dass ich alles bekomme, was ich will, wird nichts bringen. Aber ich brauche nur alles zu wollen, was ich bekomme, und schon wird das Glück bei mir anklopfen.

Urprinzipieller Bezug: Jupiter (Glück), Saturn (Hindernis).

Lit.: PG.

Zwanghaftigkeit

Wenn ich nicht jeden Tag trainiere und zehn Kilometer laufe, fühle ich mich schlecht.

Dahinter steht geradezu der Vorwurf: »Lieber Gott, warum machst du es mir so schwer, mich wohlzufühlen!«

Warum muss ich mich so quälen, um mich wohlzufühlen? Muss ich mir meine Fitness und Figur so hart verdienen?

Fehlt es mir an geistig-seelischer Bewegung und vielleicht Beweglichkeit, die ich so kompensiere? Inwieweit mache ich körperliche Bewegung, um mich geistig-seelisch nicht bewegen zu müssen?

Was fällt in meinem Leben aus vor lauter (Davon-)Laufen? Laufe ich immer dieselbe Strecke, oder gönne ich mir wenigstens in dieser Hinsicht Abwechslung?

Die Aufgabe liegt darin, herauszufinden, wovor ich weglaufe und wo ich eigentlich hinwill im Leben. Wenn ich mich im übertragenen Sinn mehr in Bewegung setze, kann ich körperlich eher Ruhe geben und meine geistig-seelischen Ziele rascher verwirklichen.

Urprinzipieller Bezug: Mars (Bewegung), Pluto (zwanghaftes Programm).

Lit.: SchwL; CD »Visionen«, CD »Leichtigkeit des Schwebens«.

Streng mit sich selbst sein

Wieso werde ich überhaupt noch krank? Ich habe doch das Konzept von Krankheit als Symbol längst verstanden.

Verstehen und Umsetzen sind zweierlei. Ich könnte ja auch damit zufrieden sein, meine Symptombilder nun besser zu verstehen und die Hinweise, die sie mir liefern, leichter umzusetzen. Symptome sind Ausdruck von Schatten, und er ist unser größter Schatz; jedes Symptombild ist eine Chance zu wachsen. Das könnte ich mir auch einfach gönnen.

Warum bin ich so streng mit mir, dass ich nicht einmal mehr krank werden darf? Kann ich mir nichts durchgehen lassen?

Waren meine Eltern so streng mit mir, und setze ich das ge-
hasste Programm nun an mir selbst fort?

Wenn ich enttäuscht von mir bin, könnte ich die Ent-Täuschung als das Ende einer (Selbst-)Täuschung begreifen und
mich über diese Korrektur freuen.

Urprinzipieller Bezug: Jungfrau-Merkur (Selbstkritik), Saturn
(Härte), Jupiter (Anmaßung).

Lit.: CD »Lebensprinzipien-Set«.

Helfersyndrom

Ich will ständig anderen helfen. Ist das gut oder leide ich an
einem Helfersyndrom?

Hilfe ist zuerst einmal gut, vor allem wenn sie dringend benötigt wird. Wenn ich beim Helfen wirklich den anderen im Auge
habe, ist es immer von Vorteil, und wenn meine Hilfe zur Selbsthilfe führt, ist sie noch wertvoller für die Hilfsbedürftigen. Falls
ich aber um meiner selbst willen helfe, weil ich es genieße, gebraucht zu werden, oder die Dankbarkeit der Hilfsbedürftigen
im Auge habe, wird es problematisch im Sinne des Helfersyndroms. Dann tue ich es für mich und mache mir das meist nicht
einmal bewusst. Ich fühle mich dann selbstlos und bin doch
nur egoistisch, erwarte Dank und erhalte ihn auf Dauer nicht.
Das könnte mich schon aus meinem Irrtum erwachen lassen.

Wem versuche ich in Wirklichkeit zu helfen? Wie steht es um
meine eigene Hilfsbedürftigkeit?

Selbst wenn mein Helfersyndrom anderen noch hilft, ist es
doch problematisch für mich. So nützt in Deutschland und

Österreich der Staat es aus und honoriert Sozialberufe wie Krankenschwestern so schlecht, dass unter diesen Bedingungen sich dafür fast nur noch Menschen mit zumindest einem Anteil Helfersyndrom hergeben. Wenn sie dann so wenig verdienen, ist das – schicksalsmäßig – sogar stimmig, denn sie dienen vor allem sich selbst und nur in zweiter Linie den Kranken oder Hilfsbedürftigen. Sie erhalten ihren Lohn schon weitgehend in der Befriedigung ihres Helfersyndroms, einer Art von Neurose, die allerdings wie kaum eine andere mit Argumenten der Nächstenliebe und des Altruismus rationalisiert wird. Menschen mit Helfersyndrom helfen sich und benutzen die anderen lediglich dazu. Diese werden folglich auch nicht dankbar sein, sondern geraten in eine eigenartig ambivalente Situation.

Meine Aufgabe ist es, mir selbst gegenüber ehrlich zu werden und die eigene Motivation zu durchschauen. Anschließend kann sogar derselbe Beruf mit ganz anderem, wesentlich stimmigerem Engagement beibehalten werden. Auch wenn ich »nur« privat helfe, gibt es diese Unterscheidung zwischen wirklicher Hilfe dem anderen zuliebe und einem Nicht-anders-Können, wobei es meist um einen selbst geht.

Urprinzipieller Bezug: Jungfrau-Merkur (Hilfsbereitschaft), Neptun (Helfersyndrom).

Etwas im Leben verpassen

Ich habe nie große Reisen gemacht, nie eine Auszeit genommen – Familie und Job sind mein Leben. Manchmal glaube ich, ich habe etwas verpasst.

Mit Sicherheit werde ich bei diesem Lebensstil etwas verpassen. Andererseits kann ich auch nicht alles haben und erleben.

Die Frage ist weniger, was ich habe, als womit ich zufrieden bin. Einer befriedigenden Arbeit nachzugehen, eine wundervolle Familie zu erhalten, das kann die Erfüllung schlechthin sein. Große Reisen und schöne Auszeiten im Sinne von Regenerationsurlauben müssen also gar nicht notwendig sein, wenn keine Not besteht. Mit einem anstrengenden Job eine schwierige Familie über Wasser zu halten wird dagegen Kraft und Nerven kosten. Falls also Not und Sehnsucht bestehen, ist es besser, diese Reisen und Auszeiten zu nehmen – auch auf Kosten der Familie –, als ihr Fehlen den anderen ständig, und auch wenn auch nur insgeheim, vorzuwerfen, denn Vorwürfe und Mangelbewusstsein werden auf Dauer das Familienleben ruinieren.

Ich sollte klären, inwieweit mir der Mut zur großen Reise und zum großen Wurf fehlt und inwieweit mir auch der Mut, mich um mich selbst zu kümmern, abgeht. Benutze ich die Familie als Ausrede und missbrauche sie dergestalt? Solch ein Verhalten würde zuerst mich und anschließend die Familie belasten.

Urprinzipieller Bezug: Jupiter (große Reise), Saturn (Hemmung).

Lit.: L; CD »Lebenskrisen als Entwicklungschancen«.

Trott, Fremdbestimmtheit, Resignation

Im meinem Leben gibt es wenig Abwechslung und Freude. Jeden Tag der gleiche Trott, und wenn ich es genau überlege, habe in Wahrheit auch gar keinen Freiraum für echte Entscheidungen. Wir agieren doch alle aufgrund unserer alten Muster und Prägungen und sind mehr oder weniger Hamster im Laufrad.

Die Tatsache, dass sich so viele in ihrem persönlich gewählten Hamsterrad abstrampeln, nutze ich hier als Legitimation, daran bei mir nichts zu ändern. Das ist ja in Ordnung, nur dann gibt es auch nichts zu kritisieren. Dabei führe ich ein Leben, dem das Prinzip der Abwechslung (Uranus) und das der Freude (Jupiter) fehlt.

Was tue ich, um diese beiden Urprinzipien aus meinem Leben fernzuhalten? Wie organisiere ich diesen immer gleichen Trott? Habe ich mich dort hineingeflüchtet, oder fühle ich mich hineingezwungen?

Zur Erlösung der immer gleichen Routine könnte ich Bewusstsein in sie bringen. Eine ideale Möglichkeit bietet das an die Zen-Tradition angelehnte Seminar *Fasten – Schweigen – Meditieren* (Info-Adresse siehe Anhang). Hier ist das Immergleiche in einem Ritual verankert, das die Bewusstheit fördert und zur Erlösung des hier abgelehnten Saturnprinzips führen will. Struktur und Disziplin lassen sich so als positive Notwendigkeiten erfahren. Aus der bewussten Reduzierung auf das Wesentliche vermag ich dann auch viel eher, Energie, Kraft und Humor für Abwechslung und Überraschungen aufzubringen. Die Aufgabe liegt also darin, den Trott zu erlösen; Abwechslung und Lebensfreude stellen sich dann von selbst ein.

Routine ist also leicht wandelbar aus einem Elend in ein wundervolles Geschenk auf dem Entwicklungsweg. Es wäre deshalb für mich gut, damit anzufangen, einzelne Aspekte der Alltagsroutine in Rituale zu wandeln, wie etwa das Händewaschen vor dem Essen oder das Duschen und die Morgentoilette. Ich kann mit der Zeit immer mehr solcher kleinen Handgriffe und Tätigkeitsbereiche in das bewusste Ritual integrieren, so dass dadurch Inseln der Bewusstheit in der Routine entstehen.

Mit der Zeit könnten es viele Inseln werden, die sich wie eine Kette durch den Tag ziehen und schließlich in ein bewusstes Leben münden.

Ich habe außerdem die Möglichkeit, mich mit alten Mustern und Prägungen auseinanderzusetzen und mich durch Selbsterkenntnis davon zu befreien. Wenn das Hamsterrad auf dem Totenbett ausgedient hat, werden die meisten ehrlich und erkennen, dass sie erstens nicht gewagt haben, ihr Leben zu leben, und dass sie zweitens zu wenig Disziplin ins Spiel ihres Lebens gebracht haben. Diese Ehrlichkeit könnte ich mir bereits heute zugestehen. Die spirituelle Philosophie zu missbrauchen, um sich keinen Entscheidungsraum zuzugestehen, ist dagegen ein alter Trick von Entwicklungsfaulen und Verweigerern. Es führt zum fatalen Kismet-Denken, das wir bei anderen so leicht durchschauen. Wenn ich glücklich werden und Erfolg im Leben haben will, muss ich es vorwärtsgerichtet leben, als wäre ich frei in all meinen Entscheidungen, nur um dann in der Rückschau zu erkennen, dass ich es vielleicht viel weniger war, als ich dachte – das ist ein Trick, anspruchsvoll, aber notwendig.

Urprinzipieller Bezug: Saturn (Trott), Pluto (Fremdkontrolle), Uranus (Mangel an Abwechslung), Jupiter (Freudlosigkeit). Lit.: SI, D.

Angst vor Veränderung

Ich habe Angst vor Veränderung. Alles soll so bleiben, wie es ist. Ich weiß ja, dass ich lernen und wachsen soll, aber mir wird das zu viel.

Letztlich habe ich wie jeder andere die Möglichkeit, freiwillig das Notwendige zu tun oder mich dazu zwingen zu lassen. Der erste Weg ist mit Freude und Entwicklung verbunden, das andere mit Leid und Kummer. Diese Wahl hat jeder Mensch. Will ich mich zwingen lassen, oder freiwillig mit der Zeit gehen? Das ist die Frage, auf die es letztlich für mich hinausläuft.

Was wäre, wenn wirklich alles so bliebe, wie es ist, und alles so weiterginge, wie es jetzt läuft – für die mir noch bleibenden Jahre oder Jahrzehnte?
Was würden die Menschen an meinem Grab über mich sagen? Was würde ich selbst im Rückblick über mein Leben denken? Kann ich das wirklich wollen?

Wenn ich so fixiert auf das Alte und Gewohnte bin, kann ich ihm dadurch gerecht werden, dass ich es radikal und bis zu den Wurzeln erforsche und mich mit dem Plutoprinzip einlasse und prüfe, was die wirklich großen Wandlungs- um Umkehrmöglichkeiten für mich sind.

Urprinzipieller Bezug: Saturn (Angst), Pluto (radikaler Wandel), Uranus (Veränderung).

Lit.: L; CD »Lebenskrisen als Entwicklungschancen«.

Sich über Kleinigkeiten aufregen, Kleinkariertheit

Kleinigkeiten nehme ich viel zu wichtig.

Mein Konzept, über Kleinigkeiten das Große und Ganze aus den Augen zu verlieren, führt natürlich konsequent in die Kleinkariertheit und zu einem Leben, dem der große Wurf fehlt. Das gilt es bewusstzumachen und darin die unerlöste Ebene des Jungfrau-Merkurprinzips zu erkennen.

Diesem Prinzip kann ich aber durch die Schaffung verlässlicher Ordnung in meinem eigenen Umfeld und eines gesunden verantwortlichen Lebens mir selbst und der Umwelt gegenüber gerecht werden. Die mir sicher vertraute Aussage »Vertrauen ist gut, Kontrolle ist besser« lässt sich nämlich umkehren. Auf dem Boden guter Eigenkontrolle kann dann Vertrauen zuerst in diese und dann darüber hinaus wachsen. Das wäre auch sehr zeitgemäß, geht es doch jetzt vor allem darum, für die Begrenztheit der Ressourcen in einer begrenzten Welt Bewusstsein zu entwickeln, um mit ihnen sowohl vernünftig als auch verantwortlich umzugehen.

Wir alle müssen, global betrachtet, das Beste aus einer verfahrenen Situation machen, und auf dem Boden des Jungfrau-Merkurprinzips ist man äußerst geschickt darin, vorauszudenken, die Möglichkeiten durchzuspielen, durch sorgfältige Analyse des Vorhandenen Konsequenzen abzuwägen. Maßhalten und Vorausplanung sind angesagt; wer sich gern um Details kümmert, hat das Zeug zum Spezialisten, und unsere ist die Zeit der Spezialisten.

Wenn ich mich der Vernunft gehorchend einordne, vermag ich über die Analyse des Kleinen schließlich auch das Große und Ganze erfassen, denn nach Paracelsus entspricht der Mikrokosmos Körper dem Makrokosmos Welt. Wer sich etwa den einzelnen Bäumen widmet, wird am Ende dem ganzen Wald guttun, und er wächst aus der Kleinkariertheit heraus zu seinem und zum Nutzen aller.

Urprinzipieller Bezug: Jungfrau-Merkur (Kontrolle, Kleinigkeiten überbewerten).

Lit.: CD »Lebensprinzipien-Set: Jungfrau-Merkur«.

Überzogene Selbstkritik

Hätte ich nur das oder jenes damals besser gemacht. Meine Kritiksucht macht auch vor der Vergangenheit nicht Halt. Ich lasse kein gutes Haar an mir.

Kritik- und Kontrollsucht sind eine unerlöste Variante des Jungfrau-Merkurprinzips und können das Leben ruinieren, während Vernunft und Achtsamkeit als erlöste Seite zum Erfolg führen. Eine gute Analyse der eigenen und der großen Welt kann zu den für mich und alle anderen richtigen Konsequenzen führen. So nimmt die Erlösung dieses Themas der Kritik den Wind aus den Segeln. Selbstkritik wird damit zur Steilvorlage zu vernünftiger Entwicklung. Die Aufgabe liegt also darin, aus der Kontrolle Achtsamkeit zu machen und aus der Kritik vernünftige Verbesserungsvorschläge zu entwickeln für mich selbst und alle anderen.

Urprinzipieller Bezug: Jungfrau-Merkur (Kritiksucht).

Angst vor dem Glück, Problemfixiertheit

Ich möchte glücklicher sein, aber dann holen mich doch Zweifel und traurige Gedanken ein. Und wenn alles gut läuft, traue ich dem nicht. Ich kann es mir nicht eingestehen, dass ich im Grunde zufrieden und glücklich leben könnte. Ständig bin ich auf der Suche nach neuen Problemen.

Mein Schatten holt mich offenbar ein. Es wäre deshalb gut, mir im Rahmen von Schattenarbeit zuerst den traurigen Teil meiner eigenen Geschichte vorzunehmen und mich mit ihm auszusöhnen, statt ihn mit Wünschen nach Glück zu bekämpfen und unter der Oberfläche halten zu wollen. Dem Frieden ist –

mit Recht – erst zu trauen, wenn er auf wirklicher Balance beruht.

Für das große Glück werde ich am ehesten reif, wenn ich für Bewusstheit im Schattenreich sorge. Glück ist im Augenblick, also hilft es, die Vergangenheit aufzuräumen, um reif für den Moment des Hier und Jetzt zu werden.

Im Übrigen ist es wundervoll, wenn ich schon einmal erkenne, dass ich die Probleme suche – und wer sucht, der findet natürlich auch. Es geht also wie immer darum, mich dort abzuholen, wo ich bin. Ich erkenne mich also als Problemsucher. So ist es nur konsequent, mir echte Probleme zu suchen und an ihrer Lösung zu arbeiten. Das wird mich und meine Umwelt erleichtern und freuen.

Wenn ich nicht nur meine Begabung im Suchen, sondern auch im Lösen von Problemen ausspiele und nicht viel Wind darum mache, sondern in Demut und Bescheidenheit meinen Beitrag leiste, werden andere und sogar ich selbst immer zufriedener mit mir werden. Sobald ich dann allmählich meine große Achtsamkeit im Hinblick auf Probleme auf Lösungsorientierung richte und auf immer mehr Aspekte des Lebens ausdehne, wird das richtig anmachend für mich und meine Umwelt werden.

Urprinzipieller Bezug: Jungfrau-Merkur (Kritiksucht, Problemsucherei), Jupiter (Glück), Saturn (Trauer), Pluto (Schattenarbeit).

Lit.: SP, L-S-T, D, SI; CD »Schattenarbeit«, CD »Lebensprinzipien-Set: Jungfrau-Merkur«.

Verzagtheit, Fehlschläge, Zweifel am eigenen Können

*Mir wird klar, dass ich meine eigenen Fähigkeiten über-
schätzt habe. Ich traue mir nach diesem Fehlschlag gar nichts
mehr zu, und mich befällt nun immer die Angst, ob ich rich-
tiglag beziehungsweise was ich jetzt womöglich wieder ange-
richtet habe.*

Fehler machen ist so menschlich wie irren. Perfekt ist nur die
Einheit beziehungsweise Gott. Das ist der Grund, warum Tep-
pichweberinnen alter Schule absichtlich einen Fehler einbau-
ten, um sich nicht der Hybris schuldig zu machen, fehlerfrei
wie Gott zu arbeiten.

*Ist mir Perfektionismus als Krankheitsbild bewusst? Ver-
wechsle ich mich mit Gott und setze mich an seine Stelle?
Wo gefährde ich nicht nur, sondern (ver-)hindere mit dieser
Angst vor Fehlern auch mein(e) Leben(digkeit)?*

Wer keine Fehler macht, wächst auch nicht, denn nur Fehler
stoßen uns auf Fehlendes, das integriert werden will. Dumm
und zu bedauern ist nur, wer den gleichen Fehler zweimal
macht.

*Was fehlt mir noch so stark, dass ich solche Angst vor Fehlern
habe? Warum bin ich nicht bereit, aus meinen Fehlern das
Fehlende zu lernen und so wirklich immer fehlerfreier und
vollkommener zu werden?
Bin ich beleidigt, weil ich mich überschätzt habe oder weil
das Schicksal mich – an einem bestimmten Punkt – hat auffliegen lassen? Stecke ich nun den Kopf in den Sand und
schmolle? Wie lange will ich das durchhalten?*

Es ist nun an der Zeit, ehrlich festzustellen, was ich wirklich kann, und das auch zu tun. Dass ich etwas nicht konnte, heißt noch lange nicht, gar nichts zu können. Folglich ist jetzt die Zeit für eine ehrliche Bilanz.

Wo stehe ich, und wo möchte ich hinkommen? Was ist jetzt realistisch? Was kann ich aus dem Misserfolg lernen?

Verantwortung ist die Fähigkeit, Antworten zu finden, und dazu bin ich jetzt aufgerufen. Die Angst zeigt meine Enge (lat. *angustus* = eng), der ich durch Konzentration auf meine eigentliche Aufgabe gerecht werden kann, um schließlich Antworten zu finden, die die Enge überwinden und Weite ermöglichen.

Wieso scheue ich Verantwortung? Wo scheue ich sie in Bezug auf mich? Und wo in Bezug auf andere?

Die Aufgabe liegt für mich auch darin, meinen überhöhten Anspruch an mich selbst – und vielleicht auch an andere – zu hinterfragen, der jede Eigenentwicklung zu verhindern droht. Ich muss ja keinen Fehler zweimal machen, wenn ich wirklich offen und lernbegierig bin. Die Devise erfolgreicher Menschen ist, *not*wendige Fehler zu machen, aber jeden immer nur einmal.

Ich sollte außerdem nach Wegen suchen, mein Selbstvertrauen zurückzugewinnen oder, noch besser, neues echtes Selbstvertrauen aufzubauen. Hierzu ist es notwendig, Einheitserfahrungen zu machen, die eine Basis für Urvertrauen sind, aus dem sich Selbstvertrauen am sichersten entwickelt. Eine der einfachsten und am raschesten zum Erfolg führenden Übungen ist diesbezüglich der verbundene Atem.

Urprinzipieller Bezug: Zwillinge-Merkur (Kontakt, Austausch), Saturn (Angst, Verantwortung), Sonne (Selbstvertrauen).

Lit.: SchwL (zum Thema Urvertrauen); CD »Leichtigkeit des Schwebens«.

Böse Überraschungen, Unberechenbarkeit

Mir macht es zu schaffen, dass so viel Unberechenbares passiert, und zwar der unangenehmen Art. Ich bin schon ganz verkrampft und ängstlich, was morgen wieder an bösen Überraschungen auf mich wartet.

Ob ich die Überraschungen des Lebens als böse oder gut einstufe, hängt von meiner Einstellung ab. Je entwicklungs-, wachstums- und veränderungsbereiter ich selbst bin, desto positiver kann ich auf Veränderungen der (Um-)Welt reagieren. Lebe ich nach der gutbürgerlichen Devise »Hoffentlich geschieht nichts«, wird Heraklits philosophische Einsicht, dass alles fließt, bereits zur Provokation. Da in dieser Schöpfung das einzig Sichere dauernde Veränderung ist, habe ich die Wahl: Ich kann das Unabänderliche akzeptieren und mich offen und wohl fühlen. Aber ich darf mich auch dagegen wehren, um mich dann unwohl und das Leben als böse zu empfinden. Der Schöpfung oder dem Schicksal werde ich meinen Willen nicht aufzwingen können; das ist bisher niemandem gelungen, und es sieht auch nicht danach aus, dass in dieser Hinsicht überhaupt Chancen bestehen.

Urprinzipieller Bezug: Uranus (Veränderung), Pluto (Kontrolle).

Kreativitätsmangel, Antriebslosigkeit, Selbstblockade

Ich finde so schwer Zugang zu meinen schöpferischen Kräften und leide unter Antriebslosigkeit. Ich würde aber gern hervortreten und ein großes Publikum finden.

Um meinen Stern aufgehen zu lassen, müsste ich mein Thema finden, und es müsste eines sein, das viele berührt oder wenigstens interessiert. Wenn ich nur irgendein Thema suche, um damit berühmt zu werden, wird es – erfahrungsgemäß – nicht klappen.

Was könnte meine Antriebsschwäche, die mich bremst, lösen? Wobei hilft sie mir andererseits? Wovor schützt sie mich? Vor dem ehrlichen Blick in den Spiegel?
Kann es sein, dass meine Antriebsschwäche mir erspart zu erkennen, dass ich gar nichts zu sagen habe, was viele betrifft und angeht?

Ich sollte damit beginnen, meinen Stern in mir zu suchen, um ihn dann für mich selbst aufgehen zu lassen. Statt mich selbst zu rühmen, kann ich etwas bewirken oder schaffen, das allen etwas gibt, so dass sie mich rühmen. Wo also könnte ich die Suche beginnen, außer in mir selbst, um zu meinem Selbst zu finden!

Urprinzipieller Bezug: Sonne (Kreativität), Saturn (Antriebsschwäche, Blockade).

● Peinlichkeit, Ungeschicklichkeit und Schamgefühle

Sich hässlich finden, sich seines Körpers schämen

Ich falle negativ auf, weil ich nicht so schlank und attraktiv wie die anderen bin. Ihre mitleidigen Blicke deprimieren mich. Ich fühle mich ausgeschlossen und schäme mich für meine Figur.

Schönheit liegt bekanntlich im Auge des Betrachters. Ist es also überhaupt wahr, dass ich objektiv so unattraktiv bin, wie ich mich fühle und darstelle? Ich sollte tiefer in mich blicken, um zu klären, warum ich mich so hässlich fühle.

Will ich in Wirklichkeit niemanden anziehen? Warum mache ich nicht jemanden aus mir, den ich selbst mögen kann und den dann natürlich auch andere mögen?

Welcher Teil von mir möchte ausgeschlossen sein und sich darüber beklagen? Wie lange spiele ich dieses Spiel schon? Wann hat es begonnen, und wo wird es mich hinbringen, wenn alles so weiterläuft?

Welche Vorteile hat es für mich, wenn ich mich so unattraktiv finde, dass mich niemand mögen und ich mich dadurch aus allem heraushalten kann?

Flößen mir Beziehung und Partnerschaft so viel Angst ein, dass ich mich zu deren Abwehr so hässlich machen muss?

Was tue ich konkret, um so unattraktiv zu bleiben? Wie vermeide ich es, meinen Typ entsprechend herauszustellen, zu schönen Kleidern und einer passenden Frisur zu kommen? Was tue ich meiner Figur an, um diese Situation der Häss-

lichkeit zu zementieren? Wie halte ich meine Ausstrahlung auf einem Niveau, das diese Klage weiterhin ermöglicht?

Wenn ich an starkem Übergewicht leide, zeige ich recht deutlich, dass es bei mir auf der falschen Ebene rundläuft.

Was fehlt meinem Leben an innerer Rundheit? Wo fehlt mir die Erfüllung, die ich in der Fülle des Körpers stellvertretend ausdrücke?

Was drückt meine Figur aus; was würde die Idealfigur ausdrücken?

Bin ich schwerfällig statt leichtfüßig? Wie und wo zeigt sich das außer in meinem Körper auch in meinem Leben? Wo kann ich mich im übertragenen Sinn besser erden?

Die Kluft zwischen Anspruch und Wirklichkeit zu schließen und zu lernen, mich so anzunehmen, wie ich jetzt bin, um dorthin zu gelangen, wo ich hinwill – darin liegt meine grundlegende Aufgabe. Ein Schritt zur Lösung des Problems wird darin bestehen, anzufangen, mich selbst zu mögen und schön zu finden, auf dass andere sich dem anschließen können.

Wie würde ich damit umgehen, begehrt zu werden? Könnte ich das überhaupt annehmen und genießen?

Was hindert mich, meinen Körper zu akzeptieren und zu mögen?

Damit würde ich lernen, dem Venusprinzip gerecht zu werden, das heißt, die innere Balance zu finden, die eigene innere Schönheit zu entdecken und nach außen zu spiegeln und mich natürlich auch äußerlich schön zu machen, mich gut zu kleiden und zu fühlen. Dabei wäre auch von Vorteil, auf *Peace Food* umzusteigen, um meiner eigenen und der äußeren Welt den größten Gefallen zu tun und nebenbei zu meiner Idealfigur zu kommen.

Ich sollte die Hindernisse auf diesem Weg erkennen und an- und ernstnehmen. Zur Einlösung dieser Aufgabe könnte ich fasten und danach die Ernährung auf Verbesserung meiner Ausstrahlung ausrichten und mit einem Bewegungstraining beginnen, das mich geschmeidig und kräftig werden lässt, aber auch elegant und flexibel. Disziplin und Konsequenz sind wundervolle Hilfen dabei, die auch gleich dem von der Hindernisseite angesprochenen Saturnprinzip angehören. Zu klären wäre letztlich, was ich gegen Mitgefühl habe.

Halte ich Mitgefühl nicht für echt, weil mir selbst echtes Mitgefühl fehlt? Warum soll ich anderen nicht leidtun, da ich mir doch selbst so leidtue?

Es ist hilfreich, anzuerkennen, dass ich in dieser Situation natürlich Resonanz zu (Mit-)Leid habe.

Urprinzipieller Bezug: Stier-Venus (Selbstwert, Schönheit, Körper), Saturn (Ablehnung), Jupiter (Fülle statt Erfüllung).

Lit.: G, KS; CD »Selbstliebe«, CD »Idealgewicht«, CD »Aller guten Dinge sind drei«.

Schüchternheit

Es ist mir so peinlich, wenn immer alle Aufmerksamkeit auf mich gerichtet ist. Ich stehe nicht gern im Mittelpunkt!

Zu prüfen ist, ob das Gefühl der Peinlichkeit tatsächlich vorhanden ist oder nicht eine Verkennung der Situation und Überschätzung dahintersteckt – und damit ein uneingestandener

Wunschtraum, dass alle Aufmerksamkeit auf mich gerichtet ist. Vielleicht ist es mir insgeheim ganz recht, im Mittelpunkt zu stehen.

Ist mir die Situation wirklich peinlich? Wenn ja, warum? Habe ich so viel Aufmerksamkeit nicht verdient? Habe ich nichts Adäquates zu bieten, das es rechtfertigt, im Mittelpunkt zu stehen?

Wenn ständig alle auf mich schauen, ist es meine Aufgabe, zu mir, meiner Ausstrahlung, meinem Aussehen, meiner Leistung, meinem Status stehen zu lernen. Dann habe ich offenbar den Menschen etwas zu bieten, wofür ich stehe und wozu ich stehen sollte und womit sie gut oder besser leben könnten. Das gilt es gegebenenfalls zu akzeptieren.

Urprinzipieller Bezug: Sonne (Mittelpunkt, Selbstbewusstsein), Neptun (Scham, Schüchternheit).

Gesenkter Blick

Ich kann Leuten, mit denen ich rede, schlecht in die Augen schauen.

Es gibt verschiedene Gründe, die es mir so schwer machen, den Blick der anderen zu ertragen beziehungsweise mich mit ihm zu konfrontieren.

Fällt es mir schwer, zu dem zu stehen, was ich sage oder verkünde? Stehe ich nicht zu mir, oder kann ich mich anderen und ihren gegensätzlichen oder anderen Meinungen nicht stellen? Habe ich Angst, ihnen nicht standhalten zu können?

Vielleicht ist es auch meine Angst, durchschaut zu werden. Denn immer, wenn ich jemandem in die Augen sehe, kann er auch in meine blicken.

Was könnte der andere entdecken, wenn er in die Fenster meiner Seele schaut? Und wozu kann ich bei mir, in meinem Seelenleben, nicht stehen?

Urprinzipieller Bezug: Sonne (strahlende Augen), Mond (Fenster der Seele), Pluto (sich nicht in die Karten schauen lassen).

Tollpatschigkeit, Fettnäpfchen

Warum bin ich ausgerechnet in Gesellschaft immer so linkisch und tollpatschig? Ich tappe in jedes Fettnäpfchen.

In Fettnäpfchen rutscht man aus – auf dem gesellschaftlichen Parkett. Das heißt, dass ich dort unsicher bin und mich nicht zu Hause fühle. Vielleicht bin ich ja auch ein verkappter Linkshänder. Wo das Schicksal mich hinschickt, bin ich auch geschickt und kann mich sicher fühlen.

Wo schickt mich das Schicksal hin? Habe ich diesen Ort noch nicht gefunden? Wie könnte ich ihn finden?

Fettnäpfchen, in die ich tappe, verraten mir, dass ich auf unsicherem Terrain unterwegs bin und mich in ständiger Gefahr befinde. Jeder Ausrutscher bringt mich auf den Boden meiner Tatsachen zurück. Es ist zu glatt für mich. Ich brauche mehr Erdung und Bodenhaftung, muss bodenständiger werden, um Sicherheit zu finden. Möglicherweise muss ich mehr lernen, von Umgangsformen bis zu Anpassung.

Zu klären ist, ob ich mich im Privaten tatsächlich geschickter anstelle oder ob mir im häuslichen, vertrauten Rahmen meine Unbeholfenheit nur weniger ausmacht. Falls ich auch privat linkisch bin, wäre ganz konkret zu klären, ob ich nicht ein verkappter »Linker« bin.

Bin ich Linkshänder, ohne dass es mir bislang bewusst ist?

Tatsächlich bekennen sich in den deutschsprachigen Ländern nur sehr wenige zu ihrem Linkshändersein, in den angelsächsischen sind es 43 Prozent; wahrscheinlich sind 50 Prozent der Bevölkerung Linkshänder. Da die archetypisch weibliche linke Seite bei uns traditionell herabgesetzt und in ihren größeren Chancen verkannt wurde, haben wir die Situation, dass fast die Hälfte unserer Bevölkerung auf dem falschen Weg ist. Wer vom Schicksal links gemeint ist, sollte auch sein Leben *mit links* nehmen und gestalten, das heißt lockerer und entspannter, geschickter und erfolgreicher. Wir wissen durch Universitätsstudien (Wien), dass Linkshänder beide Gehirnhemisphären nutzen, Rechtshänder aber nur die linke. Ein einfacher Klatschtest kann mir enthüllen, ob ich nicht doch alles lieber mit links machen würde: Wenn ich beim Klatschen die linke Hand mehr bewege oder beide Hände gleich, ist die Wahrscheinlichkeit groß, dass ich eigentlich Linkshänder bin.

Die Sanierung von Linkischsein und Tollpatschigkeit geschieht am besten durch entsprechende Anpassung an die Grundausstattung des eigenen Gehirns. Zu jeder Zeit des Lebens ist es geschickt, zurück zur eigenen Anlage zu finden – was jedoch nicht abrupt, sondern allmählich, Schritt für Schritt geschehen sollte.

Außerdem wäre zu erforschen, ob das Linkischsein oder das Gefühl, zwei linke Hände zu haben und stets in Fettnäpfchen zu tappen, was ja Aufmerksamkeit auf mich zieht, eine Form ist, in den Mittelpunkt zu gelangen.

Versuche ich auf ungeschickte Art, aufzufallen und Interesse für mich zu wecken?

Meine Aufgabe ist dann, eine erlöste Ebene des Uranusprinzips zu finden, um meine Originalität, aber auch Kreativität und Genialität ins Leben zu bringen. Es gibt so viele Wege, aufzufallen, über die Stränge zu schlagen, aus der Reihe zu tanzen und mit Witz verrücktzuspielen – und nicht nur im Karneval und Fasching, obwohl gerade diese besonderen Zeiten des Jahres dem uranischen Lebensprinzip die besten Chancen einräumen.

Urprinzipieller Bezug: Uranus (aus der Rolle fallen, außergewöhnlich sein).

Lit.: SdS; CD »Lebensprinzipien-Set: Uranus«.

Versprecher, verbale Ausrutscher

Warum rutscht mir immer wieder das Falsche raus, entschlüpfen mir peinliche Worte?

Versprecher und Fehlleistungen sind als ehrliche Hinweise und Fingerzeige auf unbewusste Themen und Probleme zu betrachten. Schon Freud fand in seiner *Psychopathologie des Alltagslebens* heraus, dass sich in ihnen mehr Wahrheit verbirgt als in der normalen Rede. Die Versprecher rutschen sozusagen an der Zensurbehörde vorbei und verschaffen so einer tieferen Wahrheit (Be-)Achtung.

Was will ich eigentlich übermitteln? Welche Wahrheit will ich aussprechen?

Gerade wenn die Versprecher als peinlich oder falsch empfunden werden, enthalten sie die wichtigeren Nachrichten aus dem Unbewussten und manchmal sogar aus dem Schattenreich. Das Uranusprinzip macht hier auf seine verrückte und oft witzige Art ehrlich!

Wer das Gegenteil von dem sagt, was sein von Vernunft kontrollierter Intellekt vorbringen wollte, spricht vielleicht gerade das aus, worum es ihm eigentlich geht. Die Aufgabe liegt darin, mehr Mut zur Ehrlichkeit zu entwickeln.

Urprinzipieller Bezug: Zwillinge-Merkur (Kommunikation), Uranus (Ausrutscher).

Mangelnde Schlagfertigkeit

Leider bin ich überhaupt nicht schlagfertig. Im richtigen Moment bekomme ich kein Wort heraus. Warum fällt mir erst Stunden oder Tage später die richtige Antwort ein?

Mein Problem ist, nicht im Augenblick zu sein, sondern irgendwo in der Vergangenheit festzuhängen und mich dort zu verlieren. Auf dieser »falschen« Zeitebene blockiert mich wahrscheinlich Unverarbeitetes, etwa gespeicherte und nicht verarbeitete Schockzustände.

Erinnert mich solche Situation an etwas aus der Vergangenheit? Lebe ich viel in der Vergangenheit? Was hält mich dort fest? Was habe ich dort noch nicht gelöst?

Schlagfertigkeit ist nichts anderes als Wachsein für die momentane Zeitqualität und die Bereitschaft, ihr zu entsprechen. Im Augenblick des Hier und Jetzt gibt es nur richtige Antworten und adäquate Reaktionen. Zwar könnte mir später etwas Passendes einfallen, weil ich dann mit Hilfe des Intellekts (und des Merkurprinzips) Zeit hatte, eine Lösung zu finden, die ich mir zuvor durch die Blockade verstellt habe. Aber zu spät ist zu spät. Die Lösung liegt also im Freiwerden von Vergangenem und im vollständigen Eintauchen in den jeweiligen Augenblick, denn verpasste Gelegenheiten kommen (meist) nicht wieder. So wäre es dringend geboten, die Blockaden verursachenden Energien von alten Schreck- und Angstmomenten zu lösen, um bei Gesprächen ganz in den jeweiligen Augenblick zu kommen. So werden Gespräche zu einer wundervollen Gelegenheit, das Eintauchen ins Hier und Jetzt zu üben.

Urprinzipieller Bezug: Zwillinge-Merkur (Kommunikation), Saturn (Blockade), Mars (Ärger).

Verbale Blockade

Warum liegt mir die Lösung so oft auf der Zunge, und ich kann sie doch nicht ergreifen und aussprechen?

Die Nähe zum Augenblick ist spürbar, aber ich bin noch nicht in ihn eingetaucht. So kann ich die Lösung nicht er- und begreifen und sie auch nicht an den Mann und die Frau bringen.

Was verstellt mir momentan den Zugang zum eigenen Gedächtnis?

Es kann helfen, während einer Kurzmeditation dem Unbewussten den Befehl zu geben, die Lösung aus seinem Speicher zu holen.

Dabei ist auch naheliegend, dem Gehirn zu helfen und ganz praktisch für eine bessere Durchblutung zu sorgen. Zu vermeiden sind Tabak und gehärtete (Trans-)Fette, und vor allem ist auf pflanzliche Ernährung und regelmäßige Bewegung im Sauerstoffgleichgewicht umzustellen.

Urprinzipieller Bezug: Saturn (Hindernis), Zwillinge-Merkur (sprachlicher Ausdruck).

Lit.: PF; CD »Aller guten Dinge sind drei«.

Lampenfieber

Warum habe ich solche Hemmungen, vor Publikum zu sprechen?

Publikum ist eine Autorität; offenbar habe ich Angst vor dieser Instanz und damit Autoritätsprobleme.

Wie ist mein Verhältnis zu meinem Vater?

Wahrscheinlich muss ich mich mit der väterlichen Autorität aussöhnen und in einem ersten Schritt die Autoritätsthemen in der Vergangenheit anschauen, die ich neben meinem Vater auch mit anderen Autoritäten wie Lehrern, Priestern und so weiter verbinde.

Kann ich zu mir stehen, und habe ich etwas zu sagen? Und kann ich zu dem, was ich zu sagen habe, in allen Punkten stehen?

Bin ich mir meiner selbst sicher? Oder habe ich Angst, mich zu blamieren? Vor wem? Vor mir selbst oder vor der Autorität Öffentlichkeit?

Traue ich mir (zu, was ich mache)?

Die zweite Aufgabe heißt lernen, zu mir und meinen Themen zu stehen und Standpunkte zu entwickeln, denen ich selbst vertraue, auf die und zu denen ich stehe – zur Not auch einmal wie ein Fels in der Brandung.

Urprinzipieller Bezug: Sonne (Ich), Saturn (Hindernis), Zwillinge-Merkur (sprachlicher Ausdruck).

Sich nicht gut präsentieren

Ich habe Angst, mich bei Teambesprechungen zu blamieren. Ich kann einfach nicht so dick auftragen und schwätzen wie der Kollege.

Ich halte Eindruck zu machen anscheinend für etwas Negatives. Es könnte darauf hinweisen, dass ich insgeheim und bei allem Lampenfieber auch gern etwas dicker auftragen würde.

Wo und wie wäre auch ich gern mehr Schaumschläger?

Mir sollte klar sein, dass Charme und Freundlichkeit, die Attribute der schaumgeborenen Liebesgöttin, sehr gut ankommen und nicht zu verachten sind.

Auch scheine ich an meinen Fähigkeiten zu zweifeln.

Welches Wissen habe ich? Und wie überzeugt bin ich von meinen Talenten?
Fehlt es mir an Eloquenz oder an Überzeugungskraft? Was halte ich überhaupt für überzeugend?
Fehlt mir die Begeisterung für das, was ich tue? Der Optimismus?

Aufgabe ist, mehr zu mir und meinem Können zu stehen und es auch deutlich zum Ausdruck zu bringen. Sobald ich von mir und meinen Fähigkeiten überzeugt bin, werde ich auch jederzeit über sie sprechen können.

Urprinzipieller Bezug: Uranus (Team), Sonne (Ego), Saturn (Widerstand, Hemmung).

Lit.: KS.

Für andere schämen, Fehler machen

Wieso schäme ich mich so oft für andere?

Zum einen bin ich wohl Perfektionist, und alles nicht Perfekte löst Scham in mir aus. Perfektion steht jedoch nur Gott zu. Zum anderen habe ich selbst auch Angst, mich zu blamieren.

Möchte ich wie Gott sein, fehlerfrei und vollkommen?
Wofür schäme ich mich besonders? Was lässt mich meine Unvollkommenheit deutlich und peinlich spüren?

Es könnte mir helfen, immer mal wieder einen kleinen Fehler zu machen, um mich nicht mit Gott zu verwechseln. Im Übrigen ist der Anspruch, Vollkommenheit zu erlangen, nichts Verwerfliches. Vielleicht sollte ich bewusster dazu stehen und mich entsprechender Exerzitien und Meditationen bedienen, um den Weg bewusster zu gehen. Zudem ist es wundervoll, mit allen fühlenden Wesen zu fühlen und für sie Mitverantwortung zu übernehmen.

Was stört mich daran, wenn ich mich für andere so verantwortlich fühle?

Mein Mitgefühl könnte mir helfen, auf konstruktiven Wegen bewusst Mitverantwortung zu übernehmen.

Urprinzipieller Bezug: Neptun (Mitgefühl, Scham), Sonne (Ego, Selbstbewusstsein).

Dresscodes

Mich macht es vor offiziellen Veranstaltungen oder Einladungen im Bekanntenkreis immer nervös, ob ich auch das Richtige anhabe. Ich fände es schrecklich, under- oder overdressed zu sein.

Anpassung ist mir besonders wichtig, und ich möchte um keinen Preis auffallen und aus dem Durchschnitt herausstechen.

Was ist daran so schlimm, aufzufallen, hervorzuragen? Was steckt hinter dem Wunsch; lieber Durchschnitt zu sein, um nicht aufzufallen und nicht aus der Reihe zu tanzen? Was sagt mir diese Aversion gegen das Uranusprinzip und damit alles Originelle, Verrückte, Ungewöhnliche, den Rahmen Sprengende?

Vielleicht habe ich unbewusst Angst vor meiner Originalität und Besonderheit, vor meinem Genie und vielleicht dem Wahnsinn, den ich dahinter unbewusst ahne.

Möchte ich durch anderes als Kleidung auffallen und herausragen, etwa durch außergewöhnliche, ja herausragende Leistung?

Hinter dem Wunsch nach Durchschnittlichkeit könnte sich auch die Sehnsucht nach meiner Mitte, der Mitte des Mandalas, und damit nach Abschied von allem Abgesondertsein und tatsächlich nach Befreiung verbergen.

Die Aufgabe besteht darin, herauszufinden, welches dieser beiden Themen bei mir mehr zutrifft. Es geht dann darum, entweder meine Angst zu überwinden und zu meiner Originalität zu stehen und vor allem mit ihr leben zu lernen oder das Leben mehr auf meine eigene Mitte auszurichten.

Urprinzipieller Bezug: Jungfrau-Merkur (Anpassung), Uranus (das Originelle, Herausragende), Sonne (im Mittelpunkt stehen).

Harmoniestreben

Mir ist es peinlich, wenn eine Situation entgleist und nicht mehr harmonisch ist.

Harmonia ist eine Tochter von Venus und Mars und die Schwester von Amor-Eros, dem Gott der Liebe. Dieser schießt mit den Kriegswaffen seines Vaters das Anliegen seiner Mutter in die Herzen der Menschen. Ähnlich bringt Harmonia mit dem Mut und der Kraft des Vaters die Qualitäten der Mutter Venus, Schönheit und Ausgewogenheit, in die Welt. Insofern geht es bei Harmonie um eine Mischung von Schönheit und Kraft, von Ästhetik und Energie, von Krieg und Frieden, aber auch um Mut zum Frieden. Harmonie ist eine gelungene Verbindung dieser beiden Gegensätze. Wo sie fehlt, zeigen sich Disharmonie und Unausgewogenheit.

Was ist in mir unharmonisch, wenn mich die im Alltag erlebte Disharmonie so sehr belastet und stört?

Wenn ich auf Disharmonie sehr stark reagiere, ist es ein Hinweis, auch in mir diese Ausgewogenheit zwischen männlichen und weiblichen Anteilen herzustellen. Die astrologischen Zeichen für Venus ♀ und Mars ♂ sind nicht umsonst die Symbole für Frau und Mann und das Weibliche und Männliche schlechthin. Also erinnert mich Disharmonie – unbewusst – an die Unausgewogenheit von Anima und Animus in meiner Seele. Diese beiden in sich zu verwirklichen ist laut C. G. Jung die Aufgabe jedes Menschen auf dem Entwicklungsweg, also besonders auch meine, wenn mir jede Entgleisung aus der Harmonie so peinlich ist.

Urprinzipieller Bezug: Waage-Venus (Harmoniestreben).

Lit.: ME; CD »Selbstliebe«, CD »Lebensprinzipien-Set: Venus«.

Ekel

Ich ekele mich ganz furchtbar, wenn ich im Lokal am Glas oder Besteck den kleinsten Fleck entdecke. Und wer weiß, wer schon in diesem Hotelbett lag!

Offenbar ist etwas in mir so schmutzig, dass schon kleinste Schmutzspuren es so mächtig aktivieren.

Was in mir erscheint mir so abscheulich, dass mich bereits ein Fleckchen aus der Reserve bringt? Sind es meine Fantasien? Ist es der Schmutz und das Dunkel in meinem Schatten? Wer könnte was in diesem Hotelbett getrieben haben, das mich so auf die Palme bringt? Was würde ich gern treiben und welche Flecken hinterlassen – wenn ich könnte und mich traute?

Ich scheine zu verkennen, dass das Leben ungeheuer lebendig ist und zum Beispiel jeder Händedruck zum Austausch von 35 Millionen Keimen führt.

Wo bin ich unsauber im Kontakt – vielleicht in Gedanken? Wo unhygienisch, indem ich die Hygiene, die Lebenskunst, verkenne und missachte? Würde ich nicht ganz gern einen wundervollen Menschen auf den Mund küssen und dabei gut 50 Millionen Keime austauschen?

Die Aufgabe liegt darin, mich dem Leben in all seinen Facetten zu stellen und vor allem die eigenen schmutzigen Gedanken und Fantasien zu integrieren, bis der äußere objektiv harmlose Schmutz keine Provokation mehr darstellt.

Urprinzipieller Bezug: Jungfrau-Merkur (Hygienetrip).

● Schuldgefühle

Sich etwas eingebrockt haben

Was habe ich nur verbrochen, dass ich diese Situation ertragen muss?

Die Frage ist zwar grundsätzlich richtig gestellt, in dem sie auf meine Verantwortung für die Situation zielt, aber es geht nicht um Schuld, sondern um Verantwortung und die Fähigkeit, Antworten auf die gegenwärtige Herausforderung zu finden.

Worin liegt meine Verantwortung? Wofür übernehme ich Verantwortung? Und ist das angemessen?

Schuld ist eine viel grundsätzlichere Thematik, die mit unserer Absonderung von der Einheit zu tun hat, wie es in dem katholischen Begriff Erbsünde anklingt. In diesem Sinn sind wir alle schuldig, denn wir haben uns aus der Einheit entfernt. Außerdem haben wir in jedem Moment die Verantwortung für unser Leben, ausnahmslos.

Eine spirituelle Weisheit lautet: »Ertragen werden muss alles.« Es wäre zu ergänzen durch »... was ich mir eingebrockt habe«. Der Osten spricht in diesem Zusammenhang von den Kar-

mafrüchten, die uns in jedem Moment des Lebens entgegen-
reifen. Geraten wird, diese Früchte freiwillig zu verzehren und
Bhoga, »Welt essen«, zu üben.

Was habe ich mir eingebrockt? Was muss ich auslöffeln?

Tatsächlich liegt nur das wirklich hinter mir, was ich verarbeitet
habe. So impliziert meine Frage, was ich denn nur verbrochen
habe, auf ihrer Kehrseite auch die Aufforderung, vieles gleich
zu verarbeiten.

Urprinzipieller Bezug: Saturn (Verantwortung, Konsequenzen
tragen), Neptun (Schuldgefühle).

Sich keine Muße gönnen

*Immer habe ich so viel zu tun, dass ich zu nichts anderem
komme, als meine Pflichten zu erfüllen. Wenn ich könnte, wie
ich wollte, würde ich gar nichts tun. Aber dann hätte ich sicher Schuldgefühle.*

Zunächst sollte ich mir vor Augen führen, wie ich zu all den
Pflichten gekommen bin, auf die ich nun projiziere und an denen ich feststelle, dass mein Leben mir nicht gefällt.

*Wie habe ich es geschafft, mir all diese Verpflichtungen auf-
zuladen oder aufladen zu lassen, um heute genug Ausreden
zu haben, mein eigentliches Leben zu verweigern? Bin ich
mir klar, wie gefährlich es ist, mein eigenes Leben zu versäu-
men im Hinblick auf Krankheitsbilder?*

Ein schlechtes Gewissen spricht ständig mit mir und sagt mir,
dass ich das Wesentliche versäume, das Falsche tue oder im
Unrecht bin. Ich sollte es mir zur Aufgabe machen, einmal

nach innen zu horchen und mir von meiner inneren Stimme mit dem ersten aufsteigenden Gedanken berichten lassen, was mein Gewissen von mir möchte:

Wie könnte ich ruhigen Gewissens weniger und dafür Wesentlicheres tun und bewusste Phasen der Stille und des Nichtstuns in mein Leben einbauen?

In erlöster Form ist Nichtstun stille Meditation; in unerlöster Form ist es Faulheit.

Urprinzipieller Bezug: Neptun (Faulheit, Phlegma, Schuldgefühle), Saturn (Pflichtbewusstsein).

Lit.: SI.

Unterdrückte Wut

Ich hege Groll und Wut gegen mir nahestehende Menschen, und dann fühle ich mich schuldig.

Umso näher mir Menschen stehen, desto größer ist die Resonanz zwischen uns. Insofern richten sich diese Wut und dieser Groll, die in mir Schuldgefühle erzeugen, wahrscheinlich gegen meine eigenen Schatten. Meine dunklen Seiten vermag ich zwar wegen Eigenblindheit in mir nicht zu erkennen, aber ich sehe sie in den anderen umso deutlicher.

Was lehne ich in den anderen ab? Was löst meinen Groll und meine Wut aus? Wo finde ich das auch in mir?

Nach dem Resonanzgesetz kann mich an anderen nur stören, was ich in mir selbst habe, womit ich also in Resonanz bin. Das entstehende Schuldgefühl bestätigt es. Ich spüre, dass es nicht in Ordnung ist, dass ich hier projiziere, und fühle mich dafür schuldig.

Die Aufgabe liegt darin, mir meinen eigenen Schattenanteil einzugestehen, den meine Nächsten deutlicher spiegeln als andere, und mich damit auszusöhnen. Eigentlich muss ich ihnen – bei entsprechender Bewusstheit – dafür dankbar sein, denn wer sonst könnte mir meine anstehenden Probleme und meinen Schatten besser näherbringen als sie, die mir ähnlich sind, weil wir nahe verwandt sind oder weil wir uns ursprünglich in Liebe getroffen haben. Sie dienen mir sogar als Vergrößerungsspiegel; an ihnen kann ich wie unter einer Lupe meine Probleme sehen.

Urprinzipieller Bezug: Pluto (innerer Groll), Neptun (Schuldgefühle).

Lit.: SP; CD »Wut und Ärger«.

Eigensinn

Warum fühle ich mich schlecht, wenn es nicht nach meinem Kopf geht?

Ich möchte mich in jedem Fall durchsetzen, das heißt, meinen Willen verwirklichen. Wenn es nicht gelingt, fühle ich mich vom Leben oder Schicksal beleidigt, was sich für mich schlecht anfühlt. Diese Haltung des »Mein Wille geschehe« steht aber in direktem Gegensatz zum »Dein Wille geschehe« des Vaterunsers und auch zu den Kernaussagen anderer nichtchristlicher Religionen und Weisheitslehren. Mit dem Ausleben meines Ego werde ich längerfristig immer ungute Gefühle in mir selbst und meiner Umwelt auslösen, was weitere Nachteile mit sich bringt. Diesbezüglich sind sich ebenfalls alle Weisheitslehren und Religionen einig.

Nur das tun, was ich will, werde ich erst mit gutem Gefühl können, wenn ich ganz in Einklang mit den Gesetzen der Schöpfung schwinge, das heißt, wenn ich von meinem Ego befreit bin und Selbstverwirklichung erreicht habe. Die Aufgabe besteht darin, das zu durchschauen. Aber auf dem Weg der Verwirklichung kann ich lernen, mich in ritueller Form durchzusetzen, etwa im Sport, in der Wirtschaft. Und wenn ich darin das Üben des Aggressions- oder Marsprinzips erkenne, kann ich meinen Kopf – etwa beim Schachspiel – durchsetzen, kann auch mit dem Kopf durch die Wand gehen bei einer wirtschaftlichen Unternehmung, jedenfalls so weit, wie ich bereit bin, die Folgen zu tragen. Bei der Auseinandersetzung mit dem Marsprinzip kann ich auch noch dessen lichte Seiten wie Mut und Kraft, Entscheidungsfähigkeit, Konfrontationsbereitschaft und kompromisslose Ehrlichkeit üben.

Urprinzipieller Bezug: Sonne (Ego), Mars (Durchsetzung).

Lit.: SG, SP, LP.

Schlechtes Gewissen

Ich habe ein schlechtes Gewissen, weil es mir so gut geht und andere sich nicht so viel leisten können oder so große Probleme haben.

Der erste Schritt besteht erneut darin, sich selbst zu prüfen:

Tut es mir wirklich leid, dass es mir so gut geht? Oder dass es anderen so schlecht mit ihren Problemen geht? Will ich ihnen helfen, diese zu lösen, oder mich schlecht fühlen, weil ich mei-

ne schon gelöst habe? Oder erinnern mich ihre bestehenden Probleme an eigene noch gar nicht bewusste?

Es ist zu überlegen, was ich tun könnte, um ihnen auf die Sprünge zu helfen und mein Mitleid zu verringern, etwa indem ich ihnen ein Vorbild bin oder ihnen konkret unter die Arme greife.

Möchte ich den anderen wirklich helfen oder nur mein schlechtes Gewissen loswerden?

Im ersten Fall kann ich mehr teilen und damit denjenigen helfen, denen es nicht so gut geht wie mir. Das wird mein schlechtes Gewissen nebenbei erleichtern und obendrein den Abstand zwischen mir und den anderen verringern. Aber wenn ich es nur tue, um mein schlechtes Gewissen zu erleichtern, was wahrscheinlicher ist, wird es objektiv nicht so viel bringen. Die Aufgabe wird dann darin liegen, mein schlechtes Gewissen zu erkunden und erforschen, worauf es sich bezieht.

Habe ich Angst, dass Gott mich nicht liebt, wenn ich meinen Reichtum nicht teile? Oder habe ich das Gefühl, er sei unverdient und stehe mir deshalb nicht zu? Ist mein schlechtes Gewissen meinem Über-Ich geschuldet, meiner Erziehung in ethischer oder religiöser Hinsicht?

Ich sollte auch herausfinden, wohin mein Mitleid und Mitgefühl zielen.

Will ich meine bessere Position zum Helfen nutzen oder nicht? Und wenn ja, wo könnte ich das konkret – für meine Seele – am besten tun? Wie könnte ich ihnen Hilfe zur Selbsthilfe ermöglichen und für sie sorgen, so dass für meine Seele gesorgt ist?

Meine Aufgabe ist, die Quelle des schlechten Gewissens auszumachen und, wenn ich es loswerden will, mein Leben entsprechend auszurichten. Ist sie religiös, kann ich den Forderungen der Religion nachgehen. Im christlichen Fall hieße das teilen und sich des Hinweises des Meisters zu erinnern: »Was du dem Geringsten deiner Brüder tust, hast du mir getan.«

Urprinzipieller Bezug: Mond (schlechtes Gewissen), Neptun (Mitleid).

● Zeitnot

Stress, Zeitmangel

Ich bin total im Stress! Und dann komme ich auch noch oft zu spät. Ich wünschte, ich hätte mehr Zeit. Der Tag sollte mehr Stunden haben.

Der Tag hat die Stunden, die er hat, aber ich nutze sie wohl nicht, oder nicht so, wie es meinem innersten Gefühl, meinem Selbst entspricht. Ich komme zu spät, verpasse den richtigen Zeitpunkt, weil ich nicht mitbekomme, was gerade ansteht und notwendig ist. Ich scheine nicht zu erkennen, wo ich gerade gefordert bin.

Wie verhindere ich, in der Zeit zu sein? Was mache ich den ganzen Tag über, das meine Seele zu wenig nährt?
Was wäre, wenn der Tag doppelt so viele Stunden hätte? Was täte ich in den zusätzlichen 24 Stunden? Wie könnte ich meine Zeit besser einteilen zwischen den Themen der ersten und

*der zweiten Wahl, zwischen den Anforderungen des Intellekts
und der Seele?*

Da sich die tägliche Stundenzahl nicht vermehren lässt, muss
ich mir etwas anderes, Kreativeres überlegen, so dass ich wieder mein Leben führe, zu dem ich mit Lust und Freude stehen
kann. In diesem Sinne liegt meine Aufgabe darin, Prioritäten
zu setzen und zu einer Zeitplanung zu finden, die mir und meiner Seele entspricht. Ich sollte auch lernen, ganz im Augenblick anwesend zu sein, in ihn einzutauchen und das zu genießen. Meditationen könnten dabei helfen, denn sie alle haben
praktisch dieses eine Ziel. Buddhisten sprechen davon, ganz
entspannt im Hier und Jetzt zu sein; Christen sind gehalten,
wie die Vögel des Himmels zu leben, die weder säen, noch ernten und doch leben. Das Lebensprinzip des Chronos gilt es zu
erlösen: in der Zeit zu sein und ihr und ihren Anforderungen
gerecht zu werden.

Urprinzipieller Bezug: Mars (Stress), Saturn (Zeit, Verpassen,
Verlust), Uranus (neue Ideen).

Lit.: CD »Lebensprinzipien-Set: Saturn«.

Keine Zeit für sich haben

Ich finde tagsüber nie Zeit für mich und das, was mir am Herzen liegt.

»Wer suchet der findet«, so die biblische Weisheit.

Suche ich denn ausreichend nach Möglichkeiten, zu verwirklichen, was mir am Herzen liegt? Bin ich mir überhaupt wichtig genug?

Was mache ich an Dingen, die mir nicht am Herzen liegen, die überflüssig sind?

Was hindert mich, meine Zeit zu ordnen und einzuteilen sowie Prioritäten zu setzen, die meine Seele nähren und mein Herz erfüllen?

Um von allem loszulassen, was mich an einer Hierarchisierung meiner Themen hindern könnte, und um einer Lösung näher zu kommen, wäre eine Fastenwoche hilfreich. Auch eine Woche der Besinnung in einem Kloster, wo ich nicht abgelenkt bin von Unwichtigem und Überflüssigem, wird mir helfen, wieder zu mir zu kommen.

Urprinzipieller Bezug: Saturn (Zeitmangel).

Lit.: CD »Selbstliebe«, CD »Lebensprinzipien-Set: Saturn«.

Wartezeiten, aufgehalten werden

Immer suche ich mir die Kasse oder Warteschlange aus, an der es am langsamsten vorangeht. Und wenn ich es besonders eilig habe, werde ich durch einen Müllwagen aufgehalten oder erwische an den Ampeln eine rote Welle. Warum muss ich immer warten?

Ich erlebe eine Sonderbehandlung durch das Schicksal, eine gratis gewährte Privatstunde, denn was will mir das Schicksal mit solch einer Aktion im Sinne einer Barriere anderes beibringen als Geduld? Offenbar ist sie noch ein wichtiges Thema für mich. Wenn ich es besonders eilig habe, sind solche Hindernisse vor Schaltern, Kassen oder im Straßenverkehr eine besonders gute Möglichkeit, mich zu trainieren.

Wie würde ich die Blockadesituation einschätzen, wenn ich sehen würde, dass Gott am Steuer des Müllwagens sitzt? Was änderte das an meiner Erfahrung?

Die östliche Weisheit »Wenn du es eilig hast, mache einen Umweg«, könnte mich zum Nachdenken anregen. Ich sollte mich auch für die Erkenntnis öffnen, dass immer und ausnahmslos Sein Wille geschieht.

Ich könnte mir auch hinter jeder roten Ampel oder langen Schlange gleich meinen Schutzengel oder Seelenbegleiter vorstellen, der mir eine Lerneinheit vermitteln will. Das ist die eine Möglichkeit, mir Geduld als Thema bewusst vorzunehmen, bis ich mich auf solche Lernchancen freue. Wenn das gelungen ist, wird die Bevorzugung bezüglich der trägsten Warteschlangen und Rotphasen von ganz allein aufhören.

Geduld könnte ich natürlich auch in der Meditation üben, die ja so gesehen ein meist endlos langes Warten (auf Erleuchtung) ist.

Urprinzipieller Bezug: Mars (Eile), Saturn (Langsamkeit, Hindernis).

Hetze

Ich habe viel zu wenig Zeit, um allen und allem gerecht zu werden. Daraus ergibt sich ein schlechtes Gewissen, wenn es im Büro mal wieder spät geworden ist oder ich Arbeit fürs Wochenende mit nach Hause bringe.

Hier bahnt sich der Weg in den Seeleninfarkt an, und es gilt, die wichtigste Frage rechtzeitig zu stellen:

Werde ich mir und meinem Lebenssinn noch gerecht? Habe ich bei dieser Überforderung noch Gelegenheit, in den Augenblick einzutauchen?

Falls beide Fragen ehrlich verneint werden müssen, droht akute Gefahr eines Burn-out. Mit hoher Effizienz ist das Pensum nicht mehr zu bewältigen, und Überstunden im Büro oder gar zu Hause verlegen die Problematik lediglich auf Konkurrenz zwischen Partnerschaft oder Familie und Arbeit. Das Problem liegt viel tiefer und ist nicht durch Hierarchisierung und noch mehr Zeitplanung und Effizienzsteigerung zu lösen.

Ich sollte mich ehrlich fragen, ob es sich bei dieser Arbeit um eine(n) Beruf(ung) handelt oder um einen Job. Meine wichtigste Aufgabe liegt jetzt darin, wieder zu mir, zu meiner Mitte und in den jeweiligen Augenblick zu finden.

Urprinzipieller Bezug: Jungfrau-Merkur (hoher Leistungsanspruch), Saturn (an Grenze stoßen).

Lit.: SI.

Nicht abschalten können

Ich bin ständig in Unruhe und Stress, weil ich dies und das erledigen muss. Aber das alles tue ich nicht gern. Ich kann mich nicht entspannen.

Von mir ist jetzt Spürsinn verlangt, um herauszufinden, wie ich mir diesen Stress geschaffen habe und was ich mit all dieser Anstrengung zu gewinnen suche.

Gibt mir mein stressiges Leben ein Gefühl von Wichtigkeit, von Gebrauchtwerden, von Unabkömmlichkeit?

Was bekomme ich für meinen Einsatz, der mir anfangs wichtig genug war, mir so viel Stress anzutun?
An welchem Punkt der Ent- beziehungsweise Verwicklung habe ich das Bewusstsein für meine Selbstinszenierung verloren? Oder geschah es allmählich?

Meine Aufgabe ist, mir bewusstzumachen, was ich heute wirklich gern täte, und mir zu überlegen, ob es mir nicht sogar möglich wäre, mich während aller möglichen Tätigkeiten zu entspannen. Voraussetzung ist natürlich, dass ich es wirklich will.

Wer oder was hindert mich wirklich, das zu tun, was mir Freude macht?
Will ich überhaupt aus der unangenehmen Situation aussteigen, um etwas ganz anderes zu tun?

Urprinzipieller Bezug: Saturn (Pflicht, Widerstand), Uranus (Unruhe).

Lit.: SI; CD »Tiefenentspannung«, CD »Ganz entspannt«.

Ungeduld

Leider bin ich noch immer so ungeduldig und möchte alles sofort und schnell erledigt haben. Mit diesem Schwung gehe ich einigen auf die Nerven, was mich wiederum nervt.

Das läuft auf die Bitte hinaus: »Lieber Gott, gib mir Geduld, aber sofort!« Wenn ich mir keine Zeit gebe, werde ich auch bei anderen dazu neigen, sie zeitlich unter Druck zu setzen. Das wird deren Nerven strapazieren und meine eigenen.

Warum darf ich mir (und anderen) keine Zeit geben?

Die Aufgabe besteht darin, mir Zeit für die zu erledigenden Aufgaben zu nehmen, aber auch für mich selbst – und auch den anderen, und vor allem auch Gott, Zeit zu geben. Ich kann es bei Meditation, Kontemplation, Gebet, beim Singen und überhaupt Musizieren, aber auch beim Spielen üben. Es geht jeweils darum, das richtige Zeitmaß zu finden, aber niemals um sinnloses Vorwärtsstürmen. Das würde alles zerstören an der Meditation oder dem Lied, genauso wie in anderen Zusammenhängen.

Urprinzipieller Bezug: Mars (Vorwärtsstürmen), Uranus (Herausspringen).

Ungeduld, zu viel erwarten

Jetzt habe ich alles in die Wege geleitet und mich auch innerlich bereit gemacht, aber nichts geht voran. Ich bin voller Ungeduld, weil sich noch keine Erfolge bei den begonnenen Entwicklungen abzeichnen.

Ganz klar stehe ich den erwarteten Fortschritten noch in irgendeiner Weise im Weg.

Bin ich innerlich noch nicht bereit für den Erfolg? Könnte ich den Erfolg wirklich aushalten, oder würde meine Seele Schaden nehmen?
Was wäre, wenn sich der Erfolg – wie von mir erwartet – jetzt tatsächlich einstellte?

Meine Aufgabe mag darauf hinauslaufen, bei dieser Gelegenheit Geduld zu lernen, die mir offensichtlich so sehr fehlt. Ich sollte wohl auch akzeptieren lernen, dass nicht mein Wille geschieht, sondern mich dem »Dein Wille geschehe« fügen und erkennen, dass es hier jetzt nicht nach meinem Kopf geht und auch nie gehen wird. Wenn ich diese Lernaufgaben gelöst habe, könnte daraus der ersehnte Erfolg folgen, jedenfalls wenn ich mir folge und meiner Lebensaufgabe.

Urprinzipieller Bezug: Mars (Energie), Jupiter (Erwartungshaltung, zu viel wollen), Uranus (Ungeduld).

Ich und die anderen

● Unfreundlichkeit, Lieblosigkeit

Aggressiv aufgeladene Stimmung, Rüpelei, Grobheit

Die Menschen sind so aggressiv und egoistisch! Auf der Straße werde ich angerempelt, im Geschäft schlecht bedient. Wo ist nur die Höflichkeit geblieben? Wir leben heute in einer Rüpel-Gesellschaft. Warum begegnet mir so viel Grobheit und Unfreundlichkeit?

Wenn mir etwas besonders auffällt, muss es mein Thema sein, und wenn es mich stört und aufregt, sogar mein Problem.

Bei welcher Gelegenheit bin ich oder werde ich leicht aggressiv? Und wann bin ich egoistisch, ohne dass es mir bisher so aufgefallen wäre? Wo geht es mir nur um mich und meine Interessen? Und wo und in welcher Beziehung möchte ich gern liebender sein und schaffe es nicht vor lauter Aggression und Egoismus?

Meine Umgebung bietet mir wunderbare Anhaltspunkte für Lernschritte, indem sie mir meine Schattenseiten widerspiegelt. Die äußere Grobheit will auf die eigene innere aufmerksam machen, sie zu Bewusstsein bringen, damit sie angenommen und energetisch gewandelt werden kann.

Bin ich wirklich – mir selbst und anderen gegenüber – stets höflich, rücksichtsvoll und achtsam? Auf welcher Ebene bin ich selbst rüpelhaft, rücksichtslos und unachtsam? Würde ich gern einmal mit der Faust auf den Tisch hauen?

Wann liegen mir harte Worte auf der Zunge, die ich gar nicht oder zu spät oder an falscher Stelle ausspreche? Wo gebe ich Rücksichtslosigkeit weiter?

Hinter alldem steckt die Energie des Marsprinzips und damit in erlöster Form so Wunderbares wie Mut und (Zivil-)Courage, Kraft und Energie, Konfrontationsbereitschaft und Entscheidungsfähigkeit.

Außerdem könnte es sein, dass ich sehr in der »Früher-war-alles-besser-Welt« lebe, weil ich mit der neuen Zeit und ihren Herausforderungen nicht mehr mitkomme – oder nicht mitwill.

Habe ich aufgegeben, resigniert und mich beleidigt zurückgezogen, weil überall Sein Wille *geschieht und mir das nicht passt? Wie wäre denn mein Wille?*

Wie wichtig sind mir solche Äußerlichkeiten wie gute Erziehung und entsprechendes Benehmen, Etikette und Takt? Passen sie noch in diese Zeit? Passe ich noch in diese Zeit? Was könnte ich tun, um im Hier und Jetzt anzukommen?

Verbinde ich mit höflich das Leben am Hofe in der obersten Gesellschaftsetage? Hat es bei mir damit geklappt? Bin ich höflich und hoffähig geworden in meinem Leben? Auf wen nehme ich Rücksicht, und auf wen projiziere ich?

Während ich mir bislang schon viel auf meine Umgangsformen und Manieren einbilden durfte, könnte ich es mir zur Aufgabe machen, mich auch verstärkt meiner Herz(ens)bildung zu widmen und so weiter fortzuschreiten.

Urprinzipieller Bezug: Mars (Aggression, Rüpelhaftigkeit), Waage-Venus (Liebe, Frieden), Saturn (alte Ordnung).

Lit.: A, SP; CD »Wut und Ärger«, CD »Lebensprinzipien-Set: Mars, Venus«.

Nicht gegrüßt werden

Von Kollegen oder Nachbarn nicht gegrüßt zu werden ist ätzend.

Übersehen und damit missachtet zu werden kann natürlich wehtun. Vor allem tut es dem Ego weh, das von und für Beachtung und Wertschätzung lebt.

Wie habe ich es erreicht, von Kollegen und Nachbarn nicht einmal eines Grußes für würdig erachtet zu werden, von ihnen übersehen und nicht beachtet zu werden? Wie war unser Kennenlernen, und was ist seitdem geschehen? Seit wann gibt es diese Missachtung des Nicht(be)grüßens?
Wie ist mein Verhältnis zu (solchen) Kollegen, (be-)achte oder verachte ich sie? Freue ich mich, sie zu sehen, und bin daher freundlich, oder was spielt sich zwischen uns ab? Was hat uns entzweit?
Wie viel Achtung brauche, und wie viel gebe ich? Achte ich meinen Nächsten – in Gestalt meiner Kollegen, meiner Nachbarn?

Die Aufgabe liegt letztlich darin, im Kollegen den Mitmenschen zu erkennen oder sogar Gott, wie es das österreichisch-bayrische »Grüß (dich) Gott« ausdrückt. Mit jedem Gruß erinnert es daran, dass das Himmelreich Gottes in jedem von uns liegt und meist schläft, aber nur darauf wartet, erweckt zu werden. Zugleich könnte ich bei mir selbst mit der entsprechenden Selbstachtung beginnen. Je stärker mir mein göttliches Wesen bewusst wird, desto leichter werde ich es auch in anderen erkennen und schätzen lernen.

Urprinzipieller Bezug: Sonne (Beachtung, Achtung), Saturn (Hemmnis).

Kränkung, Gemeinheiten, schlechte Behandlung

Die anderen sind böse und gemein zu mir! Oft verletzt mich jemand mit voller Absicht.

Ich sollte mich zuerst fragen, ob ich mir wirklich sicher bin, dass die andere Person das getan hat, oder ob ich ihr Handeln nur so interpretiere, weil ich selbst unbewusst zu solchen Aktionen und eben zum Projizieren neige. Wenn der andere aber absichtlich verletzend ist, müsste ich mich fragen, was ich ihm getan habe.

In welcher Weise habe ich – wahrscheinlich unbewusst – verletzt? Oder war ich auch selbst schon bewusst verletzend?

Von Interesse ist hier, wie ich mit dem Aggressionsprinzip umgehe und marsische Themen lebe.

Kann ich mich durchsetzen, mutig vorausdenken, Grenzen überschreiten, couragiert auftreten? Fällt es mir leicht, Entscheidungen zu treffen und mich Problemen zu stellen?
In welchem Zustand sind meine körpereigenen Waffen: Zähne und Nägel, Muskeln und Immunsystem?

Der eigene Schatten kann einem innen in Krankheitsbildern und außen in Feindschaft begegnen. Der christliche Auftrag lautet, den Schatten zu sich zurückzuholen beziehungsweise die Feinde zu lieben. Ich werde ihm gerecht, indem ich erkenne, dass ich nur eigene Schattenseiten im Außen als widerlich und böse erleben kann.

Was in mir bringt mich in Resonanz zu diesem Bösen und Gemeinen da draußen? Wo ist das Böse und Gemeine in mir?

Sobald ich dies durchschaue, bekomme ich über die Integration des als fremd und feindlich Erlebten eine Chance zu Wachstum. Es zu verurteilen und draußen zu lassen bringt mich nicht weiter, sondern macht höchstens überheblich. Bei dieser Aufgabe, den eigenen Schatten herauszufinden, kann es helfen, ein Schatten-Tagebuch zu führen. Ich sollte zum einen lernen, meine eigenen An- und Übergriffe zu erkennen, zu verarbeiten und zu überdenken, statt eigene Aggressivität auf andere zu projizieren. Zum anderen sollte ich mich so wehrhaft und stark machen, dass niemand mehr wagt, mich anzugreifen. Hier mag die Geschichte zweier großer Samurai weiterhelfen. Sie standen sich gegenüber, um ihre Stärke zu messen. Gestützt auf ihr Schwert, sahen sie sich in die Augen, und nach einiger Zeit, verbeugte sich der eine demütig vor dem anderen und zog sich geschlagen zurück. Der andere aber verbeugte sich vor dieser Demut und Erkenntnis.

Urprinzipieller Bezug: Mars (verletzen, angreifen), Pluto (Projektion).

Lit.: A, SP, L-S-T; CD »Schattenarbeit«, CD »Lebensprinzipien-Set: Pluto«.

Verletzbarkeit

Ein unfreundliches Wort reicht, und ich bin verletzt und mehr.

Ich könnte mich sogleich fragen, ob ich nur verletzt bin oder mich auch noch beleidigt fühle, was zum betroffenen Mondprinzip dazugehören würde.

Liegt der Situation mein zu geringes Selbstwertgefühl oder zu große Empfindlichkeit zugrunde?

Falls es mir an Selbstwertgefühl mangelt, ist erstens jede Einheitserfahrung, die mein Urvertrauen stärkt, Gold wert. Denn nur aus Urvertrauen ergibt sich verlässlich und nachhaltig echtes Selbstvertrauen. Zweitens ließe sich das eigene Nest und Zuhause so sicher und gemütlich gestalten, dass die Seele hier immer wieder zu sich kommen und sich erholen kann. Auch Mutter Natur könnte solch eine regenerierende Funktion einnehmen. Drittens könnte ich mich im Fall großer Empfindlichkeit einerseits gegen die kritische äußere Welt abhärten, andererseits Empfindlichkeit auch in Sensibilität und sogar Sensitivität wandeln. Alles drei entspricht dem Mondprinzip. Letzteres könnte auch helfen, Situationen zu meiden, die verletzungsträchtig sind.

Urprinzipieller Bezug: Mond (Verletzlichkeit), Mars (Verletzungsbereitschaft, Direktheit).

● Anpassung und Ablehnung, Enttäuschungen im Miteinander

Vorwürfe, Ablehnung, Zurückweisung

Eigentlich höre ich von anderen nur Vorwürfe. Dabei will ich es allen recht machen. Ablehnung und Zurückweisung kann ich schlecht vertragen.

Wenn ich es allen recht machen will, wo bleibe ich da? Ich muss doch mein Leben leben, statt aus Angst vor Ablehnung und Zurückweisung zu versuchen, anderen alle Wünsche von den Lippen abzulesen. Es kann sowieso nie gelingen, anderen alles recht zu machen. Daher stammen auch deren Vorwürfe. Sobald ich in für mich stimmiger Weise mein Leben lebe, werden die Vorwürfe aufhören. Zurückweisung werde ich höchstens erfahren, wenn ich anderer Grenzen überschreite.

Ich habe die Aufgabe, mir klar zu werden, dass ich aus Angst vor Ablehnung nicht zu meinem Leben komme und nichts aus ihm mache. Dafür sind Vorwürfe eigentlich auch angemessen. Die meisten Menschen machen sich diese Vorwürfe allerdings viel zu spät. Auf dem Totenbett quält sie vor allem die Erkenntnis, es versäumt zu haben, das eigene Leben zu wagen und zu leben, also letztlich der Mensch zu werden, der nur sie werden konnten.

Urprinzipieller Bezug: Jungfrau-Merkur (übertriebene Anpassung), Saturn (Ablehnung, Zurückweisung).

Unzuverlässigkeit

Von den anderen erwarte ich einfach ein bestimmtes Verhalten. Sie sollten zuverlässig sein. Ich werde sauer und ungeduldig, wenn sie meine klaren, vernünftigen Vorstellungen nicht teilen.

Die anderen sollen meinen Konzepten vom Leben und besonders der von mir so hoch geschätzten Zuverlässigkeit entsprechen. Wenn mich die Unzuverlässigkeit anderer stört, muss ich sie aber auch in mir haben, wahrscheinlich auf anderen Ebenen als sie. Genau dies soll ich wohl gerade deutlicher zur Kenntnis nehmen – durch die Hinweise von Unzuverlässigkeit, die mir andere geben und an denen ich Anstoß nehme.

Wie zuverlässig bin ich eigentlich wirklich – wenn es darauf ankommt? Wo kann ich mich auf mich selbst nicht verlassen, wann mir selbst nicht trauen?
Wie klar und vernünftig sind meine Vorstellungen wirklich?

Ich könnte einmal mit anderen meine Vorstellungen und Erwartungen besprechen, um zu erfahren, wie sie meine Haltung sehen. Auch hier muss Projektion im Spiel sein, sonst könnte ich die Vorstellungen der anderen nicht so unklar und unvernünftig finden. Es gilt für mich, meine eigenen Unklarheiten herauszufinden, dann erst kann ich die Projektionen auf die anderen aufgeben.

Urprinzipieller Bezug: Saturn (sich behindert fühlen), Pluto (Vorstellung, wie Wirklichkeit zu sein hat).

Hinterherräumen müssen

Keiner hält sich an Abmachungen, und ich muss dann alles hinter den anderen aufräumen und reorganisieren!

In einem ersten Schritt sollte ich mir in Ruhe anschauen und überdenken, was wirklich geschieht, ob meine Einschätzung wirklich stimmig oder nicht doch (zumindest leicht) übertrieben ist. Dann geht es wieder darum, den Blick auf mich selbst zu lenken und tiefer im eigenen Inneren nachzuforschen:

Finde ich draußen so viel aufzuräumen, um das eigene innere Chaos zu überspielen?
Muss ich mein Leben ständig reorganisieren, weil ich mich nicht daran halte, was ich mir vorgenommen hatte? Wie steht es um meine Disziplin?

Eigentlich ist nicht einzusehen, warum ich etwas tun muss, wenn es doch sonst auch niemand tut. Es ist aber ein Zeichen, dass ich mich für alle und alles verantwortlich fühle. Und darin habe ich ja Recht: Ich bin für mich und meine Umwelt verantwortlich. Wenn mich ein eklatanter Mangel an Verantwortungsbewusstsein bei anderen stört, muss ich mich fragen, wo mir die Verantwortung fehlt.

Halte ich mich an meine mir vielleicht nicht einmal mehr so bewussten Abmachungen mit meiner Seele?
Gehe ich mit dem mir anvertrauten Körper sorgsam und verantwortlich genug um? Kann meine Seele als Chefin in diesem Körperhaus den Abmachungen, für das Körperhaus zu sorgen, entsprechen? Wird sie dem Auftrag, sich darin zu entwickeln, gerecht? Hält sie sich an die Abmachungen wie Respekt und Dankbarkeit gegenüber dem Körper? Erkennt sie

aber auch ihren Auftrag, mit allem eins zu werden, und fühlt sich deshalb auch für alle und alles verantwortlich?

Urprinzipieller Bezug: Jungfrau-Merkur (Ordnung), Saturn (Disziplin).

Unklare Kommunikation

Die anderen erwarten, dass ich ihre Wünsche erahne, sie ihnen von den Augen ablese. Mir wäre es lieber, man sagt mir klar und deutlich, was man von mir will.

Hier stoßen verschiedene Temperamente und damit verschiedene Lebensprinzipien aufeinander. Für Mond- und besonders Neptuntypen ruiniert schon das Aussprechen eines Wunsches denselben. Alles soll erspürt und (intuitiv) erkannt werden. Das aber ist für einen Menschen vom Saturn- oder Jungfrau-Merkurtyp kaum machbar; sie stehen auf klare Ansagen und präzise Äußerungen von Wünschen, so dass deren Erfüllung verlässlich und kontrollierbar ist.

Ein Beispiel mag das verdeutlichen: Die (Fische-Neptun-) Frau leidet darunter, dass ihr (Steinbock-Saturn-)Mann ihr noch nie gesagt habe, dass und wie sehr er sie liebe. Auf das Thema von dritter Seite vorsichtig angesprochen, ist er überrascht. Für ihn ist seine Liebe offensichtlich, denn er ist ihr seit vielen Jahren treu ergeben und schaut keine andere an. Das sage doch mehr als tausend Worte, Liebesschwüre oder Blumensträuße. Aber sie möchte es eben doch gern einmal aus seinem Mund hören. Als er es nach seiner Therapie dann in Verbindung mit einem der sonst von ihm strikt gemiedenen Blumensträuße sagt, ist sie hocherfreut, schöpft aber sofort Verdacht und dringt in ihn. Schließlich gibt er zu – er ist natürlich grundehrlich –, dass es eine Idee aus der Psychotherapiezeit sei. Das aber ruiniert seinen Liebesbeweis für sie wieder, kommt er doch nicht aus seinem eigenen Herzen.

Die Aufgabe besteht erstens darin, mich selbst sehr gut kennen zu lernen in meinen eigenen Mustern und der eigenen Lebensprinzipien-Mischung und mich diesbezüglich von den unerlösten zu den erlösten Varianten vorzuarbeiten. Zweitens geht es darum, mich auch mit der mustergültigen Lebensprinzipien-Mischung meines Gegenübers anzufreunden, um auch Wünsche erfüllen zu lernen, die meinem eigenen Muster fremd sind – einfach, weil ich meine Partnerin/meinen Partner liebe beziehungsweise meine Freunde/Kollegen schätze und mag.

Urprinzipieller Bezug: Mond (Gefühl), Waage-Venus (Liebe), Neptun (Gespür, Ahnungen), Zwillinge-Merkur (Kommunikation).

Lit.: CD »Partnerbeziehungen«.

Nicht zu Wort kommen, Kommunikationsproblem

Sie redet ununterbrochen, ich komme kaum zu Wort. Immer muss ich mir all den Kram anhören, mit dem sie sich beschäftigt.

Möglicherweise werde ich mit diesem Redefluss konfrontiert, weil ich mich im Grunde nicht für diese andere Person interessiere. Vielleicht redet sie so viel, weil ich ihr so wenig zuhöre.

Was überhöre ich bei ihr besonders gern? Was nervt mich vor allem? Was versucht sie mit dem Dauergerede zu erreichen? Versucht sie, zu mir durchzudringen? Mir etwas nahezubringen, das mir fehlt?

Halte ich mir diese Person vom Leibe oder auch aus Herz und Kopf? Spürt sie da etwas, gegen das sie Sturm läuft?
Rede ich zu wenig? Bei welcher Gelegenheit?

Ich sollte mir ehrlich eingestehen, wie es sein kann, dass ich Resonanz zu einem Menschen habe, der sich mit solch »dummem Kram« beschäftigt.

Wofür interessiere ich mich eigentlich? Wie sieht meine Welt aus?

Urprinzipieller Bezug: Zwillinge-Merkur (Kommunikation), Saturn (Problem).

Lit.: L; CD »Partnerbeziehungen«.

Streiten

Streit macht mich krank. Lieber sage ich nichts mehr und gebe nach.

Der äußere Streit ist nur ein Spiegel von unausgesprochenem innerem Streit, dem Unausgesöhntsein mit der vitalen Energie des Marsprinzips. Keinen Widerspruch mehr zu wagen und lieber zu schweigen ist eine Flucht vor dem Thema. Auf dem Prüfstand ist also mein Verhältnis zum Aggressionsprinzip.

Welche heißen Eisen meide ich? Woran will ich mir die Finger oder den Mund nicht verbrennen?

Um an die eigene blockierte Vitalenergie heranzukommen, ist es notwendig, auf erlöster Ebene wieder in Kontakt mit dem Aggressionsprinzip zu treten. Die Möglichkeiten reichen von offensivem Sport bis zu ebensolchem Denken und Handeln.

Für mich steht jetzt an, das Leben zu wagen, es in Angriff zu nehmen und die heißen Eisen beherzt anzupacken.

Urprinzipieller Bezug: Saturn (erkranken), Mars (Streit).

Lit.: A; CD »Wut und Ärger«.

Ungesundes Essverhalten, falsche Anpassung

Ich lasse mich in Gesellschaft immer wieder dazu verleiten, mehr zu essen und zu trinken, als ich eigentlich will. Und ich konsumiere dann auch ungesunde oder mir unbekömmliche Sachen, die ich sonst meide.

Anpassung geht bei mir also so weit, dass ich mir selbst schade und gegen meine eigenen Prinzipien verstoße. Letztlich schade ich damit sogar meinen Mitmenschen und der Erde, wenn ich gegen meine Überzeugung zum Beispiel so Ungesundes wie Tierprotein konsumiere. Dann bin für das allgemeine Gesundheitsdesaster, für den Hunger in den armen Ländern, die Tierquälerei in den Tier-Zucht-Häusern und die ökologische Katastrophe überall mit verantwortlich. Und das alles nur wegen einer Anpassung an Menschen, die unbewusst und uninformiert zur gewohnten gefährlichen Kost verführen und nicht einmal wissen (wollen), was sie damit alles anrichten.

Was hindert mich, Verantwortung für mein Wohlbefinden zu übernehmen?

Die Aufgabe liegt darin, mich optimal an die Lebensbedingungen auf diesem Planeten anzupassen und zu einer vollwertigen, regionalen, saisonalen pflanzlichen Kost zu finden, zu der ich jederzeit und jedem gegenüber auch stehen kann.

Urprinzipieller Bezug: Jungfrau-Merkur (Anpassung), Jupiter (Übermaß), Pluto (Selbstschädigung).

Lit.: PF, RE, PF-K.

● Weder beachtet noch geachtet, noch verstanden werden

Unverständlich bleiben

Warum versteht mich keiner?

Offenbar macht sich niemand die Mühe, in meine Welt einzutauchen, beziehungsweise wirke ich auf andere unverständlich, verworren oder abgehoben.

Faszinieren meine Gedanken und mein Weltbild mich wenigstens selbst, wenn mir schon keiner dort hinein folgt?
Oder interessiere ich nur niemanden, weil ich so uninteressant bin oder mich für uninteressant halte?
Was habe ich davon, mich nicht verständlich zu machen?

Mein Bedürfnis, mich aus der Menge abzuheben, könnte mich so weit gebracht und von allen entfernt haben, dass mich niemand mehr versteht. Vielleicht erhebe ich mich ja insgeheim über die Welt und stelle dabei mein Licht weit unter den Scheffel, so dass mein Leuchten nicht sichtbar wird.

Genieße ich dieses Abgehoben- oder Ganz-anders-Sein? Halte ich mich auch gern für etwas Besseres? Oder empfinde ich mich als armes Opfer einer unverständigen Welt, die mich gar nicht verdient hat?

Wenn ich verstanden werden und folglich Verständnis bekommen will, müsste ich mich auf diejenigen zubewegen, die mich verstehen sollen. Ich habe mich ihnen verständlich zu machen.

Bin ich mir zu gut dazu, mich auf das Niveau der anderen zu begeben? Fühle mich zu erhaben? Wovor habe ich Angst, wenn ich mich angleiche? Wo stehe ich wirklich?

Falls ich tatsächlich hinaus aus dieser Welt der Gegensätze in die Einheit will, braucht mich keiner zu verstehen. Der homöopathische Ansatz empfiehlt die Lösung von einer Welt, die mich nicht mehr versteht. Das müsste aber ohne Vorwürfe geschehen. Wenn diese noch im Raum stehen, bleibt mir nur, mich verständlich zu machen, mich zu erklären und meine Anliegen zu vermitteln, und zwar mit Methoden, die auch ankommen.

Urprinzipieller Bezug: Neptun (unverstanden sein), Mond (sich beleidigt zurückziehen).

Für andere Luft sein

Warum werde ich immer übersehen und habe das Nachsehen?

Ein Witz mag die Situation verdeutlichen: Ein Patient klagt dem Psychiater: »Herr Doktor, ich werde immer übersehen.« Darauf der Psychiater: »Der Nächste bitte!«

Was übersehe ich selbst an mir – an Eindrucksvollem und Chancenreichem?

Das Thema dreht sich um Ego und Selbst: Ich will offensichtlich mehr aus mir machen, damit ich mehr zur Geltung komme und Beachtung finde, traue mich aber nicht. Meine eigene Sonne will aber mehr hervortreten und strahlen.

In welcher Weise mache ich mich so unscheinbar, dass ich nicht auffalle, ja fast unsichtbar wirke? Wieso nehme ich mich so zurück, obwohl ich doch gesehen werden will?

Die Gefahr liegt auf der Kehrseite und der Projektion auf die anderen, die sich in die Sonne stellen und mir in der Sonne stehen, so dass ich nicht genug Licht abbekomme und quasi unsichtbar bin.

Nehme ich anderen, die sich zeigen, etwas übel, das ich mir selbst nicht zutraue? Was will ich von mir zeigen und traue mich nicht?
Woher kommt diese falsche Bescheidenheit?

Die Aufgabe liegt homöopathisch gesehen darin, das Neptunprinzip zu erlösen und das Ego zum Verschwinden, zur Auflösung zu bringen, so dass ich auf die Frage des Zyklopen Polyphem: »Wer ist da?«, wie Odysseus antworten könnte: »Niemand.« Oder mit Sokrates sagen könnte: »Ich weiß, dass ich nichts weiß.« Diese tiefe Bescheidenheit angesichts der Größe des Mysteriums der Schöpfung gilt es zu verwirklichen. Das ist das hohe Ziel. Die Etappe besteht aber darin, sich mit dem Gegenpol zu beschäftigen und statt das eigene Licht – ständig unehrlich – unter den Scheffel zu stellen, ihm Geltung zu verschaffen.

Urprinzipieller Bezug: Neptun (unsichtbar sein, übersehen werden).

Umgangen und ausgeschlossen werden

Warum werde ich immer öfter vor vollendete Tatsachen gestellt?

Wenn ich nicht einbezogen, sondern um- und sogar hintergangen werde, muss ich mich fragen, bei welcher Gelegenheit ich Ähnliches mit anderen tue, ohne es mir bewusstzumachen.

Wen schließe ich aus meinem Leben bewusst und wen immer wieder halbbewusst aus?
Umgehe oder hintergehe ich mich sogar selbst – etwa im Hinblick auf Vorsätze oder durch Mangel an Disziplin?
Warum schließe ich mein Selbst manchmal – oder oft – aus und verliere mich im Vordergründigen und Oberflächlichen?

Ausgeschlossen werden entspricht dem Saturnprinzip. Ich könnte mich zu seiner Bearbeitung bewusst auf mich zurückziehen und in mich gehen, mir dabei überlegen, was ich einzubringen habe und was ich von Herzen gern wirklich teilen möchte.

Es kann sein, dass ich manchmal in meiner Argumentation zu ausschließlich bin, so dass andere sich den Kontakt mit mir ersparen wollen.

Neige ich zu Übergriffen, die andere zu umgehen suchen, indem sie mich nicht einbeziehen, sondern vor vollendete Tatsachen stellen?

Grundsätzlich ist auch zu klären, ob der Kreis, der mich ausschließt, überhaupt meiner ist oder ich darauf hingewiesen werde, mir einen anderen zu suchen.

Wem will ich mich anschließen, und wo ist man bereit, mich einzuschließen? Oder soll ich mich überhaupt frei machen von zu viel An- und Einschluss?

Ich kann hier die Aufgabe erkennen, mich freiwillig auszuschließen und auf mich selbst zu besinnen, zu mir zu finden, um so das Wertvollste und Kostbarste in mir zu entdecken: mein Selbst.

Ich sollte klären, was ich wirklich mit anderen teilen möchte, und mich fragen, was andere von mir brauchen können, um so vielleicht doch in ihren Kreis zurückzufinden, wenn ich das wirklich will. In dem Maß, wie ich meine Mitte finde, kann ich vielleicht sogar in den Mittelpunkt rücken.

Will ich überhaupt im Mittelpunkt stehen und von Anfang an einbezogen werden?

Wenn ich mir meines Wertes bewusst werde, können auch anderen ihn nicht übersehen.

Urprinzipieller Bezug: Neptun (übersehen und übergangen werden).

Schlusslicht sein

Warum bin ich immer die oder der Letzte?

Den Letzten beißen bekanntlich die Hunde, also befinde ich mich stets in der schwierigsten Position. Sie verbraucht am meisten Kraft, darin fast ähnlich der Position des Ersten an der Spitze. Die Ersten werden die Letzten sein, das bewahrheitet sich oft bei Rad- und Langstreckenrennen. Da der Erste das Feld anführt, muss er es auch aufbauen. Das kostet viel Kraft, und wenn sie verbraucht ist, fällt er nicht selten ganz zurück und landet als Schlusslicht in der energetisch ähnlich schwierigen Position. Abgeschlagen und als Schlusslicht läuft man ebenfalls ohne Feld und dazu unter der seelischen Belastung, Letzter und damit Schlechtester zu sein. Als Erster und als Letzter ist man allein und hat den stärksten Gegenwind; beide Positionen verbrauchen enorm viel Energie, nur wird das bei dem letzten Platz von allen gern übersehen.

Schlusslicht zu sein ist in der Regel mehr ein Schwächezeichen auf der Bewusstseinsebene als auf der physischen Ebene, selbst beim Sport. Zwar wenden die Letzten viel mehr Energie auf, wenn sie zwanzig Meter hinter dem Feld laufen als im Pulk, aber es ist ihre innere Haltung, die sie als Schlusslicht fungieren lässt. Sie trauen sich nicht mehr (zu).

Warum neige ich dazu, mein Licht unter den Scheffel zu stellen und immer die Position des/der Letzten einzunehmen? Was gibt es mir, abgeschlagen zu sein? Was für ein Selbstbestrafungsprogramm läuft da in mir ab? Warum kann ich mir nicht zugestehen, einmal Kontakt mit dem Feld zu halten und mich in seinem Sog gleichsam mitziehen zu lassen und es mir so viel leichter zu machen?

Im Sport ist es eine wichtige Wettkampfstrategie, den Kontakt zum Feld niemals abreißen zu lassen, denn so lässt sich viel Kraft sparen. Auch ich könnte auf diese Weise den Spieß umdrehen nach dem Motto »Die Letzten werden die Ersten sein«.

Die Aufgabe liegt darin, mir bewusstzumachen, dass ich nicht das arme Opfer bin, sondern aus bestimmten, zu klärenden Gründen mir diese Rolle des Schlusslichts immer wieder (aus-)suche. Welche Gründe sind das?

Geht es mir um Mitleid oder Mitgefühl? Muss ich mich selbst bemitleiden? Was kann ich in der Rolle des armen Schlusslichtes besser ertragen als bei Positionen im Mittelfeld oder sogar als Sieger? Was bedeutet mir die rote Laterne wirklich?

Urprinzipieller Bezug: Saturn (der Letzte, die Grenze), Neptun (Selbstmitleid).

Gleichmacherei

Mich ärgert, dass man mich mit allen anderen in einen Topf wirft. Man glaubt, dass alle gleich reagieren, und vergisst, dass jeder seine eigenen Muster hat.

Es stört mich, mit anderen verglichen und nicht speziell gewürdigt zu werden. Doch es fragt sich, ob ich selbst die Individualität der anderen anerkenne. Wäre das der Fall, könnte es mich gar nicht stören, mich mit ihnen in einem Topf wiederzufinden, denn dann wären da ja lauter Individuen beisammen. Ich möchte offenbar speziell gewürdigt werden.

Was ist so besonders an mir, dass es extra gewürdigt werden soll? Was verdient solche Spezialbehandlung?
Was unternehme ich, um dieses Besondere entsprechend herauszustellen? Was tue ich, um meine Individualität zu leben, meine spezielle Kreativität zu entwickeln, meine Individuation voranzutreiben, vielleicht mein Genie aufleben zu lassen?

Meine Aufgabe heißt, mich selbst zu verwirklichen, zu meiner Besonderheit zu stehen und sie weiterzuentwickeln – und die der anderen zu erkennen – und letztlich zu wissen, wir sind alle (nur) Menschen.

*Wo könnte ich ansetzen, um meine Einzigartigkeit deutlich
zu machen? Welche meiner Begabungen würde sich dazu anbieten, vielleicht sogar aufdrängen oder nur darauf warten,
ans Licht gebracht zu werden?*

Urprinzipieller Bezug: Sonne (Individualität), Uranus (etwas
Besonderes sein wollen).

Nicht gehört werden

*Warum hört mir keiner zu, warum wird mein Wort nicht ge-
hört?*

Offenbar habe ich nichts zu sagen, im Sinne von Machtlosig-
keit, aber auch im Sinne von Unwissen – jedenfalls in den Augen der anderen.

*Was davon stört mich mehr: keine Macht oder kein Wissen zu
haben?*
*Bin ich es – wenigstens in meinen Augen – wirklich wert, ge-
hört und zur Kenntnis genommen zu werden?*

Sowohl Wissen als auch Macht kann ich erwerben, und oft ist
Wissen auch Macht; damit würde ich die Lösung in der Ausrichtung auf den Gegenpol suchen. Um Wissen und Macht zu
erlangen, muss ich konsequent etwas dafür unternehmen: lernen und studieren, Karriere machen und aufsteigen. Allerdings
ist es heute in umgekehrter Reihenfolge fast populärer; der er-
staunliche Mangel an Bildung bei modernen Managern fällt
immerhin auf.

Im Sinne der Homöopathie kann ich auch den Weg gehen,
mich ganz zurückzunehmen und mich auf mein eigenes Inneres zu besinnen. Wer sich in sich versenkt und wirklich zu sich

kommt, braucht nicht draußen gehört zu werden. Er legt aber auch gar keinen Wert darauf, sondern zieht sich von der lauten Welt mit ihrem Geschrei bewusst zurück, um eins zu werden mit sich und letztlich allem, auch der lauten Welt.

Ein Witz unterstreicht, welch große Aufgabe darin liegt: Eine Maus knabbert an der Sandale eines in Meditation versunkenen Mönches, der sie wegscheucht mit den Worten: »Stör mich nicht, ich will eins werden mit Gott.« Da antwortet die Maus: »Das wird wohl nichts werden, solange du nicht mal mit mir eins wirst.«

Wer darunter leidet, nicht ausreichend Gehör zu finden oder sogar überhört zu werden, ist wahrscheinlich besser beraten, erst einmal der Welt etwas zu bieten, das diese hören will, und so sein eigenes Ego zu befriedigen, bevor er sich anschließend der viel größeren Aufgabe der Selbst-Verwirklichung in Stille widmet.

Urprinzipieller Bezug: Neptun (nicht beachtet, übersehen werden), Zwillinge-Merkur (Kommunikation, Kontakt).

● Gerede und Schlimmeres, Opfer sein

Üble Nachrede, Tratsch

Warum reden viele schlecht von mir? Sie tuscheln hinter meinem Rücken, machen sich über mich lustig und stellen mir Fallen.

Meist reden die Leute schlecht über andere, machen sie herunter, lassen sie schlecht aussehen, weil sie selbst besser dastehen und größer herauskommen wollen, als sie sind. Das funktioniert zwar nicht, ist aber eine gängige Illusion. Am peinlichsten wird es, wenn jemand andere herabsetzt und herunterputzt, mit dem Ziel, sich hervorzuheben. Dann werden nicht einmal mehr seine wirklichen Leistungen geschätzt.

Wenn ich mich als Opfer solchen Geredes fühle, könnte ich mir eingestehen, dass ich letztlich selbst mehr hervortreten oder sogar herausragen möchte, es aber nicht wage.

Will ich selbst ganz groß herauskommen? Will ich eine herausragende Position einnehmen?

Wie immer gilt es, die Umwelt ohne Umschweife als Spiegel zu begreifen:

Wo bin ich selbst hinterhältig, ohne es zu erkennen? Wo rede ich über andere hinter deren Rücken oder denke jedenfalls schlecht über sie, ohne sie davon in Kenntnis zu setzen? Wann bin ich wo gemein zu anderen und wahrscheinlich auch zu mir selbst? Wo mache ich mich insgeheim lustig über andere und stelle mich über sie?

Letztlich muss ich mich damit beschäftigen, wovor ich Angst habe.

Warum kann ich mich nicht mit anderen konfrontieren und ihnen meine ehrliche Meinung ins Gesicht sagen? Was hindert mich?

Sobald ich erkenne, bei welchen Themen ich zu mir selbst nicht ehrlich bin und schlecht von mir denke, mich selbst beschimpfe, ohne es vielleicht zu merken, kann ich mich aus der unguten, belastenden Situation lösen. Die beste Strategie zum Erreichen dieses Ziel ist, wirklich Herausragendes zu leisten und ohne eigene Bewertung abzuwarten, bis es anderen auffällt. Der meinen schlechten Sympathiewerten zugrundeliegende Selbstwertmangel ist durch entsprechende Leistungen am einfachsten zu bearbeiten. Hierfür ist der Sprung auf den Gegenpol eine gute Übung: Eine Zeit lang nur wirklich gut von anderen zu reden. Denn natürlich hat jeder auch seine guten Seiten.

Urprinzipieller Bezug: Zwillinge-Merkur (Getuschel), Saturn (Minderwertigkeitsgefühl), Pluto (Hinterhältigkeit, Intrige).

Intrigen, Mobbing

Ich bin Opfer von Intrigen. Warum werde ausgerechnet ich gemobbt?

Wenn ich mich unfair und hinterrücks bekämpft fühle, bin ich gut beraten, meine eigene Kampfstrategie kritisch in Augenschein zu nehmen und mich zu fragen, ob auch für mich der Zweck die Mittel heiligt und ich andere zum Opfer meiner Strategie, um jeden Preis ans Ziel zu kommen, mache.

Wo bin ich selbst intrigant und spiele mit gezinkten Karten? Wo gehe ich selbst krumme Wege hintenherum und versuche, über Beziehungen und Freunde zu manipulieren?
Bei welchen Gelegenheiten habe ich Unwahres über andere gesagt, sie ins schlechte Licht gerückt, um selbst Vorteile zu bekommen?

Wenn ich das, was ich anderen vorwerfe, bei mir selbst entdecke, kann ich es nicht nur den anderen verzeihen, ich bekomme auch die Freiheit, mich selbst neu zu entscheiden. Indem ich dann selbstbewusst auf Intrigen verzichte, werde ich erleben, wie ich allmählich – je nachdem wie viel Vorleistung ich erbracht habe – aus dem Mittelpunkt des Intrigantenstadels gelange.

Selbst bei massivem Mobbing kann ich die Umwelt als Spiegel erkennen und nutzen. Die einfache Lösung ist auch hier, aufzuhören, schlecht über andere zu reden und sogar zu denken. Wenn ich in der Vergangenheit selbst versucht habe, mir andere durch Verleumden oder üble Nachrede aus dem (Karriere-)Weg zu schaffen, und sozusagen schon lange vorgearbeitet habe, muss ich allerdings etwas länger warten, bis das Mobbing aufhört; aber dies wird nach dem Resonanzgesetz auf jeden Fall geschehen.

Urprinzipieller Bezug: Pluto (Erfahrung und Projektion von Schatten).

Lit.: SP; CD »Schattenarbeit«.

Vertrauensbruch, Verletzung der Intimsphäre

Ihren Freundinnen erzählt meine Frau intime Dinge und versteht nicht, dass das für mich ein Vertrauensbruch ist.

Vielleicht fehlt mir selbst ein so enger Freund, dem ich meine intimsten Dinge erzählen könnte, oder alles Intime ist für mich sowieso tabu.

Warum darf die Freundin meiner Frau eigentlich nicht wissen, wie wundervoll wir es haben? Oder ist es gar nicht so wundervoll? Will ich die Blößen, die wir uns und ich mir gebe(n), nicht offengelegt, sondern geschützt wissen? Wovor aber? Reden wir wenigstens miteinander darüber? Oder redet sie mit ihrer Freundin darüber, weil sie dort mehr Verständnis findet?

Wie wichtig ist mir meine/unsere Außenwirkung? Wie wichtig sind Geheimnisse und ihre Bewahrung? Wie tabubelastet ist unser Intimbereich? Was habe ich da zu verbergen? Verletze ich vielleicht auch ihre Privatsphäre irgendwo?

Eine wichtige Aufgabe ist, so viel Licht und (Lebens-)Freude in den Intimbereich zu bringen, dass ein Weitererzählen kein Problem mehr für mich darstellt, aber auch keine Notwendigkeit mehr für sie. Wie sollen wir beide uns auch entwickeln, wenn wir nicht reden, weder mit uns noch mit anderen!

Urprinzipieller Bezug: Waage-Venus (Liebe), Saturn (Hindernis), Pluto (hintergangen werden).

Lit.: ME.

Ausgenutzt werden

Nie bekomme ich eine angemessene Anerkennung für meine Bemühungen. Immer werde ich ausgenutzt.

Zunächst müsste ich prüfen, ob es mir wirklich in jedem Fall geschieht oder nur bei bestimmten Gelegenheiten und in welchem Rahmen sich dieses Ausgenutztwerden abspielt.

Was tue ich dafür, »gebraucht zu werden«, welche Art von Anerkennung stelle ich mir dafür vor? Möchte ich verbale Anerkennung? Wie könnte die Gegenleistung für meinen Einsatz aussehen?

Wenn es mir weniger um Lob als um materielle Honorierung geht, ist zu überlegen, was angemessen wäre.

Habe ich durch hingebungsvolles Dienen mehr Verdienst verdient? Haben sich meine Tätigkeiten so gelohnt, dass sie mehr

Lohn verdienen? Hätten sie mehr Honorar verdient, weil sie so viel Ehre einlegen? Oder wäre mehr Entschädigung angebracht für den Schaden, den sie anrichten?

Karl Lagerfeld sagte einmal, Arbeit sei es nur, wenn es keine Freude mache.

Haben meine Bemühungen mir wirklich so viel Mühe gemacht?
Macht mir meine Tätigkeit Mühe statt Freude?

Ich sollte mich auch fragen, in welcher Weise ich selbst angemessene Anerkennung, Löhne oder Honorare für entsprechende Verdienste verweigere.

Wo nutze ich andere aus? Stelle ich meinen Vorteil weit über ihren?

Urprinzipieller Bezug: Jungfrau-Merkur (Angemessenheit), Neptun (übersehen werden).

Lit.: SI.

Steine in den Weg gelegt bekommen

Wenn ich immer mehr in meiner Freude bin, warum macht es das Umfeld mir dann aber so schwer?

Ich glaube also, dass ich immer mehr okay bin, aber die anderen einfach nicht okay sind; sie machen es mir schwer. Die Umwelt ist jedoch stets mein Spiegel; ich bin immer in Resonanz mit ihr. Der Mechanismus der einseitigen Sicht ist die Eigenblindheit. Und tatsächlich fühle ich mich auch nicht okay, denn die anderen machen es mir ja schwer.

Was ist an mir so neben der Spur, dass ich diese Umwelt verdiene? Was sehe ich nicht bei mir, das bei mir eine solche Reaktion auf mein Umfeld auslöst?

Hinzu kommen Schuldprojektionen auf die Umwelt. Es könnte so schön sein, wenn die Umwelt nicht so »unterentwickelt« wäre. Meine Aufgabe und Chance liegt aber darin, zu erkennen, dass ich meine Umwelt am nachhaltigsten dadurch ändere, dass ich mich ändere.

Wo könnte ich ansetzen, um mich selbst weiterzuentwickeln? Welche Probleme spiegeln diese Reaktionen auf meine unmittelbare Umgebung wider?

Die Lösung lautet in jedem Fall: Ich bin okay; du bist okay. Oder aber wir sind es beide nicht, nur sehe ich es nur an dir und den anderen und nicht an mir. Ein hilfreiches Bild wäre noch, die Steine, die ich in den Weg gelegt bekomme, dankbar anzunehmen und etwas Schönes daraus zu bauen.

Urprinzipieller Bezug: Sonne (Ich, Selbst), Neptun (Selbstmitleid), Saturn (Hindernisse).

Mangelnde Unterstützung

Keiner hilft mir. Warum muss ich immer alles allein machen?

Zuerst sollte ich ehrlich prüfen, ob ich überhaupt um Hilfe bitten und sie auch annehmen kann.

Lasse ich mir überhaupt helfen? Wie fühle ich mich dabei, wenn ich um Hilfe bitte? Wird sie mir direkt abgeschlagen?

Vielleicht brauche ich aus bestimmten Gründen diese Klage und will etwas ganz anderes damit ausdrücken.

Möchte ich darauf hinweisen, dass ich alles allein mache und schaffe? Will ich mehr Anerkennung dafür?
Empfinde ich mich gern als hilfsbedürftig oder gerade nicht? Wobei brauche ich mehr Hilfe? Wo wünsche ich sie mir wirklich? Kann ich das genau sagen? Oder was verbirgt sich hinter Worten wie »alles« oder »überall«?

Möglicherweise ist es gar nicht zutreffend, dass mir keiner hilft, zum Beispiel weil ich gar nicht bei allen angefragt habe oder mich gern isoliere.

Stehe ich wirklich immer so allein da? Und wenn ja, wie habe ich das geschafft? War das immer so, oder wie habe ich potenzielle Helfer vertrieben?

Meine Klage wirft auch Fragen nach meiner eigenen Hilfsbereitschaft auf, die sich im Verhalten der anderen widerspiegelt.

Helfe ich anderen, und wie gern helfe ich? Wem habe ich zuletzt wirklich und wesentlich geholfen? Bitten mich andere um Hilfe? Und wie bereitwillig gewähre ich sie?

Ich könnte in der Tatsache, oft allein dazustehen, die Aufforderung des Schicksals zu Eigenverantwortung erkennen, den Aufruf, mir selbst zu helfen und es allein durchzustehen.

Urprinzipieller Bezug: Saturn (Eigenverantwortung), Mond (Hilfsbedürftigkeit).

Scheitern

Ich hatte einfach zu schlechte Startbedingungen.

Ich habe eine gute Ausrede gefunden, doch diese nützt nur zum Zementieren meiner Widerstände. Zwar sagt ein wichtiges der Schicksalsgesetze, dass im Anfang alles liegt. Aber wichtiger noch sind das Resonanz- und vor allem das Polaritätsgesetz, die den Weg zeigen, wie aus der Gegenwart heraus Einfluss auf die Zukunft genommen wird.

Viele Beispiele belegen auf eindrucksvolle Art, dass Menschen trotz mieser Startbedingungen Großes geschaffen haben. Das bezieht sich vor allem auf die wirtschaftliche, aber auch auf die persönliche Entwicklung. Schlechtere Startbedingungen als die blind und taubstumm geborene Helen Keller sie hatte, gibt es fast nicht. Dennoch machte sie überwältigend deutlich, was möglich ist, solange man an sich und das Leben glaubt. Einer der größten Philosophen dieser Welt, der Stoiker Epiktet, wurde als Sklave geboren und so brutal von seinem Besitzer zusammengeschlagen, dass er zeitlebens darunter litt. Sein neuer Herr erkannte bald, welche Geistesperle er erworben hatte; er ließ ihn frei und wurde sein Schüler.

Es ist sogar möglich, aus der Gegenwart heraus die Vergangenheit zu ändern, wie der Spruch aus der Psychotherapie zeigt: »Es ist nie zu spät, eine glückliche Kindheit zu haben«. Ich kann also jederzeit das Resonanzfeld des Elends verlassen und mich dem eigenen Glück und Erfolg widmen. Wichtig ist dabei aber immer auch, auf das Schattenprinzip zu achten.

Urprinzipieller Bezug: Mond (Kindheit), Saturn (Hemmnis, Hindernis), Neptun (Opferrolle, Ausrede).

Lit.: LP, SP.

Verzichten müssen

Meine beiden Kinder studieren, deshalb muss ich darauf ver-
zichten, eine zweite Ausbildung zu machen.

Es wäre ehrlich zu prüfen, ob hier die Kinder nicht nur als Ausrede dienen, mich nicht weiter bemühen und lernen zu müssen. Die entscheidende Frage ist, ob ich mich besser fühle,
wenn ich den Kindern die Verantwortung gebe oder gar die
Schuld für mein Nichtweiterkommen aufbürde.

Einer der wundervollen Aspekte unserer Zeit ist, dass Stu-
denten Stipendien vom Staat bekommen, wenn die Eltern sie
nicht unterstützen können. Wer aber selbst im Studium oder in
einer Weiterbildung ist und ein geringes oder kein Einkommen
hat, erfüllt diese Kriterien, und der Staat springt ein. So geht bei
uns beides: Die Kinder dürfen in jedem Fall studieren, und die
Eltern können sich fort- und weiterbilden.

Wieso brauche ich solch eine Ausrede? Muss ich mich denn
fortbilden?

Vielleicht geht es mir ja darum – während die Kinder sich weiterbilden – mein Zurückbleiben schönzureden und meine
Fortbildungsunwilligkeit zu rationalisieren. Habe ich das nötig? Ich könnte einfach den Standpunkt einnehmen: Es ist gut,
wenn ihr studiert, und ich habe euch so weit gebracht und genieße eure Fortschritte mit; für mich war und ist anderes dran.
Es gab ja tatsächlich Zeiten, in denen ich nur für die Familie da
sein musste und wollte. Jetzt werde ich langsam wieder frei, zu
tun, was ich will. Und ich will eben nicht studieren, vielleicht
als Einzige(r) in der Familie. Das leiste ich mir, jetzt einmal zu
machen, was ich will, vielleicht einfach gar nichts. Und euch
schaue ich gern zu, wie ihr weiterkommt und lernt. Vielleicht

will ich etwas ganz anderes lernen, um ein Stück vom Glück abzubekommen, weil lernen ja nun einmal – wissenschaftlich nachgewiesen – glücklich macht. Aber es gibt auch andere Wege zum Glück, wie etwa Partnerschaft, denn Glück kommt bekanntlich auch selten allein.

Unsere Zeit ist wirklich wundervoll, indem sie eine Fülle von (Fort-)Bildungmöglichkeiten erlaubt; uns stehen aber auch viele andere individuelle Wege zum Glück offen. Noch nie war der Zugang zu Bildung so frei und so günstig. Wir werden durch die modernen IT-Errungenschaften darin unterstützt und haben hierzulande die materiellen Voraussetzungen, dass Ausbildungen von jedem, der wirklich will, auch genutzt werden können.

Urprinzipieller Bezug: Zwillinge-Merkur (Studium), Saturn (Hemmung, Hindernis).

● Mangel, Neid, Gier

Glücklosigkeit, mit leeren Händen dastehen

Warum haben die anderen immer mehr Glück? Da muss man ja neidisch und traurig werden.

Die meisten Menschen machen ihr Glück am Außen fest und denken: Ich wäre glücklich, wenn ich alles bekäme, was ich will. Dabei bräuchten sie nur alles zu wollen, was sie bekommen. Schon ist das Ziel erreicht. Aber so leicht können wir eben nicht glücklich werden. Da erscheint es einfacher, bei der ersten Variante zu bleiben, die definitiv nicht funktioniert, und dann zu klagen, dass man einfach kein Glück habe.

Gebe ich mir selbst überhaupt die Chance zum Glück?

Wenn ich mein Glück schon an Bedingungen knüpfe, setze ich mich dann wenigstens für das eigene Glück ein und versuche, es über die Herstellung dieser Bedingungen zu verwirklichen? Das ist immerhin eine Möglichkeit, von einem Erfolg zum nächsten zu erkennen, dass sich echtes, tiefes Glück so nicht erreichen lässt. Die letztendliche Verwirklichung von Glück bleibt immer die eigene Selbstverwirklichung. Wenn ich mit allem eins geworden bin, bin ich mit allem einverstanden und glücklich. Ich bin im Sein, und das ist die Umschreibung umfassenden Glücks. Diesbezüglich sind sich alle Weisheitslehren und Religionen einig.

Urprinzipieller Bezug: Jupiter (großes Glück), Saturn (Pech, Hindernis).

Dummheit gewinnt

Die dümmsten Bauern haben immer die dicksten Kartoffeln.

Oft hat der Volksmund ja Recht. Ähnlich weiß er, dass Verrückte, Betrunkene und Kinder einen guten Schutzengel haben. Könnte es an deren (Gott-)Vertrauen liegen und daran, dass sie vorzugsweise im Hier und Jetzt leben? Das wäre auch eine Erklärung für die dicken Kartoffeln und das darin ausgedrückte Glück bei den dümmsten Bauern. Vielleicht sind es ja die weniger intellektuellen Bauern, die auf Gottvertrauen bauen und damit Glück haben.

Wer mit Selbstvertrauen an seine Aufgaben geht, hat es sicher viel leichter als ein wacher, aber kritischer Geist, der ständig und an allem und damit auch an sich und seinen Möglichkeiten zweifelt. Wenn ich mich auf Probleme einstelle, werde ich sie auch bekommen. Wenn ich dagegen unvoreingenommen und naiv und weniger verkopft der Welt begegne, ließe sich in ihr mehr erreichen, auch größere materielle Erfolge. Sobald ich im Hier und Jetzt bin, statt im Wenn und Aber, und ganz aus dem jeweiligen Moment heraus und weniger aus dem Intellekt als aus dem Bauch heraus entscheide, treffe ich sicher oft die bessere Wahl. Ich werde mehr erreichen als Bedenkenträger und ängstliche Absicherer, die alles hinterfragen und sich nie richtig einlassen, weder auf andere noch auf sich und eben auch nicht auf die einzige Zeit, in der sich Leben wirklich lohnt: die Gegenwart. Der Film *Forrest Gump* schildert die Lebensgeschichte eines solchen Menschen, der *mehr Glück als Verstand* hat.

Könnte es sein, dass ich die Dinge zu intellektuell angehe, zu gescheit für richtiges Glück bin? Mache ich mir mit meinen ständigen Bedenken und dem ewigen Hinterfragen und Kopfzerbrechen das Leben unnötig schwer? Stehe ich mir selbst im Weg mit meiner Gescheitheit?

Meine Aufgabe liegt darin, vorbehaltloser und sorgloser auf die Welt zuzugehen, mir mehr zuzutrauen und schädliche Bedenken in Zaum zu halten. Vielleicht kann ich dann erkennen, dass die dümmsten Bauern sich mit ihrer Naivität das Himmelreich Gottes im jeweiligen Augenblick eher verdienen als der kühnste Intellektuelle, der Wissenschaftler und Zweifler. Dann bricht diese scheinbare Ungerechtigkeit zusammen, und ich kann meine Neidgefühle auflösen.

Urprinzipieller Bezug: Waage-Venus (Gerechtigkeit), Jupiter (hoher Anspruch), Saturn (Hindernis, Neid).

Verlierer sein

Ich wäre jetzt auch mal mit einem Lottogewinn dran! Ich brauche das Geld.

Mit dem Gewinnen bin ich erst wirklich dran, wenn ich mein Geldproblem gelöst habe. Sonst würde der Lottogewinn nur Probleme schaffen, wie alle Lotto- und Toto-Gesellschaften wissen, deren meiste Hauptgewinner innerhalb kurzer Zeit komplett verarmen. Ein Witz mag das erläutern. Ein im Laufe seines Lebens reich gewordener alter Jude klagt aus Gewohnheit »Gott Jahwe, warum lässt du mich nicht endlich in der Lotterie gewinnen?« Da tut sich der Himmel auf, und Jahwes mächtige Stimme donnert herab: »Dann kauf dir ein Los, du alter Narr, jetzt wird es dir nicht mehr schaden!«

Lotterien sind nicht da, um Geldprobleme zu lösen, sondern zu offenbaren. Wenn ich Lotto spiele, habe ich in der Regel Geldprobleme. Wenn ich gewinne, werden diese noch verstärkt deutlich, wie viele Untersuchungen zeigen. Wenn ich verliere, kann ich mich folglich glücklich preisen, obwohl ich die Probleme ständig durch die Ausgaben für Lose oder Tippscheine vergrößere. Außerdem habe ich als Verlierer vermeintlich Grund zum Klagen und Jammern, was immerhin Druck abbaut, allerdings das Grundproblem ebenfalls verschärft.

Geldprobleme lösen sich jedenfalls nicht durch jammern, und sie zu lösen löst auch nicht viel, aber es ist möglich – etwa durch entsprechend raffinierte Schachzüge und dadurch, dass man andere für sich arbeiten lässt.

Urprinzipieller Bezug: Jupiter (Gewinn, Anspruch), Jungfrau-Merkur (Beschwerde).

Lit.: PG.

Zurücksetzung, Zu-kurz-Kommen

Ich komme dauernd zu kurz. Warum muss ich immer darum kämpfen, auch noch was abzubekommen?

Offenbar lebe ich in einem Mangelbewusstsein und fürchte, es gäbe nicht genug für alle.

Wo habe ich diese Angst, zu kurz zu kommen, zuerst erlebt? Woher kenne ich Verteilungskämpfe? Wie ging es mir in meiner Kindheit beim Essenausteilen? Oder durfte ich mir selbst nehmen?
Wo stehe ich in der Geschwisterreihe, und welche Position ergab sich daraus?
Fühle ich mich heute noch zurückgesetzt gegenüber Neuankömmlingen? Wurde Rücksichtnahme von mir erzwungen?

Wahrscheinlich stammen bis heute aus diesen frühen Erfahrungen Probleme, die ich mir jetzt klarmachen kann. Meinen Hang zu Verteilungskämpfen werde ich aus meiner Perspektive des Mangelbewusstseins besser zu fassen bekommen.

Wie reagiere ich heute auf Buffets und Überfluss?
Weiß ich, dass auf dieser Welt für alle genug da wäre, wenn wir Ressourcen fair verteilen würden? Leide ich darunter, dass wir es auch auf der Welt nicht tun? Was könnte ich für eine bessere Verteilung tun und wie aus dem Mangel- in ein Überflussbewusstsein wechseln?

Die (Seminar-)Erfahrung des Fastens – Schweigens – Meditierens könnte mir zeigen, wie wenig ich brauche und wie wundervoll ein genügsames Leben sein kann. Bei einem Klosteraufenthalt zum Beispiel lässt sich lernen, wie Für-sich-Sein und Teilen sich ergänzen, und dass für alle genug da ist, wenn jeder nicht mehr als seinen Teil nimmt. Heute gibt es sehr viele Möglichkeiten, die Erfahrung zu machen, dass es genug für mich gibt und ich mich weder vordrängeln noch beschweren muss.

Urprinzipieller Bezug: Stier-Venus (Habenwollen), Saturn (Hindernis). ·

Lit.: PG.

Minderwertigkeitsgefühle

Warum kann ich nicht so begabt sein wie ...?

Neid und das Gefühl von ungerechter Behandlung sind so weit verbreitet, dass sie etwas Gesellschaftsprägendes bekommen haben. Ein Schweizer Freund sprach einmal von der (N)Eidgenossenschaft, wobei das Phänomen in seinem Land nicht einmal so deutlich ist.

Ungerechtigkeit hat mit unerlöstem Venusprinzip zu tun und mangelndem Überblick. Wer die Kette der Leben überblickt, findet schließlich alles gerecht und in Ordnung. Neid entsteht, weil ich etwas möchte, das ich bei anderen sehe und das mir fehlt. Würde ich mir klarmachen, was diese dafür getan haben oder bezahlen, wäre es mit dem Neid rasch vorbei. Selbst wenn Begabung wirklich in den Genen läge, wie viele vermuten, lässt die Einsicht in den größeren Zusammenhang Neid verstummen.

Tatsächlich liegt Begabung aber kaum in den Genen; sie werden diesbezüglich überschätzt. Grundlage sind in Wirklichkeit vor allem Disziplin und Fleiß. Wer etwas zehntausend Stunden lang geübt hat, wird darin erfahrungsgemäß sehr gut und gilt dann rasch als genial; dabei war er meist nur sehr fleißig, diszipliniert und konsequent. Das Buch *Überflieger* von Malcolm Gladwell bringt Licht in dieses Thema. Allen weniger Fleißigen und Disziplinierten und deshalb weniger Genialen und Erfolgreichen nimmt es allerdings die Ausreden. Aber es entzieht auch Neid und Ungerechtigkeitsgefühlen die Basis. Jedem steht es frei, sein Thema zu finden und darin unglaublich gut und genial zu werden.

> *Will ich überhaupt in etwas so gut sein? Bin ich bereit, dafür so viel Zeit und Energie zu investieren und Leistung zu erbringen?*

Noch ein anderer Anreiz bietet sich an: Erfahrungen mit Menschen auf dem Totenbett zeigen immer wieder, dass am Ende das ungelebte Leben am meisten quält, die ausgelassenen Chancen und als nächstes schon der Mangel an Disziplin.

> *Wer oder was hindert mich, mein Thema zu finden und mich dann darin so intensiv zu üben, bis meine Genialität und Einzigartigkeit durchblitzen?*

Die Antwort werde ich immer nur in mir selbst finden. Ich selbst führe Regie. Allerdings dienen den geübten Ausreden-Suchern natürlich auch hier wieder die äußeren Umstände, die Familiensituation, die (schlechten) Zeiten und so weiter als Projektionsflächen. In Wirklichkeit geht es um mangelnden Willen, das eigene Thema zu finden, mangelnde Disziplin, es auch durchzuziehen, und mangelnden Fleiß bei seiner Umsetzung ins Leben. All das lässt sich ändern, und Selbsterkenntnis ist der erste Schritt zur Besserung und in diesem Fall zur Genialität.

Urprinzipieller Bezug: Jungfrau-Merkur (vergleichen), Saturn (Neid).

Haben wollen

Warum kann ich nicht auch das haben, was X hat?

Neid ist eine Verkennung der Lebens- und Lernaufgabe. Wenn ich neidisch auf Besitz von anderen bin, sollte ich mich fragen, was ich selbst lernen, leisten und bieten muss, um es ebenfalls zu erlangen.

Will ich das leisten oder tun, was der Besitzer X des Besitzes Y geboten hat? Bin ich bereit, dafür zu tun, was X irgendwann dafür getan hat?

Milliardäre sind viel beneidet, aber oft (seelisch) arm und haben jedenfalls andere Aufgaben als Bettler. Bettler sind oft reich, wenn sie sterben, hatten dann aber nie etwas davon, weil sie besessen waren von ihrem Mangel und gar nicht mitbekamen, wie er sich mit der Zeit in Besitz wandelte. Da sie meist allen und selbstverständlich auch den Banken misstrauen, merken sie oft kaum, wie sie klammheimlich reich werden.

Wenn ich mehr haben will und mir davon Glück verspreche, muss ich es also wenigstens so versuchen, dass ich dabei mitbekomme, was passiert und wie sich mein Erfolg verwirklicht. Daraus wird zwar kaum Glück folgen, aber auch diese Ent-täuschung ist wenigstens das Ende meiner Täuschung. Ich sollte mich also frühzeitig damit beschäftigen, wie ich meinen Besitz besitzen und nutzen kann für mein und das Wachstum anderer, etwa meiner Familie, Freunde, Nächsten.

Urprinzipieller Bezug: Stier-Venus (Habenwollen), Jupiter (Anspruch).

Lit.: PG.

Missgunst

Weniger attraktive Männer scheinen die schönsten Frauen zu bekommen. Zählen denn nur Reichtum und materielles Versorgtsein? Ich hätte gedacht, dass Liebe das Wichtigste ist.

In gewisser Weise habe ich ja Recht, denn fast alle Topmodels heiraten Multimillionäre; in einer so materiell orientierten Gesellschaft wird natürlich auch Partnerschaft zum Spiegel der alles beherrschenden Geldthematik. Wenn ich da nicht mitspielen will, brauche ich mich allerdings auch nicht zu beschweren und darf mich mit weniger attraktiven Menschen zufriedengeben, die das Herz meinen.

Glaube ich, nur dann wirklich von einer Frau geliebt zu werden, wenn ich sicher sein kann, dass sie nicht das Geld bei mir sucht? Verweigere ich deshalb ökonomischen oder gesellschaftlichen Erfolg? Und halte mich dann obendrein noch für den besseren Menschen?
Was in mir verhindert es, mich in eine herzensgute Frau zu verlieben, die weniger attraktiv ist, und zufrieden zu leben?
Wie hoch liegt die Latte meiner Bedingungen, die ich dem Schicksal stelle?

Als Lösung liegt nahe, dass ich zuerst damit anfange, mich selbst zu lieben, so wie ich bin – nicht superreich, vielleicht sogar arm und erfolglos. Dann kann ich auch lernen, über meine Tricks zu schmunzeln, mir das Leben zurechtzubiegen und alles rationalisieren zu wollen.

Urprinzipieller Bezug: Waage-Venus (Liebe, Beziehung), Jupiter (hoher Anspruch), Sonne (Minderwertigkeitsgefühle, Held sein wollen).

● Besserwisserei und der schwierige Umgang mit Kritik

Dauerkritik

Warum kann ich an anderen kein gutes Haar lassen und muss sie ständig kritisieren?

Vielleicht halte ich Angriff für die beste Verteidigung und versuche mit meiner Dauerkritik, anderen zuvorzukommen, mich zu attackieren.

Habe ich ein so schlechtes Gewissen und fürchte ich, ständig selbst kritisiert zu werden?

Wenn ich jemand anderen kritisiere, stelle ich mich über diese Person.

Warum habe ich es nötig, andere herabzusetzen und mich so vermeintlich zu erhöhen? Wieso ist mein Selbstwertgefühl so gering? Bekomme ich nicht genug Anerkennung, so dass ich sie auf diesem Weg erzwingen will? Und wieso bekomme ich so wenig Anerkennung? Weil ich sie vielleicht gar nicht verdiene? Oder weil ich sie so dringend einfordere und brauche?

Die daraus resultierenden ständigen Abfuhren könnten mich lehren umzudenken. Wer ständig kritisiert, wird ständig kritisiert und von kaum jemandem gemocht.

Warum tue ich mir das Kritisieren an? Wofür brauche ich es? Was gibt es mir insgeheim? Ist es mir wichtig, vor mir selbst als armes Opfer dazustehen, das ungerecht behandelt wird?

Vielleicht steht auch im Vordergrund, dass ich glaube, alles viel besser zu wissen und zu können.

Bin ich wirklich von meiner Überlegenheit überzeugt? Wo liegen die Wurzeln dafür, hat eines meiner Elternteile es mir suggeriert? Hat mein Vater oder meine Mutter mich über die anderen (Geschwister) oder sogar über den eigenen Partner gestellt? Kann und weiß ich wirklich vieles besser, oder halte ich nur den Wunschtraum dieses Elternteils am Leben?

Aus welchem Grund auch immer ich zum Kritisieren neige – es führt dazu, dass ich mich überall unbeliebt mache.

Wozu brauche ich das? Was gibt es mir, in die Opferrolle zu schlüpfen und so viel Zuwendung zu verlieren?

Aufgabe ist, das jeweilige Muster zu erkennen und zu durchschauen und sich zu entscheiden:

Will ich wirklich so viel besser werden als die anderen und es ihnen ständig zeigen? Gibt es mir ausreichend Genugtuung, um dafür ungeliebt und unbeliebt zu bleiben? Oder kann ich erkennen, dass ich gar nicht so viel besser bin, sondern einem inneren Muster folge?

Falls ich tatsächlich in vielem besser bin, kann ich mich auch für einen Weg entscheiden, bei dem ich meine Überlegenheit anderen nicht dauernd unter die Nase reibe, um ihre Liebe nicht ständig aufs Spiel zu setzen.

Urprinzipieller Bezug: Jungfrau-Merkur (Kritiksucht).

Lit.: CD »Lebensprinzipien-Set: Jungfrau-Merkur«.

Auf dem Prüfstand stehen

Warum werde ich ständig kritisiert?

Grundsätzlich ist wieder zu klären, ob es wirklich stimmt oder ob ich diese Sicht nur aus bestimmten Gründen brauche. Wenn es zutrifft, dass man mich ständig kritisiert, weil ich tatsächlich in vielem so viel schlechter oder schwächer bin, muss ich nach den Gründen für mein Versagen forschen.

Wer oder was hindert mich daran, besser zu sein, und woran liegt das?

Könnte ich die Kritik einfach annehmen und daraus lernen, besser zu werden und mich zu entwickeln?

Vielleicht fühle ich mich auch aufgrund von Minderwertigkeitsgefühlen sogar durch sachliche, konstruktive Kritik sofort herabgesetzt. Wenn ich mich wirklich schlechter und minderwertiger fühle, sollte ich nachforschen, woran das liegt und wann es begonnen hat.

Die Aufgabe liegt darin, sachliche Kritik annehmen und (wert-)schätzen zu lernen und mich als Person davon nicht herabgesetzt zu fühlen. Wenn Minderwertigkeitsgefühle die Basis sind, kann ich versuchen, über Einheitserfahrungen Urvertrauen zu gewinnen und daraus Selbstvertrauen zu entwickeln.

Urprinzipieller Bezug: Jungfrau-Merkur (Kritik), Neptun (Minderwertigkeitsgefühl).

Lit.: SchwL (zum Thema Urvertrauen); CD »Lebensprinzipien-Set: Jungfrau-Merkur«.

Dünnhäutigkeit

Warum halte ich keine Kritik aus? Ich fühle mich wie am Boden zerstört.

Um meiner Angst, an Kritik zu zerbrechen, auf dem Grund zu gehen, sind folgende Fragen hilfreich:

Was macht mich so zerbrechlich? Wieso ist mein Selbstwertgefühl so unterentwickelt? Ist meine Fassade, die ich ein Leben lang aufgebaut habe, so fragil? Merke ich nicht, wie ich mir damit alle Wachstumschancen nehme?

Schätze ich mich selbst so wenig, dass ich konstruktive Kritik immer gleich persönlich nehmen muss und nicht sehen kann, dass sie sich um die Sache dreht und mich weiterbringen könnte? Fühle ich mich dadurch herabgesetzt?

Habe ich mich auf der Karriereleiter weiter hochgerobbt, als ich glaube, es verdient zu haben? Muss ich ständig Angst haben, wieder zurückgestuft und herabgesetzt zu werden?

Die Aufgabe lautet, Selbstvertrauen zu entwickeln. Auf der tiefsten und nachhaltigsten Ebene geschieht das durch Einheitserfahrungen, die zu Urvertrauen führen, aus dem sich Selbstvertrauen entwickeln kann. In geringerem Maße kann es aber auch dadurch geschehen, dass ich meine Fähigkeiten verbessere und statt Kritik Anerkennung und Lob bekomme.

Urprinzipieller Bezug: Jungfrau-Merkur (Kritik), Pluto (Perfektionismus).

Reinreden

Sie quatscht beim Autofahren ständig dazwischen, was mich wahnsinnig macht.

Auf dem Prüfstand steht mein Verhältnis zu Kritik und insbesondere zu unberechtigter.

Wieso stört mich ihre Einmischung? Ist es die Besserwisserei, die mich so aufregt? Bin ich selbst ein Besserwisser – ein konkreter oder ein heimlicher?

Das Auto wird leicht zum Symbol der Beziehung, und meine Partnerin will hier mitbestimmen, was eigentlich verständlich ist. Vielleicht stört mich deshalb in Wirklichkeit noch etwas ganz anderes.

Wie steht es mit der Machtfrage bei uns? Können wir darüber reden? Hat derjenige, der sich immer einmischen muss, sonst nichts oder zu wenig zu sagen?
Kann ich das Steuer in der Beziehung nicht abgeben – für Momente und bestimmte Zeiten?

Um zu einer Lösung zu gelangen, würde sich konkret anbieten, dass ich die andere Person einfach fahren lasse und mich vornehm zurückhalte, die gewonnene Zeit genieße, mich entspanne, Musik höre oder lese. Wenn sie nicht fahren kann, könnte ich sie einladen, den Führerschein zu machen. Wir könnten uns auch einigen, denjenigen von uns beiden fahren und bestimmen zu lassen, der dem anderen weniger hineinredet. Wenn sie das nicht will, wäre zu entscheiden, ob ich die andere Person – eine Zeit lang – einfach nicht mehr mitnehme, um meine Nerven zu schonen und um ihr eine Bedenkzeit zu geben.

Urprinzipieller Bezug: Zwillinge-Merkur (Kommunikation), Jungfrau-Merkur (Besserwisserei, Nörgelei).

Überheblichkeit

Sie kauft doch nur Fertigprodukte, wie sollen die Kinder denn lernen, sich gesund zu ernähren?

Ich sollte einmal selbstkritisch hinterfragen, ob ich mit akribischer Vollwert- und Biokost nicht etwas kompensiere und deshalb so streng mit anderen bin, die Ungesünderes kaufen (müssen).

Wo biete ich selbst nur minderwertige Massen- und Industrieware an? Ist die Zuwendung und Liebe, die ich meinen Kindern schenke, so echt und vollwertig, wie sie sein könnte?

Außerdem kann ich oft gar nicht wissen, ob den anderen das Bewusstsein oder nur das Geld für hochwertige Nahrung fehlt. Vielleicht kompensiert die von mir kritisierte Mutter die schlechte Ernährung mit sehr viel Liebe, und dann wären ihre Kinder vielleicht viel besser dran als meine.

Wenn ich mir schon um die nächste Generation und die Ernährung der Kinder so viel Sorgen mache, könnte ich auch konkret etwas tun, statt auf Einzelne zu projizieren.

Habe ich je versucht, der anderen Person mehr Bewusstsein für gute Vollwertnahrung zu vermitteln? Bin ich aktiv geworden und habe versucht, auf die Schulkost Einfluss zu nehmen? Oder reicht es für mich, mir auf die eigene Ernährung so viel einzubilden?
Bin ich – wenn schon so wertend und (ver-)urteilend – we-

nigstens auf dem neuesten Stand und erspare meinen Kindern all das Elend, das mit Tierprotein verbunden ist?

Urprinzipieller Bezug: Jungfrau-Merkur (Kritik, Besserwisserei).

Lit.: SP, PF.

Die Dummheit der anderen, Ignoranz

Die meisten Menschen müssen ja scheitern, weil es ihnen in ihrem Alltag nicht gelingt, befriedigende zwischenmenschliche Beziehungen aufzubauen und aufrechtzuhalten. Sie sind zu blöd, um zu begreifen, dass sie nicht das Opfer sind und Schuldprojektion nichts bringt. Ihre Ignoranz regt mich auf. Aber bei mir läuft alles bestens. Nur die anderen müssten mal an sich arbeiten und sollten lieber was an ihrem Leben ändern.

Stets ist es schwer, den Balken im eigenen Auge zu erkennen; dafür beschäftigen wir uns gern mit den Splittern im Auge der anderen. Wann immer ich mich aufrege, muss das mit mir zu tun haben. Ich kann mich nur dort betroffen fühlen, wo ich getroffen bin. Wenn mich die Projektionen anderer in meiner Umgebung stören, kann das nur an meinen eigenen mir unbewussten Projektionen liegen. Die entscheidende Frage muss also lauten:

Wo projiziere ich noch, ohne es zu merken, und projiziere das auch noch auf die anderen?

Hier wird es schwierig, denn ich habe schon einiges verstanden von Projektion und Schuld, aber das Entscheidende steht noch aus, nämlich dass diese Gesetze immer auch für mich gelten. Wenn ich sie in Bezug auf andere schon erkenne, ist das ein guter erster Schritt, aber der zweite, es auf mich zu beziehen, ist für mich und meine Entwicklung noch wesentlich wichtiger. Andernfalls liefere ich das klassische Beispiel für Eigenblindheit und begebe mich auf Stammtischebene, von der aus ständig und zu jedem Thema bierselige, von Eigenblindheit satte Projektionen ausgehen.

In konkreten Fall bin ich aufgerufen, mich zu fragen, wo auch ich scheitere, weil ich keine wirklich befriedigenden Beziehungen zu meinen Mitmenschen aufbauen kann. Daraus folgen die weiteren Fragen:

Was sollte ich an meinem Leben ändern? Wo muss ich an mir arbeiten?

Konkrete Hinweise für die Ausgangspunkte meiner Suche geben mir die Punkte, die mich an den anderen am meisten stören. Wo ich meine, dass andere an sich arbeiten sollten, müsste ich bei mir selbst nachsehen. Die Bereiche, bei denen ich finde, sie müssten etwas an ihrem Leben ändern, sollte ich einer genauen Prüfung unterziehen, um herauszufinden, wo ich an meinem Leben dringend etwas ändern müsste.

Urprinzipieller Bezug: Pluto (Projektion), Sonne (Selbst, Selbstverständnis, Selbstüberhöhung), Waage-Venus (Beziehung), Stier-Venus (das Eigene).

Lit.: SP, L-S-T.

Die lieben Nächsten – Beziehungsstress

● **Freundschaft**

Enttäuschung, abserviert werden

Seit sie diesen Lover hat, findet meine beste Freundin keine Zeit mehr für mich. Ich bin auf dem Abstellgleis gelandet. Auch unsere Clique meidet sie jetzt.

Offenbar bin ich wenig entwicklungsfreundlich und dabei auch noch eifersüchtig. Im Grunde wünsche ich ja, dass meine Freundin immer dieselbe bleiben soll.

Was erlaube ich mir selbst an Veränderung? Bin ich selbst schon auf dem Abstellgleis gelandet? Erlaube ich mir selbst noch Verwandlung, wenn ich ihr schon keine zugestehe?
Gönne ich ihr die Verliebtheit, den Freund überhaupt? Habe ich selbst eine Beziehung? Wann war ich das letzte Mal verliebt?

Ich sollte mich ehrlich fragen, wie ich umgekehrt reagieren würde, wenn bei mir die Schmetterlinge im Bauch toben und meine Freundin meine Zeit in Anspruch nimmt oder viel von meiner Zeit braucht.

Wie sehr habe ich meine Freundin gebraucht und vielleicht auch missbraucht? War unsere Freundschaft Ersatz für eine Liebe, die sie nun auf anderer Ebene gefunden hat?

Die alten Griechen kannten noch drei Formen der Liebe, die erotische zwischen Menschen, Philia, die Freundschaftsliebe, und Agape, die göttliche Liebe. Also könnte unsere Freundschaftsliebe (Philia) gut eine erotische Liebe begleiten und daneben bestehen. Und diese beiden Formen der Liebe könnten uns beide reifer für die Agape, die göttliche Liebe, machen. Das wäre die Aufgabe, die uns beide in dieser Situation fordert. Meine Aufgabe liegt auch darin, meinen Weg zu finden. Dann kann ich andere ihren gehen lassen ohne Kritik und Eifersucht.

Urprinzipieller Bezug: Uranus (Veränderung), Pluto (Eifersucht).

Undankbarkeit ernten

Ich habe ihr gleich gesagt, dass ihr Mann sie betrügt. Doch statt dankbar zu sein, ist sie jetzt beleidigt.

Vielleicht ist es ihr peinlich, dass es alle außer ihr gewusst haben, und ich habe ihr diese Ahnungslosigkeit auch noch demonstriert. Ich sollte dabei meine Motivation hinterfragen.

Mit welcher Intention habe ich es ihr gesagt? Wollte ich ihr helfen oder ihm schaden?
Was wollte ich mit meinen Enthüllungen erreichen, worum ging es mir, und wie spiegelt sich das in ihrer Reaktion wider?
Hatte ich irgendwelche Ambitionen auf ihren Mann, oder wollte ich mich an ihm für irgendetwas rächen?

Meine Aufgabe ist, ihr wirklich eine Freundin zu sein und Wege zu finden, sie jetzt zu trösten und ihr zu helfen, in der Enttäuschung das Ende einer Täuschung und insofern einen Fortschritt zu erkennen.

Urprinzipieller Bezug: Waage-Venus (Liebe), Jungfrau-Merkur (Besserwisserei), Pluto (Übergriff).

Lit.: ME.

Sich bedrängt fühlen, Klette

Sie klebt an mir und kauft sich auch noch die gleichen Klamotten. Das geht mir gewaltig auf die Nerven.

Vielleicht sucht sie nur Orientierung oder Halt an mir, die ihr sonst fehlen, und fühlt sich gut und sicher in denselben Klamotten, in denen wir wie Zwillinge aussehen.

Warum will ich sie nicht so nahe, so ähnlich? Was ist mir zu viel?
Wie sicher bin ich mir meines eigenen Stils? Warum leidet er, wenn er kopiert wird? Möchte ich eine andere Form von Anerkennung? Warum bin ich meiner selbst so wenig sicher, dass mich solche Kopien nicht stolz, sondern böse machen?

Sie kopiert mich, ich bin offensichtlich ihr Star. Es könnte die Frage aufwerfen, ob ich nicht insgeheim entdeckt werden möchte, auf dass mich Tausende kopieren.

Wie fühlte es sich für mich an, wenn ich ein Star wäre? Reicht mir ihre Anhänglichkeit nicht? Möchte ich in Wahrheit mehr Fans?
Ist Kleidung mein einziger Weg, meine Originalität zu zeigen? Und ist meine Art, mich zu kleiden, überhaupt so kreativ, oder trage ich nur die Klamotten von kreativen Designern? Würde ich gern Vorbild sein? Für viele? Oder auf anderen Ebenen?

Meine Aufgabe könnte ich darin entdecken, souveräner zu werden, solche Kopien als kleine Nichtigkeiten am Wegrand zu identifizieren, bis die Kopierer ihren eigenen Stil finden. Und ich darf meinen eigenen Stil weiterentwickeln, bis ich mich so sicher darin fühle, dass mich alle kopieren können und ich und alle anderen erkennen, wer das Original ist.

Urprinzipieller Bezug: Uranus (Anspruch auf Besonderheit), Sonne (Individualität).

Sich entziehen

Facebook ist ihr wichtiger als ein Treffen mit uns.

Dieses Netzwerk bietet ihr sicher mehr und weiter gestreute Aufmerksamkeit. Sie findet etwas auf Facebook, das wir ihr offensichtlich nicht vermitteln können.

Wie wichtig nehme ich mich, nehmen wir uns? Überschätzen wir unsere Wichtigkeit für sie, und warum?

Ist unser Kreis ihr zu eng? Und wie eng ist er? Will sie mehr Außenwirkung und Weite? Will sie aus einer Enge ausbrechen, die unser Kreis symbolisiert?

Und was regt mich daran auf? Möchte ich auch mehr Freunde auf Facebook oder generell mehr Ansprache und Aufmerksamkeit?

Meine Aufgabe liegt darin, meine Rolle für mich zu definieren und sie zu finden und auszufüllen. Dann kann ich anderen mehr Freiheit einräumen, ihre Prioritäten zu setzen und auf ihre Art (un-)glücklich zu werden.

Urprinzipieller Bezug: Zwillinge-Merkur (Kommunikation).

Ablenkung durch Mobiltelefon

Selbst wenn wir ausgehen, hängt sie an ihrem Handy. Ich checke dann auch mein Smartphone, und das gibt dann aber Ärger mit den anderen Freunden.

Zur Debatte steht, welche Freunde uns wichtiger sind – die nahen oder die fernen, die neben uns sitzen oder die uns von weither anrufen – und mit wem wir kommunizieren wollen – mit denen wir zusammensitzen oder mit denen, die nicht da sind. Wenn wir uns für letztere entscheiden, sollten wir fairerweise mit niemandem mehr ausgehen, denn sonst wird es natürlich zu einem Affront gegen alle Anwesenden. Offenbar fehlt unseren persönlichen Kontakten etwas, so dass sie weniger befriedigen als die IT-Kommunikation mit denen, die gar nicht da sind.

Sind wir als Freunde noch aneinander interessiert? Und interessiert uns der Freundeskreis noch? Oder suchen wir beide längst etwas anderes auf Beziehungsebene? Wollen wir mehr Kontakt, mehr Außenwirkung, mehr Ansprache und Aufmerksamkeit?

Ich sollte hinterfragen, was uns so viel wert ist, dass wir uns alle Gespräche, Kommunikation und Beschäftigungen von außen (zer-)stören lassen.

Macht uns das Handy wichtig, gibt es uns eine Bedeutung, die wir uns selbst nicht geben? Verschafft es uns die Illusion, von anderen wichtig und ernst genommen zu werden?

Die Aufgabe liegt darin, herauszufinden, was uns wirklich wichtig ist und eine Hierarchie zu bestimmen, die wir einhalten: wir beide, die Freunde, die IT-Kontakte ...

Urprinzipieller Bezug: Zwillinge-Merkur (Kommunikation), Uranus (virtuelle Kommunikation, Freundschaften).

Reue über Geplapper

Ich bereue, was ich den Freunden im angeheiterten Zustand aus meiner Vergangenheit gestanden habe.

Ich stehe also nicht zu meiner Vergangenheit und scheine meinen Freunden nicht zu trauen. Vielleicht sind es überhaupt keine richtigen Freunde, und ich habe Angst, dass sie mich in die Pfanne hauen.

Was ist an meiner Vergangenheit und ihren Schatten, wozu ich nicht stehen kann? Wie kann ich es auch im nüchternen Zustand lernen, mich dazu zu bekennen?
Eine andere Vergangenheit kann ich nicht bekommen, suche ich eigentlich andere Freunde oder nur mehr Mut, immer zu mir zu stehen?

Eine Lösung könnte darin bestehen, mir das Motto »Ist der Ruf erst ruiniert, lebt es sich ganz ungeniert« zu eigen zu machen. Es bietet sich an, diese Freiheit zu genießen und zu meiner Vergangenheit uneingeschränkt ja zu sagen. Schließlich haben selbst Heilige eine Vergangenheit und dementsprechend Sünder eine Zukunft.

Urprinzipieller Bezug: Uranus (das Un- und Außergewöhnliche), Neptun (Angst, sich zu zeigen; getarnt bleiben).

Geheimnisse

Man hat mir ein Geheimnis anvertraut; es belastet mich, dass ich mit niemandem darüber sprechen kann. Ich fühle mich nun als Komplize.

Ich sollte noch einmal die Ausgangssituation näher betrachten und mich fragen, inwieweit ich durch das Gespräch Komplize bin.

Warum habe ich mich darauf eingelassen? War es Neugier? Wollte ich helfen?

Kann und will ich diesen Druck an den Absender zurückgeben und auf ihn einwirken, es generell zu lüften, um mich zu entlasten? Soll ich ihm mitteilen, wie sehr er mich damit belastet, und ihn fragen, was ich mit der Last tun soll?

Kann ich mir vorstellen, das Geheimnis und ihn zu verraten? Wie würde ich mich als Verräter(in) fühlen?

Fühle ich durch dieses Geheimnis Verantwortung? Und welche Antworten kommen mir dazu in den Sinn?

Aufgabe ist, mit mir und mit dem Übermittler des Geheimnisses wieder ins Reine zu kommen, etwa indem ich auf ihn einwirke, das Geheimnis auch anderen gegenüber zu lüften, sich davon zu befreien und mich mit ihm. Wenn ich es nicht mehr mit (er-)tragen kann, muss ich ihn rechtzeitig warnen. Es war immerhin seine Verantwortung, mich mit hineinzuziehen; der muss er sich nun stellen. Oder kann ich lernen, mich mit dem Thema des Geheimnisses auszusöhnen, so dass ich es gut mittragen kann.

Urprinzipieller Bezug: Neptun (Geheimnis), Saturn (Verantwortung, Abgrenzung).

Negatives Denken

Meine beste Freundin raubt mir den letzten Nerv. Ständig sucht sie nach dem Haar in der Suppe. Ich glaube, sie ist süchtig nach Problemen.

Die wichtigste Frage ist die nach der Resonanz, die uns verbindet und uns zu besten Freundinnen macht.

Warum ist sie meine beste Freundin? Was macht sie dazu? Hat sie denn früher keine Probleme gewälzt? Was stört mich jetzt daran?

Was lebt sie, was ich leben würde, wenn ich sie nicht hätte (als beste Freundin)? Bekämpfe ich an ihr etwas, das sie für uns beide tut? Wie steht es mit meinem Perfektionismus? Und mit meiner Kritiksucht?

Welches Große und Ganze verlieren wir beide, meine Freundin und ich, aus den Augen?

Meine Möglichkeiten sind, sie als beste Freundin anzunehmen oder zu entlassen. Im ersteren Fall muss ich mich mit ihr und ihren Eigenarten aussöhnen, beziehungsweise was mich an ihr stört, bei mir finden, bewusstmachen und lernen zu akzeptieren oder zu ändern. Wenn ich sie lieber aus der Rolle der besten Freundin entlasse, kann ich mir gleich eingestehen, dass sie mir tiefen Schatten spiegelt.

Urprinzipieller Bezug: Jungfrau-Merkur (Kritiksucht, Nörgelei), Pluto (Projektion).

Lit.: SP.

Kommunikationsproblem

Mein bester Freund spricht immer noch nicht mit mir. Wir sind zusammen aufgewachsen, aber jetzt habe ich andere Interessen und kann auch das gemeinsam angedachte Projekt nicht weiterverfolgen. Warum nimmt er alles bloß so persönlich? Ich möchte aber, dass wir Freunde bleiben.

Ich sollte mich fragen, ob der Freund nicht gerade den Teil von mir widerspiegelt, der sich auch nicht entwickeln und verändern will.

Fühlt er sich von mir im Stich gelassen? Habe ich ihn bei diesem Projekt im Stich gelassen?

Wie viel ist mir Freundschaft und im Speziellen meine Freundschaft zu ihm wert? Wie verlässlich halte ich mich an Abmachungen?

Schulde ich ihm noch etwas, das ich als Schuld empfinde? War beim gemeinsamen Projekt ein Versprechen mit im Spiel? War es für ihn ernst und für mich eher ein Versprecher?

Meine Aufgabe liegt sowohl darin, mir selbst treu zu bleiben, als auch ihm und der Freundschaft die Treue zu halten.

Habe ich Zweifel an dem Projekt bekommen, die mich Abstand nehmen lassen und die ich ihm nicht zumuten will?

Vielleicht kann ich ihm meinen Anteil an dem Projekt in einem bewussten Akt übergeben oder einen Ersatz für mich besorgen. Ich sollte lernen, meinen Standpunkt ehrlich zu übermitteln.

Urprinzipieller Bezug: Uranus (plötzliche Veränderung, Freundschaft), Saturn (Treue, Ablehnung).

Verrat, Rivalität, Hinterhältigkeit

Meine beste Freundin hat mich verraten. Sie hat hinter meinem Rücken mit einem Bekannten ein Verhältnis begonnen und ihm persönliche Dinge über mich erzählt, die nun im Freundeskreis kursieren. Ich schäme mich und fühle mich ausgeliefert. Sie hat das alles nur getan, um selbst gut dazustehen. Ich dachte nicht, dass sie in Wahrheit meine Rivalin ist.

Wenn es um Männer geht, sind Frauen oft Rivalinnen und begehen aneinander auch manchmal Verrat.

Wo finde ich auch bei mir mangelnde Solidarität? Was würde ich tun, wenn ich mich in den Partner meiner Freundin verliebt hätte?

Diese Enttäuschung hat eine Täuschung beendet, und darüber könnte ich auch froh sein. Sie war nie eine wirkliche Freundin, sondern hat nur so getan. Da ich mich so getroffen fühle, könnte ich mich ehrlich fragen, ob ich so etwas auch schon einmal getan habe, etwas vorgetäuscht habe. Oder habe ich auch schon eine(n) Freund(in) für eine gute Gelegenheit verraten?

Wie steht es um meine Rivalität? Wo bin ich selbst hinterhältig?

Ich sollte mir bewusstmachen, was das für Dinge sind, die jetzt über mich kursieren. Offenbar ist es Zeit für mich, zu ihnen ganz offen zu stehen.

Wie wäre es, ganz ungeniert zu bleiben und sich nicht mehr um Lästermäuler zu kümmern?
Was hindert mich, diese Freundin und diesen Kreis zu verlas-

sen, sie hinter mir zu lassen, wenn ich sie als so hinterhältig empfinde? Was würde ich mitnehmen von der Thematik? Was macht es mit mir, wenn meine beste Freundin plötzlich zur Verräterin und Rivalin und damit zur Feindin wird? Wäre es nicht eine gute Gelegenheit, die christliche Aufforderung aufzunehmen und diese Feindin schon einmal lieben zu lernen?

Eine meiner Aufgaben ist, den Blickwinkel zu ändern und zu dem stehen zu lernen, was nun sowieso über mich verbreitet wird. Eine andere Aufgabe könnte sein, mich neu zu orientieren, mir neue Freunde und ein neues Feld und damit auch neue Chancen und Herausforderungen zu suchen. Aber wichtig ist, davor noch zu lernen, was mich die alte Situation in Bezug auf mich selbst lehren wollte.

Urprinzipieller Bezug: Uranus (Veränderung), Pluto (Hinterhalt, Rivalität).

Lit.: SP.

Gute Ratschläge

Meine Freundin wird von ihrem Mann geschlagen. Trotzdem verlässt sie ihn nicht. Ich leide darunter, dass sie nicht auf mich hört, ja sogar ärgerlich wird, wenn ich sie dränge, etwas zu unternehmen und sich scheiden zu lassen.

Hier geht es um eine Reihe von Übergriffen. Die Gewalt des Mannes gegen die Freundin ist ein solcher Übergriff, aber auch mein Bestehen auf Scheidung, was die Freundin mit Recht ärgerlich macht, zählt dazu.

Was tut sie – wohl unbewusst und immer wieder –, um diese Gewalt gegen sich zu provozieren?

In welcher Weise hatte oder habe ich unter Übergriffen zu leiden, dass mich das Thema und seine Energie jetzt so herausfordern und fertigmachen? Soll die Freundin etwas für mich erlösen, das ich selbst nicht geschafft habe, oder warum ärgert mich ihr Verhalten so?

Neige ich auch sonst zu solchen Einmischungen?

Meine Aufgabe ist, zwischen meinen Sorgen und denen meiner Freundin trennen zu lernen, um ihr zu erlauben, ihre eigenen Erfahrungen zu machen so wie ich meine. Als Freundin könnte ich lernen, ihr Stütze zu sein, was immer sie entscheidet und sich gefallen lässt, gleichgültig ob es mir gefällt. Vielleicht habe auch ich mir zu viel gefallen lassen, was ich ihr nun ersparen will. Das könnte ich – ehrlich – kommunizieren.

Urprinzipieller Bezug: Waaage-Venus (Beziehung), Pluto (Übergriff, Gewalt).

Urteilen, Ungeduld

In meinem Freundeskreis beobachte ich, dass eine nicht angenehme Realität einfach verdrängt wird. Man redet sich vieles schön. Früher habe ich angefangen, dieses Verhalten in Frage zu stellen. Jetzt fehlt mir für solche Diskussionen die Geduld.

Es ist immerhin mein Freundeskreis und insofern mein Spiegel, deshalb muss auch ich mich fragen, wo und wann ich mir die Dinge schönrede. Vielleicht habe ich auch bei mir aufgegeben, manches richtigzustellen, was es verdient hätte.

Warum habe ich resigniert? Ist es wirklich nur fehlende Geduld?
Ich habe meine Freunde aufgegeben; habe ich auch in anderer Hinsicht aufgegeben – sogar was mich angeht? Habe ich selbst mich in mancher Hinsicht aufgegeben – und wem oder was zuliebe?

Aufgabe ist, meine unangenehmen Realitäten anzusehen und daraus zu lernen. Freunden gegenüber habe ich ebenfalls die Verpflichtung, ihnen meine Wahrnehmungen von ihnen ehrlich zu kommunizieren. Oder will ich längerfristig die Freundschaft meiner Ungeduld opfern?

Urprinzipieller Bezug: Uranus (Freunde), Waage-Venus (Schönreden), Mars (Ungeduld).

● Liebespartnerschaft

AUF DER SUCHE

Sich nicht einlassen können

Warum habe ich solche Schwierigkeiten, mich auf jemanden einzulassen?

Diese Klage spricht im Grunde von Misstrauen, zu viel Vorsicht und dem Versuch, Schmerz zu vermeiden, quasi Rosen ohne Dornen zu wollen.

Kann ich mich überhaupt auf mich selbst einlassen, zu mir stehen? Kenne ich mich überhaupt schon ausreichend, um mich auf jemand Fremden einzulassen? Wie fremd bin ich mir selbst noch?

Wenn ich mich selbst nicht habe, ist es schwierig, mich jemandem zu übergeben, beziehungsweise wenn ich mir selbst gegenüber nicht offen bin, kann ich mich kaum einem anderen öffnen.

Will ich mich überhaupt wirklich hingeben? Habe ich mich schon einmal Hals über Kopf verliebt?
Wie wichtig sind mir meine Grenzen? Kann ich riskieren, sie jemandem zu öffnen, ohne mich zu verlieren?

Im antiken Apollon-Tempel von Delphi war über dem Eingang zu lesen: »Erkenne dich selbst«, und innen soll gestanden haben: »damit du Gott erkennst«. Der Weg zur höchsten Form der Liebe, der zu Gott, die die Griechen Agape nannten, beginnt mit der Liebe zu mir selbst. Auch den Nächsten kann ich nie mehr lieben als mich selbst. Genau das sagt Christus mit »Liebe deinen Nächsten wie dich selbst«. Wer sich selbst nicht lieben kann, wird folglich andere ebenfalls nicht lieben können.

Wo befinde ich mich auf diesem Weg der Liebe? Habe ich noch solche Probleme mit mir selbst, dass ich mit einem Gegenüber noch gar nicht zurechtkommen kann?

Wenn ich mich für mich selbst und meine Themen nicht begeistern kann und nicht dafür brenne, wie kann sich mein Herz für jemand Fremden begeistern? Und selbst wenn ich für eine andere Person entflamme, wie könnte ich mich auf den anderen einlassen, wenn ich mich selbst noch nicht gefunden habe?

Ich stehe also vor der Aufgabe, zuerst mit mir selbst eins zu werden, mich dem Leben hinzugeben, um mich dann einem anderen Menschen zu schenken. Aber verschenken kann ich natürlich nur das, was ich habe. Ich werde lernen müssen, mich auf mich selbst und das Leben einzulassen, um überhaupt jemanden zu mir einzulassen und mit ihm eins werden zu wollen.

Urprinzipieller Bezug: Waage-Venus (Liebe, Hingabe), Uranus (Distanz), Saturn (Hindernis).

Lit.: ME; CD »Selbstliebe«, CD »Lebensprinzipien-Set: Venus, Uranus, Saturn«.

Falsche Partnerwahl, Bindungsunfähigkeit

Wieso falle ich immer auf dieselben Männer rein? Klar, ich habe ein spezielles »Beuteschema«, mindestens eins achtzig, athletisch, dunkle Haare. Ich verstehe nur nicht, warum der Typ Mann, den ich attraktiv finde, sich über kurz oder lang als bindungsunfähig erweist und mit Familie und Kindern nichts am Hut hat.

Von dem Typ, auf den ich stehe und immer wieder »hereinfalle«, könnte ich sicher eine Menge lernen.

Was sollen mir diese Männer widerspiegeln? Was soll und will ich – unbewusst – an ihnen lernen?
Oder verstelle ich mir mit meinem Beuteschema den Blick für einen Mann, der mich meint?

Wenn es nie klappt, muss etwas in mir, in meiner Seele, es nicht wirklich wollen.

Will ich wirklich eine Liebesbeziehung? Wie groß ist in Wahrheit mein Freiheitsbedürfnis im Verhältnis zu meiner Liebe? Was würde geschehen, wenn ich den Status quo akzeptiere und mit diesen Prinzen, auf die ich stehe und für die ich schwärme, Erotik lebe und das Thema Familie sein lasse? Welcher Teil in mir will gar keine Familie? Könnte ich wirklich für Kinder da sein und meinen Lebensradius auf Herd und Haus beschränken? Oder will ich alles auf einmal? Gibt es eine Instanz in mir, die mich davor bewahren will?

Meine Aufgabe liegt darin, zu erkennen, was ich ehrlichen Herzens vorrangig will, und zu klären, ob ich für die große Liebe und eine Familiengründung bereit wäre, bei meinem Beuteschema Kompromisse zu machen.

Urprinzipieller Bezug: Waage-Venus (Liebe), Pluto (fixe Vorstellung), Uranus (Freiheit, keine Bindung).

Lit.: ME; CD »Partnerbeziehungen«.

Keinen Partner finden

Warum finde ich einfach nicht den richtigen Mann?

Da mich nur stören kann, was mit mir zu tun hat, könnte ich schauen, an welche eigenen Fehler mich die Fehler der falschen Männer erinnern und ob ich – in meinen Augen – die richtige Frau bin, diejenige, die ich wirklich sein möchte.

Was fehlt mir, das ich stattdessen im Außen suche? Was muss ein Mann schon deswegen mitbringen, weil es mir fehlt?

Grundsätzlich muss ich mich auch fragen, wie offen ich bin und wie hoch meine Messlatte liegt. Wenn ich es nicht unter einem reichen Senkrechtstarter mit Filmstarqualitäten tue, wird es natürlich sehr schwierig. In meiner Selbstprüfung kann ich noch ein paar Schritte weitergehen:

Will ich mir überhaupt eine feste Beziehung zumuten oder lieber weiter klagen?

Finde ich das Angebot so schlecht, weil ich mich selbst so überhöhe oder die in Frage kommenden Männer so erniedrige?

Es gilt, meinen hohen Anspruch zu überprüfen. Wenn Selbstüberschätzung und Unterschätzung anderer in die von mir beklagte Sackgasse geführt haben, ist Demut und Zurechtrücken der Selbsteinschätzung angesagt.

Andererseits könnte es auch daran liegen, dass ich mich selbst so heruntermache, dass mich keiner mögen kann.

Welche Hindernisse baue ich ein, so dass ich keinen Partner finde? Wie verhindere ich Resonanz?

Falls ich an mir kein gutes Haar lasse, wird auch sonst niemand eines an mir finden. Die Lösung liegt dann darin, Selbstliebe und Akzeptanz zu lernen und Resonanz zuzulassen. Dann werden mich auch Männer lieben, die mich annehmen können. Sie werden zu mir passen, selbst wenn sie mir nicht immer passen werden. Mit der Zeit und oft erst im Rückblick lässt sich erkennen, wie sehr sie doch gepasst haben. Außerdem ist die Wahrscheinlichkeit, dass es auf der Welt bei einem Angebot von gut drei Milliarden Männern gar keinen passenden geben sollte, doch sehr gering.

Urprinzipieller Bezug: Waage-Venus (Liebe, Partnerschaft), Jupiter (hoher Anspruch), Saturn (Hindernis).

Lit.: ME; CD »Selbstliebe«.

Nicht wissen, woran man ist

Ich weiß nie, ob sie es ernst meint. Ich durchschaue sie nicht und werde ganz unsicher, wie es weitergehen soll.

Meine ehrliche Antwort auf die Frage, ob ich bisher öfter verlassen worden bin oder ich eher zum Verlassen neige, könnte mir weiterhelfen.

Wie ernst meine ich es? Durchschaue ich mich wirklich? Und schaue ich bei mir genau hin? Ist es nicht meine eigene Unsicherheit, die ich bei dieser Gelegenheit auf sie projiziere?

Eigentlich sollte mich nichts hindern, mit ihr darüber zu sprechen und meine Unsicherheit und Angst offen und ehrlich zu formulieren. Wenn sie es tatsächlich nicht so ernst meint wie ich, wäre es besser, es aus ihrem Mund zu hören und dann wirklich zu wissen. Dann könnte ich entscheiden, ob ich trotzdem mit ihr zusammenbleiben will. Vielleicht habe ich auch Lust, sie auf ganz lockere Weise von mir und uns zu überzeugen. Das könnte eine wundervolle Erfahrung werden.

Und was ist schon sicher auf Beziehungsebene? Die Institution der Ehe macht jedenfalls keine Liebesbeziehung sicherer, und sie bringt nur die Gefahr ins Spiel des Lebens, auch dann zu bleiben, wenn die Liebe schon erloschen ist. Welche Sicherheit kann ich also meinen, außer dem sicheren Gefühl im Herzen, das sich ständig ändern kann. Schon der Vorsokratiker Heraklit wusste: »*Panta rhei*« – »Alles fließt«. Meine Aufgabe liegt darin, mir und meiner selbst sicher zu werden und mit ihr zu sprechen.

Urprinzipieller Bezug: Waage-Venus (Liebe), Uranus (Distanz), Neptun (Auflösung, Scheinnähe).

Lit.: ME.

Flatterhaftigkeit

Ist schon komisch, ich muss mich immer wieder neu verlieben. Ich liebe dieses Prickeln und die entsprechende Erotik.

Wenn das so ist, könnte ich als Single leben mit immer wieder wechselnden Kurzbeziehungen, heute One-Night-Stands genannt. Doch offenbar fehlt mir dabei etwas – wohl besonders wenn ich an die Lebensmitte oder gar das Alter denke.

Habe ich Angst vor dem Schritt vom Verliebtsein in die Liebe? Angst auch vor Bindung und Verbindlichkeit?

Fehlt das Prickelnde generell in meinem Leben? Finde ich keine Möglichkeit, in meinen Beziehungen die prickelnde Erotik am Leben zu erhalten? Möchte ich es lernen?

Empfinde ich mich als zu wenig anmachenden, prickelnden Typ, um einem Partner auf Dauer zu genügen, und gehe lieber, bevor er es merkt, nach dem Motto »Bevor mir jemand wehtut, mache ich das lieber«?

Die Aufgabe ist, herauszufinden, warum ich mit meiner Situation letztlich nicht glücklich bin, und was mein Glück verhindert. Die Frage wäre dann, ob ich das überhaupt ändern will.

Urprinzipieller Bezug: Waage-Venus (Verlieben), Uranus (das Neue, Überraschende).

Lit.: ME.

Nähe-Distanz-Problem

Wir treffen uns zum Sex, könnten aber nie zusammenleben.

Wenn dieses Arrangement funktioniert, das heißt, Ansprüche und Wünsche von keinem von uns auf der Strecke bleiben, gibt es kein Problem. Aber die Tatsache, dass es thematisiert wird, lässt vermuten, dass etwas fehlt. Sex ist die körperliche Ebene der Liebe; zur Debatte steht die seelische und geistige Ebene, die uns entweder unwichtig ist, oder wir trauen sie uns nicht zu.

Was (ver-)hindert ein Zusammenleben? Wurde es je versucht, oder woher wissen wir, dass es nicht ginge? Was glauben wir, nicht integrieren zu können? Wo passen wir nicht, und ist das unabänderlich?

Urprinzipieller Bezug: Waage-Venus (Liebe), Uranus (Angst vor Verbindlichkeit).

Lit.: ME.

NICHT IM EINKLANG SEIN, ENTTÄUSCHUNG, LIEBESKUMMER

Eigenständigkeit in der Ehe

Ich würde gern auch mal wieder etwas allein unternehmen, allein wegfahren.

Khalil Gibran hat dazu in seinem Buch *Der Prophet* einen wundervollen Rat: »... ihr werdet auf immer zusammen sein ... Aber lasst Raum zwischen euch ...«

Fühle ich mich vereinnahmt von meinem Partner? Überfordert er mich zeitlich und darüber hinaus?

Wovon bin ich so satt von ihm? Oder habe ich ihn sogar schon satt?

Hat er mich anfangs auf seine wundervolle Art gefesselt, und fesselt er mich jetzt, wie ich es nicht mag? Würde ich lieber mal richtig konkret gefesselt werden als durch Überwachung und Kontrolle?

Kann er mit sich selbst nicht genug anfangen, braucht mich immerzu?

Könnte ich selbstgenügsam leben, ganz für mich?

Ich stehe vor der Aufgabe, ihm mein Bedürfnis nach mir zu erklären, ohne ihn zu verletzen. Dazu könnte ich vorschlagen, dass wir beide uns entsprechende Passagen von Khalil Gibrans Buch gegenseitig vorlesen. Es könnte eine Diskussionsgrundlage sein, um unsere vielleicht unterschiedlichen Bedürfnisse einander näherzubringen – eben wie die Saiten des Musikinstrumentes, die jeweils ihren Ton hervorbringen und dabei für sich und getrennt sind, aber doch wundervoll zusammenklingen. Ein weiterer Vorschlag könnte ein Frauen- und natürlich auch Männerurlaub sein.

Urprinzipieller Bezug: Sonne (Individualität), Uranus (Freiheit).

Lit.: ME, Khalil Gibran, *Der Prophet;* CD »Lebensprinzipien-Set: Sonne, Uranus«.

Sprachlosigkeit in der Beziehung

Er spricht nie über Gefühle. Ich weiß manchmal gar nicht, was in ihm vorgeht. Er schottet sich ab.

Männer haben es meist einfach nicht gelernt, Gefühle auszudrücken. Es zu lernen ist ein Prozess, bei dem er Hilfe benötigt.

Was geschieht, wenn ich ihm von meinen Gefühlen erzähle und meine Bedürfnisse in dieser Hinsicht offenlege?
Weiß ich, was in mir vorgeht, kenne ich meine Seele? Wie sehr schotte ich mich gegenüber meinem männlichen Seelenanteil, meinem Animus ab?

Ich könnte mir vornehmen, ihn so zu akzeptieren, wie er jetzt ist, wie ich ihn gewählt habe. Gut wäre, mich meiner Entwicklung zu widmen und ihn daran teilhaben zu lassen – und im Übrigen dem Resonanzgesetz zu vertrauen.

Urprinzipieller Bezug: Mond (Anima), Saturn (Abschottung).

Lit.: ME; CD »Partnerbeziehungen«.

Aufdringlichkeit

Sie will ständig wissen, woran ich gerade denke. Sie hält es auch nicht aus, mal nur still dazusitzen, nur zu lesen oder fernzusehen. Immer mischt sie sich ein, kommentiert alles und zwingt mir Gespräche auf. Ich soll auch immer erzählen, was am Tag im Geschäft los war. Das macht mich verrückt!

Möglicherweise hat sie zu wenig eigenes Leben, so dass sie sich in meines drängt. Wenn ich sie aber bewusst aus meinem Leben heraushalte, sollte ich mich fragen, warum ich das tue.

*Erlebe ich überhaupt noch Erzählenswertes, oder warum
will ich sie nicht teilhaben lassen? Gebe ich ihr genug Rück-
halt und Freiheit für ein eigenes Leben? Hat sie genug Beziehungen außerhalb unserer? Und wie steht es da um mich?
Was verbindet uns noch miteinander? Wie war es in unserer
Anfangszeit, bin ich ihr da noch nachgelaufen, was wir beide
mochten? Und jetzt? Läuft sie mir nach, was wir beide nicht
mögen?*

Urprinzipieller Bezug: Zwillinge-Merkur (Kommunikation), Saturn (Hemmung).

Lit.: ME.

Sich unverstanden fühlen

Im Grunde fühle ich mich von ihm nicht verstanden.

Fast alle Frauen haben den Traum, von ihrem Partner in ihrem
tiefsten Wesen erkannt zu werden, so wie Abraham Sarah erkannte und als Ergebnis Isaak herauskam. Diese Intimität ist
nicht nur auf die Zeugung von Nachwuchs zu beziehen, sondern meint, dass die beiden in ihrer Vereinigung eins wurden.

Die Sehnsucht nach letzter und tiefster Verschmelzung ist
uralt, doch moderne Männer werden dem kaum noch gerecht.
Sie können in emanzipierten Zeiten Frauen, die – zumindest
unbewusst – davon träumen, den sogenannten Venus-Gürtel
abgenommen zu bekommen, immer schlechter *Herr werden*.
Das ist ein alter, heute politisch unkorrekter Ausdruck und ein
altes Thema, das schon den germanischen Mythos durchzieht.
Als Königin von Island will sich Brunhilde nur einem stärkeren
Mann im (Geschlechter-)Kampf (er-)geben. Siegfried schafft

es, ihr den magischen Gürtel abzunehmen, aber Gunther, ihrem königlichen Ehemann, fehlen diese Kraft und Überlegenheit, was schon bei den Nibelungen zu einem bösen Ende führt.

Die Aufgabe ist, miteinander zu reden und Bedürfnisse auszudrücken und verständlich zu machen. Doch ist zu bedenken, dass die meisten Männer das Problem gar nicht erkennen. Das heißt, sie sind taub dafür, und daraus entsteht eine wirklich absurde Situation (lat. *absurdus* = taub): Sie können sich nicht bemühen, wenn sie nicht wissen, worum. Auf den Ebenen der Fantasie und des Rituals bieten sich aber auch in dieser Situation Auswege.

Urprinzipieller Bezug: Waage-Venus (Liebe), Neptun (Sehnsucht nach Verständnis).

Lit.: ME; CD »Partnerbeziehungen«.

Reinreden, Einmischung

Ich rede ihm bei allem hinein, was mir hinterher wieder leidtut.

Wenn ich mich bei allem einmischen muss, mische ich meist im übertragenen Sinn zu wenig mit.

Habe ich sonst – in Beziehung, Firma oder Leben – so wenig oder für meine Ansprüche zu wenig zu sagen?
Bin ich hinter meinen eigenen Erwartungen zurückgeblieben?

Da ich ihm so viel reinrede, brauche ich möglichweise auf anderer Ebene mehr Mitspracherecht(e).

Wie steht es um die Mitbestimmung in meinem Leben? Bin ich »mein eigener Herr« oder ständig fremdbestimmt – in Arbeit, Beziehung, Leben?

Auch Besserwisserei könnte mich zwingen, überall reinzureden. Vielleicht glaube ich ja, einen Wissensvorsprung zu haben und kann mich nicht durchsetzen – weder ihm noch anderen gegenüber.

Benutze ich unsere Beziehung nur als Übungsraum, um endlich in mein Leben einzusteigen und mitzubestimmen, wo es langgehen soll? Wie realistisch ist das?

Grundsätzlich sollte ich ehrlich prüfen, ob ich bereits über viel Wissen verfüge und es wirklich besser weiß. Vielleicht will ich ja nur gern mehr wissen. Dann sollte ich eine Bildungsoffensive in meinem Leben eröffnen und mir zutrauen, nochmals ins Schüler-Bewusstsein zu wechseln und wirklich etwas zu lernen, auf das ich stolz sein darf und von dem ich gern erzählen würde.

Urprinzipieller Bezug: Zwillinge-Merkur (Kommunikation), Jungfrau-Merkur (Besserwisserei, Nörgelei).

Eifersucht, Kontrolle

Sie vertraut mir einfach nicht. Wenn ich sage, dass ich mit Freunden ein Bier trinken gehe, passt ihr das nicht. Sie glaubt wohl, dass ich dann andere Frauen treffe. Sie ist sogar eifersüchtig, wenn ich nur mal mit anderen lache und Spaß habe. Sie will mich kontrollieren, und das finde ich lästig und auch peinlich.

Mein Thema ist vor allem die Eifersucht, mit der ich mich nun aus verschiedenen Blickwinkeln auseinandersetzen kann.

Treffe ich – in Gedanken – andere Frauen? An wen denke ich, wenn wir miteinander schlafen? An wen wird sie wohl denken?
Worüber sprechen wir Männer, wenn wir zusammen ein Bier trinken? Gebe ich ihr auf irgendeiner Ebene Grund für Eifersucht?
In welcher Weise oder bei welcher Gelegenheit bin ich selbst eifersüchtig? Wie frei kann ich sie lassen?

Vielleicht ist es für mich auch Zeit, einmal Bilanz zu ziehen.

Können wir noch Spaß miteinander haben und lachen, oder wo ist das auf der Strecke unseres Lebens geblieben? Wie könnten wir wieder Freude und Spaß aneinander finden?
Wie peinlich und lästig ist mir unsere Beziehung geworden? Was habe ich dazu beigetragen? Möchte ich mich und unsere Beziehung ändern? Ist es mir das (noch) wert?

Ich kann mich dazu herausgefordert fühlen, radikale Wandlungen ins Auge zu fassen, die uns noch helfen, wieder Kontakt zu uns und unserer Liebe zu finden. Oder ich könnte die Situation einfach akzeptieren und mich ganz ihr und unserer Beziehung widmen. Die Aufgabe wäre dann, herauszufinden, was mir fehlen würde, und wie wir es integrieren könnten.

Urprinzipieller Bezug: Waage-Venus (Beziehung, Liebe), Pluto (Eifersucht, Misstrauen, Kontrolle, besitzen wollen).

Lit.: SP, ME; CD »Partnerbeziehungen«.

Misstrauen

Ich habe heimlich seine SMS gelesen und glaube, er flirtet mit seiner Kollegin!

Das ist ein Vertrauensbruch, der unweigerlich Auswirkungen auf mich und meine Beziehung hat.

Was macht meine Eifersucht mit mir? Was mit unserer Beziehung? Wie tief könnte meine Eifersucht mich noch sinken lassen, wenn sie so weitergeht? Was könnte ich außer dem Postgeheimnis noch brechen? Was anrichten?
Würde ich umgekehrt nach solch einem Vertrauensbruch wie der SMS-Spionage noch bei ihm sein wollen oder können?

Ich sollte mir klarmachen, dass ein etwaiger Flirt mit seiner Kollegin das kleinere Problem ist. Ich aber leide an einer massiven seelischen Störung, die ihn – untherapiert – auf jeden Fall von mir wegtreiben wird. Kein Partner hält Eifersucht auf Dauer aus. Manche ergeben sich zwar dieser neurotischen Störung des Partners, aber auch das beendet jede lebendige Beziehung. Eifersucht verhindert mit Sicherheit eine entwicklungsfördernde Partnerschaft. Also muss ich daran arbeiten, wenn mir unsere Beziehung und mein eigenes Leben etwas wert sind.

Urprinzipieller Bezug: Waage-Venus (Liebe), Pluto (Eifersucht).

Lit.: ME; CD »Partnerbeziehungen«.

Lügen

Lügen, Lügen, Lügen – was kann ich ihm eigentlich noch glauben?

Blicken wir einmal der Wahrheit über die Lüge ins Auge: Lügenforscher Klaus Fiedler, Professor für experimentelle Sozialpsychologie an der Universität Heidelberg, fand heraus, dass mehr als die Hälfte dessen, was wir äußern, unwahr ist und dass wir uns genauso oft selbst belügen. Er belegte, dass die Wahrheit in der Kommunikation eher die Ausnahme ist. Nur knapp vierzig Prozent all unserer Alltagsäußerungen seien wahr. Diese Wahrheit über die Lüge hat sich nur deshalb nicht herumgesprochen, weil wir sie schlicht nicht wahrhaben wollen.

Fiedler unterscheidet zwischen kriminellen und sogenannten prosozial gemeinten Lügen, die wiederum über die Hälfte der Lügen ausmachen, also etwa wenn jemand lügt, um seinen Partner zu schonen. Dabei weiche man häufig von der Wahrheit ab, ohne es zu merken, beispielsweise aus Höflichkeit, Bescheidenheit, Angst oder aber zur Selbstdarstellung. Man denke nur an die Alltagsfloskel »Danke, gut« auf die Frage nach dem Befinden. Fiedler empfiehlt, die Wahrheitsüberwachung ständig an sich selbst zu üben und so zu lernen, die verschiedenen Facetten der Wahrheitsabweichung zu unterscheiden. So kämen viele von ihrem völlig unrealistischen, pharisäerhaften Wahrheitsbegriff los. Die österreichische Dichterin Ingeborg Bachmann meinte dagegen, die Wahrheit müsse immer zumutbar sein.

Die Wahrheit über die Unwahrheit ist also für sich allein schon eine Zumutung, die wir gar nicht wahrhaben wollen.

Wie steht es vor diesem Hintergrund mit mir selbst und der Wahrheit, mit meiner Beziehungswahrheit? Wie viel könnte ich vertragen? Wie viel kann und will ich mir zumuten?

Warum kann mein Partner mir nicht die Wahrheit sagen? Warum glaubt er, dass ich sie nicht vertrage? Könnte und kann ich ihm meine Wahrheit zumuten?

Wieso schätzt er unsere Beziehung so schwach ein? Hat er Affären, die er offensichtlich braucht oder will, mit denen er mich aber nicht belasten möchte? Wie könnte ich mit solcher Wahrheit umgehen? Könnte ich ihm seine Freiheit lassen und damit leben?

Würde ich mir insgeheim gern ähnliche Freiheiten nehmen? Was, wenn ich es täte und ihm offen davon berichtete?

Was geschähe, wenn ich die Situation akzeptiere, so wie sie ist? Was, wenn ich den Blickwinkel ändere und die Vorteile erkenne, die der Status quo mir bietet?

Was wäre, wenn ich vom unerlösten zum erlösten Blickwinkel gelangte und verstünde, dass er mich schonen will?

Fantasien eröffnen einen wundervoll bewussten Übergang von der Wahrheit zur Einbildung. Sie können uns vieles erleichtern im Beziehungsdickicht und am ehesten Lügen ersetzen. Es handelt sich hier also um ein viel anspruchsvolleres und schwierigeres Thema, als auf den ersten Blick erkenntlich, was sich auch an der Zahl der verwickelten Urprinzipien zeigt.

Urprinzipieller Bezug: Zwillinge-Merkur (Kommunikation), Neptun (Lüge, Verschleierung, Schonung), Saturn (Ausgrenzung), Waage-Venus (konfliktscheu, diplomatisch).

Lit.: ME; CD »Partnerbeziehungen«.

Versager

Er ist ein Versager!

Da ich ihn über Resonanz gefunden habe, muss ich einen Anteil von Versagertum in mir haben, den ich nun an ihm hasse.

Warum habe ich eigentlich nicht früher gemerkt, dass er ein Versager ist?
Bei welcher Gelegenheit habe ich bisher schon versagt, woran er mich erinnert? Welche Träume, die ich selbst nie verwirklichen konnte, habe ich auf ihn projiziert? Warum ist es für mich so besonders enttäuschend, wenn er jetzt auch wieder nicht hinbekommt, was ich schon nicht geschafft habe?

Meine Aufgabe ist es, diesen Anteil in mir zu finden und mich damit auszusöhnen, dann wird mich mein Versagen an ihm nicht mehr stören. Vielleicht können wir es dann sogar zusammen schaffen.

Urprinzipieller Bezug: Saturn (Hemmung, Versagen), Jupiter (hoher Anspruch).

Lit.: L.

Schimpfen, Unzufriedenheit

Er schimpft beim Autofahren ständig laut vor sich hin. Mich macht das ganz fertig. Letztlich ist so ein Verhalten doch einfach albern und unerträglich.

Ich könnte mich fragen, wie mein Verhältnis zu meinen eigenen Aggressionen ist, und mir eingestehen, wie sehr ich mich mit meinen und seinen primitiven Aggressionen und unserer beider Unzufriedenheit im Widerstand befinde.

Ist mir selbst viel zum Schimpfen zumute, und unterdrücke ich das nur? Fehlt mir der Mut, meinen eigenen Aggressionen Luft zu machen, und erinnert er mich daran?

Will mein männlicher Anteil – mein Animus – sich mehr zur Geltung bringen, und kann er das bisher nur grummelnd und schimpfend?

Bin ich unzufrieden mit der Richtung, die mein und unser Leben nimmt? Oder ist es die Unzufriedenheit mit dem Kurs, auf dem er unser Lebensschiff steuert?

Vielleicht stört mich auch die Richtung, die unser Beziehungsleben nimmt, in dem er sich nicht anders als schimpfend artikulieren kann.

Ist er womöglich chronisch unzufrieden mit unserer Beziehung und findet keinen anderen Weg, es mir zu zeigen und zu sagen, als beim Autofahren zu schimpfen? Kann es sein, dass es mich deswegen so fertigmacht?

Was ist aus unserem Verhältnis zueinander geworden?

Ich könnte – spielerisch – in den Gegenpol gehen und quasi therapeutisch im Sinne der provokativen Therapie den Standardsatz sagen: »Es tut mir von Herzen leid, wie böse und gemein alle Welt zu dir ist« und damit versuchen, ihn zum Aufwachen hinsichtlich seines Aggressionsproblems zu bringen.

Würde ich ihn mit solchen Worten nur noch mehr provozieren? Und was würde es mit mir machen, wenn ich mich zu der Therapeutenrolle bekenne, die ich ihm gegenüber in gewisser Weise bereits eingenommen habe?

Er schimpft, weil er glaubt, etwas besser zu wissen als die anderen. Ich aber weiß es ja selbst besser, zum Beispiel, dass man beim Autofahren nicht schimpft. Was hindert mich, das Thema anzusprechen und selbst das Steuer zu übernehmen? Was hindert mich, unter diesen Bedingungen nicht mehr mitzufahren?

Urprinzipieller Bezug: Mars (Aggression, Schimpfen), Zwillinge-Merkur (Kommunikation).

Streitlust

Wir fangen immer sofort an zu streiten! Eigentlich passen wir nicht zueinander, aber wir können uns auch nicht trennen. Die Kinder brauchen uns noch.

Streit ist nicht zwingend ein schlechtes Zeichen, das anzeigt, dass wir nicht zusammenpassen. Unsere Streitlust könnte auch anzeigen, dass hier zwei Menschen miteinander und um den richtigen Weg ringen, die noch gemeinsame Aufgaben zu bewältigen haben. Unsere Streitlust spricht für ein hohes Aggressionspotenzial zwischen uns, was auch viele Vorteile hätte: Wir könnten zusammen mutige Schritte wagen oder couragiert Entscheidungen treffen, statt zu streiten. Zudem könnten wir zu einer entwickelten Streitkultur finden, die uns erlaubt, im Zusammenspiel unserer Energien Probleme zu lösen.

Kinder als Ausrede zu benutzen ist keine gute Idee. Denn wenn ein Elternteil die Gemeinsamkeit nur noch erträgt, lebt er den Kindern ein so deprimierendes Muster vor, dass der Schaden für sie langfristig größer ist als bei einer ehrlichen Trennung, selbst wenn die Kinder das im Moment anders sehen mögen. Meist steckt hinter dem Argument »stillhalten der Kinder zuliebe« auch gar keine Liebe, sondern die Feigheit, etwas zu ändern.

Was uns so stört, ist das wahrscheinlich niedrige Niveau unserer Auseinandersetzungen. Durch mehr gegenseitige Anerkennung und Respekt könnten wir es erhöhen.

Wieso mangelt es uns an gegenseitiger Achtung?

Wir könnten uns die Eigenschaften vor Augen führen, die wir aneinander schätzen, und uns darüber in einer ruhigen Zeit auch austauschen. Zur Verhinderung zu heftiger und tiefgehender Streitigkeiten könnten wir uns auch die eigenen Machtansprüche bewusstmachen.

Wie wichtig ist es uns, den jeweils anderen zu dominieren und zu unterwerfen?

Zur Einlösung des Marsprinzips sollten wir alles daransetzen, mutiger und engagierter zu leben, die Energie kraftvoller einzusetzen und andere Grenzen zu durchbrechen als die des gegenseitigen Respekts.

Urprinzipieller Bezug: Waage-Venus (Partnerschaft), Mars (Streit), Saturn (Verantwortung), Pluto (Machtkampf, nicht loslassen können, Aufforderung zu Entwicklung und Schattenintegration).

Lit.: A, SP, ME; CD »Wut und Ärger«.

Streit, Demaskierung

Als wir uns neulich gestritten haben, erlebte ich plötzlich einen ganz anderen Menschen, und das macht mir jetzt Angst.

Wahrscheinlich habe ich in jener Situation den Schatten erlebt, bei meinem Partner und bei mir selbst. Der Schatten macht immer Angst, weil er so unbekannt und zugleich so nah ist. Andererseits ist der Schatten mein größter Schatz. Er enthält so viel Energie, die, wenn sie bewusst ins Leben eingespeist wird, eine Menge zum Besseren wenden kann.

Wenn ich den Mut aufbringe, mich meinen eigenen dunklen Seiten, meinem Schatten, zu stellen, kann mich auch der Schatten meines Partners und der unserer Partnerschaft nicht mehr schrecken.

Urprinzipieller Bezug: Pluto (Schattenerfahrung).

Lit.: SP, L-S-T; CD »Schattenarbeit«, CD »Lebensprinzipien-Set: Pluto«.

Schlagen

Mir ist in einem Wutanfall die Hand ausgerutscht.

Die Wahrheit über Schlagen in der Beziehung ist heute ähnlich unpopulär wie die über Lügen. Ein Viertel aller Beziehungen sind »schlagende Verbindungen«, und tatsächlich werden inzwischen längst mehr Männer von ihren Frauen geschlagen als umgekehrt. In jedem Fall ist es keine Basis für eine Beziehung, es sei denn, es geschieht mit sinnlich-erotischem Hintergrund wie in dem Weltbestseller *Shades of Grey* beschrieben.

Meine Aufgabe ist zu klären, inwieweit mir gute Ventile für meine Aggressionen fehlen und auf welche konstruktive Weise ich meine Wut und meinen Zorn in nützliche Energie umwandeln könnte.

Welche Möglichkeiten gibt es in meinem Arbeitsfeld, meine Energie so einzusetzen, dass ich abends müde bin?

Vielleicht ist auch mutigeres, entscheidungsfreudigeres Denken und Handeln mein Weg, oder ich kann mich besser über aggressiven Sport dem Thema Aggression nähern.

Urprinzipieller Bezug: Mars (Aggression).

Lit.: ME, A; CD »Wut und Ärger«.

Emanzipationsstreben

Sie ist zu einer Super-Emanze geworden und geht mir so auf die Nerven!

Ich sollte unbedingt meinen eigenen Bezug zum Thema finden. Es könnte zum Beispiel sein, dass mich ihr Verhalten aufregt, weil ich tief im Innern eine Frau immer noch unter dem Mann sehen will. Wenn mich Emanzipationsbestrebungen bei ihr so stören, muss ich sie auch in mir haben.

In welcher Weise möchte auch ich mich emanzipieren und wovon? Wo fühle ich mich unterprivilegiert und in welcher Weise von ihr, dem Schicksal oder der Gesellschaft benachteiligt?
Und gelingt es mir, sie auf der erotischen Ebene zur Hingabe zu verführen? Oder versage ich da – etwa aufgrund ihrer Emanzipation und neuen Macht?
Oder treibt sie es zu weit? Und wo treibe ich es zu weit?

Tatsächlich sind inzwischen Männer in vielen Punkten benachteiligt, und das Pendel, das so lange so sehr zur männlichen Seite ausschlug, tendiert jetzt zur weiblichen. Hier ließe sich einerseits von ausgleichender Gerechtigkeit sprechen, andererseits auch schon von Diskriminierung.

Ich könnte es mir zur Aufgabe machen, die Themen herauszufinden, bei denen ich und auch meine Geschlechtsgenossen inzwischen Nachholbedarf haben, und überlegen, was konkret zu tun ist. Das, was mich an meiner Frau und auch an ihren Emanzipationsbestrebungen fasziniert, könnte mir als Vorbild für meine Emanzipation dienen.

Urprinzipieller Bezug: Uranus (Gleichberechtigung).

Vernachlässigung

Mein Mann ist nur mit seiner Arbeit und anschließend mit seinem Hobby(sport) beschäftigt. Er hat nie Zeit für mich.

Anderes ist ihm wichtiger, denn dort investiert er Zeit. Ich habe also grundsätzlich zwei Möglichkeiten: Ich kann ihn erpressen nach dem Motto »Wenn du dir nicht wieder Zeit für mich nimmst, verlasse ich dich!« Oder ich kann versuchen, ihn zu verführen, wieder Zeit für mich zu haben. Das beginnt mit Fragen wie:

Was kann oder will ich ihm nicht bieten, das er folglich woanders sucht?
Was könnte ich ihm bieten, damit er wieder – freiwillig und wie am Anfang unserer Beziehung – Zeit für mich findet?

Die Beantwortung der letzten Frage gibt der Partnerschaft auf Dauer mehr Chancen, setzt aber ein gewisses Maß an Demut voraus. Ich muss mir bewusst werden, ob ich diese Demut habe und sie für uns und unsere Beziehung einsetzen will. Ich könnte mir überlegen, die Situation zu akzeptieren und mein Leben so umzugestalten, dass es auch ohne größeres Mittun seinerseits erfüllt ist, weil ich meine eigenen Inhalte finde und für sie lebe. Wahrscheinlich würde er gerade dann wieder Zeit für mich und unsere Zweisamkeit finden. Es geht also auch um mein einseitiges Leben, das er mir widerspiegelt.

Wo bin ich ähnlich einseitig geworden, so dass mich das Schmalspurleben meines Mannes so nervt?

Da er sich nicht um mich und meine Seele kümmert, könnte es sein, dass ich mich in gleicher Weise nicht um ihn und seine Seele (meinen Animus) kümmere. Anders gefragt:

Kümmere ich mich noch wirklich um mich und meine Seele (Anima)? Oder sind wir beide, mein Mann und ich, gleichermaßen eng und schmalspurig in unseren Interessen geworden, und ich sehe es nur an ihm in der Projektion deutlicher?

Von Bedeutung ist auch, ob ihm seine Arbeit wenigstens ein Anliegen ist, so dass er seinem inneren Ruf in seinem Beruf folgen kann und dieser ihm Berufung ist. Meine eigene Situation steht dem gegenüber:

Habe ich meine Berufung gefunden, die meine Seele nährt und mich durch dieses Leben trägt?

Unser beider Aufgabe ist, uns und unsere ursprünglichen Ziele und Visionen wiederzufinden und wiederzubeleben. Wenn er dabei nicht mitzieht, kann ich unabhängig beginnen, mich um mich zu kümmern und meiner Anima wieder näherzukommen. Dafür sollte ich mir mindestens drei Monate Zeit nehmen – ganz für mich und für diese wichtige, ja zentrale Aufgabe meines Lebens. Danach könnte ich mich – wiederum ein Vierteljahr lang – um ihn als Repräsentanten meines Animus kümmern, gleichgültig, wie er sich verhält. Anschließend ist er dann nach allen Erfahrungen bereit, sich gemeinsam mit mir um uns zu kümmern. Ideal wäre, wenn ich ihn schließlich noch dazu gewinnen könnte, sich auch noch drei Monate lang ganz gezielt um sich und seine männliche Seele zu kümmern. Nach solch einem Jahr hat die Partnerschaft wieder eine Chance.

Urprinzipieller Bezug: Waage-Venus (Beziehung), Saturn (Blockade, Zeitfaktor).

Lit.: SP; CD »Partnerbeziehungen«.

Taube Ohren

Er hört nie zu!

Ich könnte daraus folgern, dass das, was ich sage, zu wenig interessant ist und sogar ich selbst zu uninteressant bin, und mich auch fragen, wofür ich mit solcher Missachtung bestraft werde. Ich hätte die Möglichkeit, das meinem Partner bewusstzumachen und an unserer Beziehung zu arbeiten. Vielleicht ziehe ich es aber vor, ihn zum Zuhören zu zwingen mit der gängigen Erpressung: »Entweder du nimmst dir jetzt Zeit für mich und uns, oder ich gehe. Denn wenn du mir nicht mal zuhören willst, habe ich auch keine Lust mehr, mit dir zu schlafen, und dann war es das wohl, oder?« Der dadurch ausgelöste Schreck wird ihn zu kurzfristigem Zuhören bringen, aber die Situation auf Dauer nicht bessern.

Ich könnte aber auch aufhören, auf ihn einzureden, dafür aber hin und wieder so Interessantes erzählen, dass er es sich nicht entgehen lassen will. Das würde mich mehr zu mir selbst zurückkehren lassen, um herauszufinden, was mich wirklich interessiert. Dazu muss ich die Situation nur akzeptieren und (m)ein eigenes Leben führen, das mich zutiefst fasziniert. Wenn ich den Blickwinkel solcherart ändere, geht es plötzlich um mich, statt um ihn. Dann muss ich mich aber in den Mittelpunkt meines Interesses begeben; dadurch wird Faszination den Jammer ersetzen. Als zusätzlichen Bonus wird er dann irgendwann – wenn es mir nicht mehr so wichtig ist – auch wieder fasziniert zuhören. Wenn es ihn aber grundsätzlich nicht interessiert, könnte ich es auch mit anderen bereden. Falls mein Partner ein prinzipiell (an mir und der Welt) uninteressierter Mensch ist, könnte sich für mich die Partnerfrage neu stellen. Das ist aber nach dem Resonanzgesetz eher unwahrscheinlich. Schließlich könnte ich noch klären, ob ich selbst (zu-)höre.

Horche ich in mich hinein, und gehorche ich dann tatsächlich meiner inneren Stimme?
Wenn mein Partner schon nicht hören kann, horcht er noch in sich hinein und gehorcht seiner inneren Stimme?

Möglicherweise könnten wir das beide – nachdem wir uns das Defizit klargemacht haben – gemeinsam wieder lernen.

Urprinzipieller Bezug: Saturn (Ab- und Ausgrenzung), Zwillinge-Merkur (Kommunikation).

Lit.: CD »Tiefenentspannung«, CD »Innerer Arzt«.

SEXUALITÄT UND EROTIK

Fehlende Zärtlichkeit und Erotik

Meine Beziehung ist nicht mehr das, was sie mal war. Da ist keine Zärtlichkeit mehr, keine verliebte Stimmung, keine Freude, etwas zusammen zu unternehmen. Wir machen keine schönen Pläne mehr.

Mit einem Wort: Die Erotik ist auf der Strecke geblieben.

Was habe ich für Anteile an der Beziehungsflaute? Welche hat mein Partner? Wenn wir beide nichts Schönes mehr miteinander haben, suchen wir es stattdessen mit anderen, oder leben wir ganz ohne dahin? Will ich das? Wie könnte ich und könnten wir die Erotik zurückholen?

Vielleicht bin ich bereit, noch einmal neu anzufangen und mich wieder auf meinen Partner und diese Liebe einzulassen. Wenn nicht, könnte ich mich doch scheiden lassen, um dann mit jemand anderem nochmals zu beginnen. Was – außer Bequemlichkeit – hindert mich daran?

Urprinzipieller Bezug: Waage-Venus (Liebe), Saturn (Hemmung), Jupiter (gemeinsame Ziele).

Lit.: ME; CD »Partnerbeziehungen«.

Eingeschlafenes Eheleben

Weder reden noch schlafen wir mehr miteinander. Muss ich um meine Ehe fürchten?

Vielleicht nicht die Ehe, aber die Beziehung ist – ehrlich betrachtet – praktisch vorbei, da wir beide uns offenbar nicht mehr aufeinander beziehen und keinerlei Austausch mehr haben.

Was hat unsere Beziehung wann beendet? Gab es ein einschneidendes Ereignis, oder sind Sinnlichkeit und Sexualität und irgendwann auch die Kommunikation allmählich eingeschlafen?

Jeder müsste für sich klären, warum der Partner alle Faszination für ihn verloren hat und ob beide das wieder ändern wollen. Wenn nicht, wäre eine Trennung ehrlicher und chancenreicher, wegen der Option mit einem anderen Partner nochmals beginnen zu können.

Urprinzipieller Bezug: Saturn (Ende), Waage-Venus (Liebe).

Lit.: ME.

Lustlosigkeit

Ich habe keine Lust mehr auf ihn. Was mich früher an ihm gereizt hat, ist jetzt verschwunden oder macht mich nicht mehr an. Manches törnt mich sogar ab.

Nach dem Resonanzgesetz muss beiderseits etwas nicht mehr stimmen.

Sind wir in der Routine gelandet? Und wie ist es umgekehrt, kann ich ihn noch anmachen und macht mir das noch Lust? Oder ist sein Feuer genauso abgekühlt?

Wie wäre es, wenn ich meinem Partner gestehe, was mich anmachen würde, und ihm damit Hinweise gebe, wie er mich zurückgewinnen könnte. Und genauso könnte ich ihn fragen, was ihn reizen würde an Aktivitäten, Fantasien, so dass auch ich Chancen bekäme, ihn zurückzuerobern.

Inwiefern sind meine Erwartungen enttäuscht worden, wo habe ich mich getäuscht? Und wo habe ich ihn wohl enttäuscht und seine Täuschung auffliegen lassen. Was wollen wir daraus machen?

Aufgabe ist, sich der tieferen Themen bewusst zu werden und vor allem sich ehrlich auszusprechen.

Vielleicht ist es in Wahrheit aber schon schlimmer, und ich habe genug von ihm, habe ihn satt. Lust lässt sich über Erotik und entsprechende Spiele und Fantasien wieder in Gang bringen. Aber wenn er mir widersteht, weil er mir vielleicht zu oft widerstanden hat und sich dieser gesammelte Widerstand nun zu Widerwillen ausgewachsen hat, ist es etwas anderes und ein tieferes Problem. Die Aufgabe wäre dann, die Unlust zu erforschen und den Widerwillen zu verstehen. Diese Situation ist mit sinnlicher Lust nicht mehr (so einfach) zu kitten.

In welcher Form habe ich das, was mich an ihm so lustlos werden lässt, in mir? Was kann ich an mir nicht leiden, was er mir so deutlich spiegelt?

Sofern ich mich damit aussöhnen kann, wird es mich an ihm nicht mehr stören, das heißt aber noch nicht, dass er mich wieder reizt. Immerhin könnte er zum idealen Spiegel für mich werden, um meine dunklen Seiten, auf die ich natürlich keine Lust habe, ans Tageslicht zu bringen. Dann wird er zum idealen Helfer auf meiner Schatzsuche.

Zusätzlich kann er mir meinen Animus, meinen männlichen Seelenanteil, widerspiegeln, auf den ich – zumindest in dieser Form – vielleicht auch keine Lust habe. Wenn er dieses Potenzial nicht hätte, könnte ich ihn niemals gewählt haben. Ich sollte mir diese Chance nicht entgehen lassen und ihn nicht abservieren, bevor er mir nicht gebracht hat, wozu er in der Lage ist.

Urprinzipieller Bezug: Waage-Venus (Liebe, Beziehung), Saturn (Hindernis), Neptun (Enttäuschung).

Lit.: ME; CD »Partnerbeziehungen«.

Erotische Fantasielosigkeit

Wir haben zu wenig Sex. Er sagt, es liege an mir. Ich meine aber, dass er etwas fantasievoller sein könnte.

Nichts hindert mich, selbst mehr erotische Fantasien und Überraschungen in das gemeinsame Liebesleben einzubringen.

Wie steht es um meine eigene Fantasie? Und warum vermittle ich sie ihm nicht? Warum erzähle ich ihm keine Geschichten, die ihn verführen und mich selbst dabei auch anmachen? Wünsche ich mir vielleicht gar keine Fantasien von ihm?

Was immer die Sinne anregt, könnte sich positiv auf unsere Sinnlichkeit und Erotik auswirken. Das geht von sinnlich anmachenden Essgelagen bis zu animierenden Filmen wie *Malen oder Lieben* der französischen Regisseure Arnaud und Jean-Marie Larrieu.

Vielleicht braucht er auch Nachhilfe im Bereich Sinnlichkeit wie die meisten Männer und hält seine fantasiefreie Darbietung für das Ultimative. Dann wären etwa Bücher von David Deida über die spirituelle Dimension der Liebe zu empfehlen.

Urprinzipieller Bezug: Stier-Venus (Sinnlichkeit), Uranus (Überraschungen), Neptun (Gespür).

Lit.: ME.

Sexprobleme

Wir leben wunderbar zusammen, nur mit dem Sex klappt es nicht. Mit anderen Partnern ging das bei mir aber gut.

Grundsätzlich wäre zu klären, ob ich eher eine Versorgungspartnerschaft führe und mich damit arrangiert habe, das Sexleben meiner Bequemlichkeit zu opfern.

Lassen wir uns gegenseitig die Freiheit, Sexualität mit anderen zu leben? Oder verlangen wir uns Abstinenz in diesem zentralen Lebensbereich ab, nur weil uns der Zugang verloren ging oder wir nie einen fanden?

Warum unternehmen wir nichts in psychotherapeutischer Hinsicht? Wollen wir überhaupt wirklich an das Thema heran? Kann ich mir Sex mit einem anderen Partner leisten, oder könnte mein jetziger Lebenspartner das nicht ertragen? Ging es bei ihm ebenfalls mit anderen oder noch nie? Ist er bereit, diesbezüglich etwas zu unternehmen, oder verlangt er von mir Verzicht? Und bin ich bereit, solch ein Opfer zu bringen, nur weil ihm der Mut fehlt, sich in Therapie zu begeben?

Die Aufgabe besteht darin, zu klären, ob ich für diese Inkarnation dieses Thema seiner und auch meiner Feigheit opfern will und ihn dann weiter und auf Dauer lieben oder auch nur respektieren kann.

Urprinzipieller Bezug: Waage-Venus (Liebe), Stier-Venus (Sinnlichkeit), Saturn (Hindernis).

Lit.: ME.

ABWEGE, TRENNUNG, HERZELEID

Untreue

Er hat eine andere! Was hat sie, das ich nicht habe? Mich macht es verrückt, dass er jetzt auf dieses naive Blondchen abfährt, die noch nicht mal kapiert, woran er derzeit arbeitet. Ich dagegen habe ihn immer unterstützt. Ich vermisse unsere langen vertrauten Gespräche.

Wir haben es anscheinend versäumt, unsere Partnerschaft so zu vertiefen, dass gemeinsame Tiefe stärker als der Wunsch nach Abwechslung war. Das Trennende ist zumindest für ihn größer geworden als das Verbindende.

Was hat unserer Beziehung gefehlt, das er außerhalb suchen und vielleicht finden musste? Ist unsere Sinnlichkeit eingeschlafen und die Spannung zwischen uns erloschen?
Habe ich ihm die Gespräche gegeben, aber nicht die Erotik, die jetzt das »Blondchen« versprüht? Wollte er vielleicht nicht jemanden, der seine Arbeit versteht, sondern jemanden, der mit ihm Sinnlichkeit und Liebe lebt oder sie ihn lehrt?
Will ich ihn zurück und aus der Erfahrung lernen? Oder bestehe ich auf Sanktionen und seinem Zu-Kreuze-Kriechen, um gar nicht wieder neu anfangen zu müssen?

Meine Aufgabe ist zu klären, ob ich ihm verzeihen kann und will – und ob ich mir verzeihen kann, dass ich es so weit habe kommen lassen. Ich könnte mir eingestehen, dass ich auf jeden Fall neu anfangen muss, mit ihm und mir oder mit mir und einem anderen oder ganz allein.

Urprinzipieller Bezug: Waage-Venus (Partnerschaft), Mond (Geborgenheit, Familie), Uranus (eingefahrene Bahnen durchbrechen), Saturn (Ende).

Lit.: ME; CD »Partnerbeziehungen«.

Siegreiche Rivalin

Sie hat mir meinen Mann weggeschnappt!

Was habe ich nur für ein altes Konzept von Beziehung! Die Zeit der Ehestörungsklagen ist vorbei. Diese Projektionskonzepte, die tatsächlich einmal im Gesetz verankert waren, sind in modernen westlichen Ländern längst gestrichen. Aber außerhalb der Gerichte geht das Gejammer weiter. *Man* kann heutzutage keine Frau und auch keinen Mann mehr stehlen. In Wahrheit ist doch »mein« Mann freiwillig mit der anderen mitgegangen. Er hat sich vielleicht verführen lassen, aber er hat mitgespielt. Die Vorstellung, dass er entführt, gefesselt und gegen seinen Willen von der Nebenbuhlerin weggeschnappt beziehungsweise weggeschleppt und also gestohlen wurde, ist wirklich überholt. Sie mag um ihn gebuhlt haben, aber er hätte nicht darauf eingehen müssen. Schon die Formulierung verrät, dass hier der eigene Mann auf rührende Weise aus der Verantwortung entlassen wird, um diese – obendrein in Form von Schuld – der fremden Frau aufzubürden. Das passt einfach nicht mehr in diese Zeit. Und es hat auch früher nicht funktioniert.

Zielführender ist die Frage, was ihm in unserer Beziehung gefehlt hat, dass »mein« Mann sich hat verführen lassen. Was hat ihn empfänglich gemacht für dieses Angebot – wie (un-)seriös es auch immer war? Wenn ich diese Frage klären kann, werde ich daran wachsen, und meine nächste Beziehung, ob mit ihm oder jemand anders, wird davon profitieren.

Die Verantwortung nun auf meinen Mann zu schieben, ist zwar ein Fortschritt, aber noch nicht die Lösung. Aufgabe ist, die fremde Frau aus der Verantwortung zu entlassen und sie selbst zu übernehmen.

Was hat mir gefehlt, das er sucht und offenbar braucht und ich nicht geboten habe? Was hat uns beiden zum Schluss gefehlt?

Wahrscheinlich ist das Fehlende die prickelnde Erotik des Anfangs gewesen, die er nun bei der Neuen zunächst wiederfindet. Diese zu erhalten ist das Geheimnis, das immerhin lernbar ist.

Es bleibt die Aufgabe, die Enttäuschung als das Ende einer Täuschung zu begreifen. Nichts hält ewig, und je weniger wir dafür tun, desto kürzer ist die Faszination – und es ist viel leichter, eine neue Beziehung am Leben zu erhalten, als eine ältere zu reparieren beziehungsweise zu reanimieren. Ich könnte also meine Selbstverwirklichung in den Mittelpunkt stellen. Wenn ich zu mir finde, werde ich zu leuchten beginnen auf dem Weg zur Erleuchtung. Dann finden mich auch andere leichter, und selbst der alte Partner könnte zurückfinden. Die Frage ist, ob ich ihn dann noch will, wenn ich ihn nicht mehr brauche.

Urprinzipieller Bezug: Waage-Venus (Liebe, Selbstliebe), Stier-Venus (Partner als Besitz betrachten), Saturn (Ende).

Lit.: ME.

Fremdgehen

Ich habe gerade erfahren, dass mein Mann fremdgeht. Ich schaffe es aber nicht, ihn zur Rede zu stellen. Für mich ist es ein Schock. Mein Leben ist vorbei.

Offenbar habe ich so viel Angst vor meinem Mann, dass ich mich und mein Leben lieber ganz aufgebe, als ihn auf das Problem anzusprechen. Vielleicht ist das mit ein Grund, warum er von mir genug hatte und sich eine andere suchte.

Warum habe ich so wenig Respekt vor mir und meinem Leben?
Was hat mich so verschüchtert?

Meine Aufgabe ist, mich der Situation zu stellen. Ich bin es mir, meinem Leben und unserer Beziehung schuldig, mich und ihn mit der Situation zu konfrontieren. Mich umzubringen oder aufzugeben, das wäre wahrscheinlich die extremste Rache an ihm und dem Leben. Aber warum sollte ich mich und ihn so hassen und Gott und die Schöpfung so verachten? Ich sollte daran arbeiten, etwa mit einer Psychotherapie, um mit meiner Feigheit umzugehen und (Lebens-)Mut zu gewinnen.

Urprinzipieller Bezug: Waage-Venus (Liebe), Saturn (Ende), Neptun (Flucht).

Lit.: CD »Partnerbeziehungen«, CD »Selbstliebe«.

Betrogen werden, Vertrauensbruch

Mein Mann hat sich in meine beste Freundin verliebt und umgekehrt, und sie haben mich schon betrogen!

Dieser Fall ist gar nicht so unwahrscheinlich, wie es immer hingestellt wird. Wenn ich meinen Mann liebe, bin ich in starker Resonanz zu ihm. Zu meiner besten Freundin bin ich natürlich auch in großer Resonanz. Es liegt nahe, dass die beiden ebenfalls Resonanz zueinander haben. Von meiner Reaktion hängt es nun ab, ob ich die beiden wichtigsten Menschen meines Lebens mit einem Schlag verliere oder die Beziehung zu ihnen auf eine ganz neue Ebene heben kann. Wenn ich meine Eifersucht in den Griff bekomme und bereit bin, ihn auf sinnlich erotischer Ebene mit meiner besten Freundin zu teilen, könnten wir alle drei gewinnen, und ich würde beide nicht verlieren, sondern unter Umständen unsere Beziehung nochmals erheblich vertiefen.

Würde ich auch die umgekehrte Situation genießen, einmal ganz offen mit einem anderen Mann sinnliche Erfahrungen zu machen oder mit zweien, wenn es sich anböte? Könnte mein Mann das bringen?
Wo will ich hin – eingedenk der Tatsache, dass es offenbar kein Zurück mehr gibt? Alles zerschlagen oder etwas ganz Neues wagen?

Die Aufgabe ist zu klären, ob ich die Kraft habe, meine alleinigen Besitzansprüche auf körperlicher Ebene, die sowieso verloren sind, bewusst aufzugeben und auf einer höheren Ebene von Liebe teilen zu lernen. Zu klären ist auch, was ich mit der neuen Freiheit, die dadurch entsteht, anzufangen weiß.

Urprinzipieller Bezug: Waage-Venus (Beziehung), Uranus (Seitensprung), Pluto (Verrat).

Lit.: ME.

Missgönnen

Die Vorstellung, dass die neue Freundin meines Mannes mit unseren Kindern etwas unternimmt oder auch nur mit ihnen spricht, macht mich rasend.

Meine rasende Eifersucht, unter der ich leide, macht auch vor dem Wohl der Kinder nicht Halt, was mir zeigen könnte, wie schwer und gefährlich sie ist. Wenn ich ehrlich bin, missgönne ich der anderen nicht nur meine Kinder, sondern vor allem »meinen« Mann. Bei rationaler Betrachtung ist er aber – eventuell nicht einmal mehr juristisch – *mein* Mann. Im Sinne von Khalil Gibran sind es noch nicht einmal *meine* Kinder, denn ihre Seelen lassen sich nicht besitzen. Die Seele war nie im Angebot; wahrscheinlich führte dieses Missverständnis dazu, den Mann zum Exmann zu machen und an die andere Frau zu verlieren. Nun besteht zudem noch die Gefahr, auch die Kinder an die beiden zu verlieren, denn Kinder haben ein sicheres Gefühl dafür, wer ihnen sein Herz öffnet und schenkt und wer ihre Seele gefangen setzen will. Auf Dauer wendet sich der gesündere Teil in ihnen immer gegen den »Seelengreifer«.

Inwieweit habe ich die Trennung zwar heraufbeschworen, aber noch nicht verarbeitet und vor allem nicht akzeptiert? Habe ich mir schon einmal ehrlich klargemacht, dass es genauso seine wie meine Kinder sind und er sie natürlich auch bei sich haben will? Und wie klar ist mir in ruhigen Momenten, dass es ein Glück ist, wenn die neue Frau meines Ex sich mit ihnen beschäftigt und natürlich auch spricht?

Das Entscheidende aber ist die Frage, wie ich meine Eifersucht lösen kann. Dazu brauche ich wahrscheinlich all meine Energie und eine bis an die Wurzeln reichende Schattentherapie.

Urprinzipieller Bezug: Pluto (rasende Eifersucht), Mond (Kinder, Familie).

Lit.: SP, ME; CD »Partnerbeziehungen«.

Unterhaltsstreit

Sie soll möglichst wenig Geld bekommen, am besten gar keines.

Da sie in meinen Augen gar nichts verdient hat, scheint sie mir und dem Leben – in meinen Augen – nicht ausreichend gedient zu haben. Vielleicht sollte ich meine Motive etwas detaillierter erforschen:

Gibt es Vergeltungs- oder Rachegelüste in mir? Wofür meine ich, mich an ihr rächen zu müssen?
Habe ich ihr nicht gerecht werden können, und will mich nun dafür rächen? Oder für was soll sie bezahlen, indem ich nicht für sie zahle?

Offenbar bin ich nicht bereit, die Früchte unserer gemeinsamen Zeit mit ihr zu teilen. Das nämlich versuchen die gesetzlichen Bestimmungen durchzusetzen und zur Not zu erzwingen.

Wie ist mein Verhältnis zu materiellen und immateriellen Werten? Was ist sie mir schuldig geblieben?
Was ist noch offen zwischen uns – meiner Meinung nach? Habe ich ihre Meinung dazu überhaupt gehört?

Ich habe die Aufgabe, mich in die Stille meiner eigenen Mitte zu begeben und eine für beide Seiten gerechte Lösung anzustreben – vor allem im Interesse meiner eigenen Seele. Denn wie könnte ich damit leben, wenn meine Kinder leiden müssten, weil ich mit meiner Frau nicht fertig (geworden) bin? Wie könnte ich langfristig damit leben, der Frau, die ich einmal geliebt habe, das zum Leben Notwendige vorzuenthalten?

Urprinzipieller Bezug: Jungfrau-Merkur (aufrechnen), Pluto (Rache).

Lit.: SP, L.

Sorgerechtsstreit

Die Kinder kriegt er nicht!

Mit diesen Worten dokumentiere ich, dass ich unsere Kinder als mein Eigentum, meinen Besitz betrachte und zugleich große Rachegelüste hege. Um wieder mit mir und der Welt ins Reine zu kommen, muss ich mich fragen:

In welcher Weise habe ich zu wenig in der Beziehung bekommen? Habe ich das Gefühl, draufgezahlt zu haben?
Warum habe ich mich nicht rechtzeitig gewehrt? Sollen Anwälte den Mut, der mir fehlte, jetzt in der Scheidung aufbringen, um mich zu rächen? Und wofür, für seine (Un-)Taten oder für meine Feigheit?
Woher nehme ich das Recht, den Kindern ihren Vater vorzuenthalten? Wie konnte es so weit mit mir kommen, dass ich meine Retourkutschen über ihre berechtigten seelischen und sozialen Ansprüche stelle? Was hat mir mein Ex getan, dass ich so reagiere und die eigenen Kinder als Geiseln nehme? Was hindert mich, den Kindern die für sie beste Lösung im Hinblick auf Kontakt zu uns beiden zu gewähren?

Aufgabe ist, meine Anteile an dem Zerwürfnis mit meinem Expartner zu erkennen und meinen emotionalen Stau nicht an den Kindern auszulassen. Das würde mir später leidtun und mich langfristig ihre Liebe kosten. Meine Machtkämpfe und das Schlechtmachen des Vaters vor den Kindern wird nur Schaden in den Seelen anrichten, was Kinder langfristig nur schwer verzeihen werden.

Urprinzipieller Bezug: Mond (Familie), Pluto (Machtkampf).

Lit.: SP; CD »Schattenarbeit«, CD »Partnerbeziehungen«.

Kontaktverlust

Ich suche verzweifelt Kontakt zu A., mit dem ich ein Jahr zusammen war. Nach unserer Trennung geht er mir aus dem Weg und will keine Aussprache.

Offenkundig ist für mich in der Beziehung einiges offengeblieben.

Was habe ich am Ende nicht ausgesprochen? Worauf bin ich damals sitzengeblieben? Was muss ich jetzt noch loswerden?

Falls ich ihn wiederhaben will, sollte ich es ihm einfach sagen.

Vielleicht hat er auch Angst vor mir. Oder er lebt jetzt in einer im wahrsten Sinne des Wortes sehr *engen* Beziehung, die er durch solch einen Kontakt schon gefährdet sieht. Möglicherweise ist seine neue Freundin sehr eifersüchtig. Dann könnte ich daran lernen, das Ende zu akzeptieren und vielleicht beim nächsten Mal klarer zu sein.

Am wahrscheinlichsten ist er einfach beleidigt. Männer vertragen wegen einer oft grundverschiedenen Erziehung Zurückweisung viel weniger gut als Frauen, die das Thema schon früh üben. Wenn Männer einmal abgeblitzt sind – am krassesten bei einem nicht akzeptierten Heiratsantrag –, wollen sie in der Regel die Frau schon deswegen nicht mehr sehen, um nicht an die niederschmetternde Niederlage erinnert zu werden. Sie verstehen vielfach das Leben als Kampf mit dem Ziel von Siegen und Eroberungen. Außerdem sind sie nicht selten als kleine Prinzen sozialisiert, die sich für unfehlbar und unwiderstehlich halten und nun gar nicht gern erleben, dass das nicht (immer) stimmt. Mädchen dagegen lernten oft schon früh von ihren Müttern, dass sie eine Enttäuschung sind und noch viele erleben werden und wie man damit umgeht. Hinzu kommt, dass Männer viel weniger gern über Seelisches reden als Frauen, weil sie auch das nie gelernt haben.

Urprinzipieller Bezug: Waage-Venus (Liebe), Saturn (Ende).

Lit.: ME.

Nicht loslassen können

Ich habe meinen Mann an eine Jüngere verloren, aber ich möchte ihn um jeden Preis zurückhaben. Ich will alles vergessen und verzeihen, wenn er nur zurückkommt.

Wenn es wirklich nur das Alter ist, was ihn die Neue suchen und finden ließ, könnte ich eigentlich froh sein, ihn los zu sein. Möglicherweise gibt es noch andere Gründe, etwa das Neue, Verführerische, da es bei uns langweilig geworden und die Erotik eingeschlafen war. Kein Mensch verlässt freiwillig eine erfüllende Beziehung.

Was hat uns gefehlt, was hat vielleicht auch mir gefehlt? Und wie könnte ich es jetzt nachholen, mir aneignen?

Wer jemanden »um jeden Preis« zurückhaben will, hat damit zu rechnen, dann auch jeden und einen sehr hohen Preis zahlen zu müssen.

Will ich wirklich jeden Preis zahlen? Wenn ich mich ihm in allem und all seinen Forderungen anpasse, würde ich mich dann nicht verlieren – in einem Sinn, den ich gar nicht wollen kann?

Ich muss mich ehrlich fragen, ob es mir wirklich um diesen Mann und seine Seele geht und welche Rolle Eifersucht dabei spielt.

Eine meiner Aufgaben besteht jetzt darin, mehr zu mir zu finden und zu stehen, mich selbst mehr zu lieben. Erfahrungsgemäß werden Menschen, die sich selbst annehmen und lieben, auch viel leichter von anderen angenommen und geliebt. Je mehr ich mich selbst finde, desto größer wird auch die Chance, dass er zu mir zurückfindet. Das ist auf jeden Fall erfolgreicher, als zu versuchen, mich äußerlich für ihn attraktiver zu machen oder gar die andere als Nebenbuhlerin zu sehen und sie ausstechen oder übertrumpfen zu wollen. Wenn ich mich verwirkliche, verwirklichen sich auch meine Träume am ehesten.

Urprinzipieller Bezug: Waage-Venus (Liebe), Pluto (Eifersucht, besitzen wollen, nicht loslassen können).

Lit.: ME; CD »Selbstliebe«.

Grausam enttäuschter Kinderwunsch

Sie hat einen anderen und ist von ihm schwanger. Dabei hatte ich mir immer gewünscht, dass wir zusammen eine Familie gründen und glücklich sind.

Ich bin hier nicht mit Zufall oder dummem Pech konfrontiert, sondern alles geschieht immer mindestens unbewusst gewollt. Deshalb auch Vorsicht vor Ausreden auf beiden Seiten! Ein überwiegender, wenn vielleicht auch unbewusster Teil von ihr wollte Geschlechtsverkehr mit dem neuen Partner, und ein mächtiger, wahrscheinlich unbewusster Teil, wollte auch ein Kind von ihm. Diese unbewussten Botschaften sind ernst zu nehmen und zu deuten. Sie sind kein Zufall, sondern fallen nach dem Resonanzgesetz gesetzmäßig zu.

Will ich mit Verständnis reagieren oder mich für Groll entscheiden?

Liebe ich sie so sehr, dass ich sie weiter zur Frau möchte und ihr Kind annehmen kann – falls sie das überhaupt will?

Könnte ich die neu geschaffenen Beziehungsfakten überhaupt akzeptieren, oder muss ich mir eingestehen, dass ich noch nicht so weit bin und nicht verzeihen kann? Wäre ich ihr oder dem Kind gegenüber stets nachtragend?

Könnte ich überhaupt den Seitensprung an sich verzeihen, wenn er ohne Folgen geblieben wäre?

Wo stehe ich in Bezug auf Verzeihen und Besitzenwollen? Wie viel Freiheit kann ich in der Beziehung schenken, wie viel brauche und nehme ich für mich?

Aufgabe ist zumindest meine eigene Standortbestimmung. Ich muss mich fragen, ob ich das Geschehen im Hinblick auf die Schicksalsgesetzeslage sehen kann und will oder mich lieber auf die bürgerliche Moral zurückziehe, bei der mit diesen Fakten alles klar ist: Fremdgehen und Kind von einem anderen bedeutet Trennung, Scheidung und Schluss. Damit aber – das müsste ich mir eingestehen – ist die Frau, die ich lieb(t)e, für mich verloren. Jetzt habe ich schon viel verloren, aber wie verloren bin ich dann?

Urprinzipieller Bezug: Waage-Venus (Liebe), Mond (Familie, Kind), Saturn (Ende).

Scheiternde Beziehungen

Ich bin bestürzt, wie viele Ehen in unserem Bekanntenkreis auseinandergehen. Da geht bei Leuten das Licht aus, von denen man es kaum erwartet hätte.

Partnerschaft ist eben schwierig und wird es heute immer mehr, da im Rahmen der Emanzipation Frauen nicht mehr automatisch zurückstecken. In modernen Großstädten sollen achtzig Prozent der Ehen zu Bruch gehen; bereits über die Hälfte der Bevölkerung lebt angeblich als Single.

Die Frage im Leben ist nicht, ob wir lernen wollen, sondern höchstens, ob wir es allein oder zu zweit tun. Glücklicher fühlen wir uns – daran lässt die moderne Glücksforschung keinen Zweifel – zu zweit und also in der Partnerschaft, zwar nicht immer, aber grundsätzlich. In dieser Hinsicht mag der moderne Trend zum Single-Dasein und kurzlebigen Ehen bestürzend sein.

Was sagt mir der Trend zu Kurzbeziehungen, und was spiegelt er mir für mein Partnerschaftsleben? Bekomme ich Angst um meine Beziehung, wenn ich das Ende von Partnerschaften mitbekomme, die ich für stabil und sicher erachtet habe?

Meine Aufgabe dürfte darin liegen, diese Spiegel in meiner direkten Umgebung ernst zu nehmen und auf mich und uns zu beziehen. Ich könnte auch an den Gründen des Scheiterns anderer Beziehungen prüfen, wie es bei uns in dieser Hinsicht steht.

Urprinzipieller Bezug: Waage-Venus (Partnerschaft), Pluto (Projektion).

Lit.: ME.

● Kinder – die besten Lehrmeister

Mama-Taxi

Erst fand ich es wichtig, dass meine Kinder ihre Freizeit mit Sport(training) oder Musik- und Ballettstunden füllen, doch jetzt habe ich es satt, Taxi zu spielen. Die könnten sich auch mal selbst beschäftigen.

Wenn ich für meine Kinder entscheide, ihr Leben plane und gleichsam in ihr Schicksal eingreife, muss ich damit rechnen, dass ich das ausbaden muss und dass sie zwar mitspielen, aber auch nicht mehr.

Wie groß ist mein Ehrgeiz im Hinblick auf meine Kinder? Habe ich mich diesbezüglich übernommen, ihnen und mir zu viel zugemutet? Waren es überhaupt die Wünsche meiner Kinder, oder waren es meine, so wie es jetzt meine Transportprobleme sind?

In diesem Sinn wäre eine volle Agenda mit den Kindern durchzusprechen. Vielleicht würden auch sie gern einiges von dem ehrgeizigen Programm streichen und für das Übrige mehr Verantwortung übernehmen. Darüber hinaus kann ich mich noch fragen, wo mir Durchhaltevermögen und Konsequenz fehlen.

Wie könnte ich mich besser organisieren, um meine guten Ideen und Vorstellungen umzusetzen und durchzuhalten? Wie stehen die Kinder dazu? Haben sie überhaupt die Disziplin und die Konsequenz?

Die Gelegenheit mag jetzt günstig sein, Eltern- von Kinderträumen zu unterscheiden und auf das (den Kindern) Wesentliche zu reduzieren. Ich könnte auch überlegen, wo ich Grenzen setzen sollte. Und ich könnte über den Spruch meditieren: Wie man sich bettet, so liegt man.

Urprinzipieller Bezug: Jungfrau-Merkur (Planung), Mond (Kinder), Saturn (Disziplin, Hindernis).

Undankbarkeit

In meinem Elternhaus hatte ich keine Möglichkeit, ein Instrument zu lernen, was ich sehr bedauert habe. Meine Kinder sollten es diesbezüglich besser haben. Aber sie sind undankbar und fordern stattdessen Reit- und Ballettunterricht.

Der Verdacht liegt nahe, dass ich versuche, eigene Versäumnisse an meinen Kindern zu reparieren, und dabei übersehe, dass sie ihre eigenen Wege zu gehen haben.

Was fordert denn mein inneres Kind von mir? Hätte es auch mehr Freude am Reiten und Tanzen statt am Musikunterricht? Wäre ich meinen Eltern dankbar für ihre (gut gemeinten) Absichten? Bin ich selbst dankbar oder eher undankbar wie meine Kinder, die mir immer auch einen Spiegel vorhalten? Denke ich mit Dankbarkeit an meine Eltern und ihre Möglichkeiten?

Meine Aufgabe ist, mich in den Kindern wiederzufinden und die Kinder ihren eigenen Weg gehen zu lassen. Im Widerstand wird niemand ein Instrument wirklich lernen oder zumindest nicht, ohne Schaden dabei zu nehmen. In diesem Zusammenhang bietet der Film *Shine* über das Klaviergenie David Helfgott eine gute Therapiestunde. Armin Müller-Stahl spielt darin einen schrecklich(en) gutmeinenden, aber krankhaft ehrgeizigen Vater, der, von eigenen schlechten Erfahrungen getrieben, seinen Sohn zum Klaviervirtuosen prügelt.

Die Aufgabe ist, meinen eigenen Weg für mich zu finden und die Kinder ihren gehen zu lassen. Woher nehme ich denn das Recht, Musikunterricht über Ballett zu stellen, Geige über Reitunterricht? Nur aus meiner eigenen Vergangenheit, und die sollte ich den Kindern vom Hals halten.

Urprinzipieller Bezug: Mond (Eltern, Kinder), Saturn (Ehrgeiz), Jupiter (hoher Anspruch).

Lit.: L.

Überbehütung, Angst vor Unglück

Kaum ist mein Kind zur Tür raus, finde ich daheim keine Ruhe.

Wahrscheinlich lenkt das Kind nur von meiner alltäglichen Ruhelosigkeit ab. Ich projiziere diese Unruhe auf mein Kind und bin deshalb generell ruhelos und ohne das Gefühl für meine Mitte. Ganz unabhängig vom Muttersein ließe sich das mit Meditation, Tai Chi oder anderen Übungen ändern, die mir auf Dauer Ruhe und Gelassenheit bringen.

Was treibt mich in Wirklichkeit um und lässt mich meine Mitte verlieren? Was steckt hinter der Ruhelosigkeit, welches Thema will angeschaut und gelöst werden?

Aufgabe ist, die Quelle meiner Unruhe aufzuspüren und mich ihr zu stellen, um dann Ruhe zu finden, falls diese mein wirkliches Anliegen ist. Damit kann ich mein Kind entlasten und mich meinem eigentlichen Thema zuwenden.

Urprinzipieller Bezug: Mond (Kind), Saturn (Angst vor Unglück).

Lit.: L.

Ungehorsam

Meine Kinder hören nie, was ich sage. Sie stellen sich taub, und es ist, als würde ich gegen eine Wand reden.

Wenn die Kinder nicht hören und nicht gehorchen, habe ich offenbar keine Autorität bei ihnen. Vielleicht muss ich bei dieser Gelegenheit ein generelles eigenes Thema lernen. Und natürlich müssen Kinder auch lernen, sich abzugrenzen und ihren eigenen Weg zu gehen.

Genieße ich an anderer Stelle überhaupt Autorität und Beachtung? Gehe ich meinen eigenen Weg im Leben?

Darüber hinaus spiegeln mir meine Kinder auch meinen eigenen Umgang mit Autoritäten wider.

Wo und wann stelle ich mich taub, wenn sich mir eine höhere Autorität zuwendet? Wie reagierte ich früher auf die Ansprache meiner Eltern, Lehrer und Autoritätspersonen? Beachte ich die Winke des Schicksals?

Meine Aufmerksamkeit wird durch diese Probleme verstärkt auf meine Kinder und die Art, wie ich ihren Bedürfnissen nachkomme, gelenkt. Das gilt auch für die Art, wie ich mein inneres Kind beachte.

Bin ich irgendwo taub für die Bedürfnisse meiner Kinder und stumm bei ihren berechtigten Wünschen?

Mit Hilfe der Übung des ersten aufsteigenden Gedankens kann ich beginnen, Wege zu finden, wie ich die Mauer überwinden beziehungsweise durchdringen kann, die mich von meinem eigenen inneren Kind trennt und die zwischen mir und meinen äußeren Kindern steht.

Urprinzipieller Bezug: Mond (Kinder), Saturn (Widerstand).

Lit.: CD »Lebensprinzipien-Set: Mond, Saturn«.

Verzogene Kinder, keine Grenzen setzen

Mein Mann verwöhnt die Kinder, aber sie werden immer frecher.

Hier liegt kein Widerspruch vor, denn verwöhnte Kinder werden natürlich immer frecher. Kinder müssen erst ihre Grenzen finden, und folglich suchen sie danach. Wenn sie keine finden und keine gesetzt bekommen, gehen sie immer weiter und probieren immer mehr aus, um auf welche zu stoßen, und daran nehmen wir dann Anstoß. Ihre ganze Suche nach Grenzen nennen wir dann Frechheit und übersehen dabei unsere Pflicht, ihnen Grenzen zu setzen. Zum Schluss betteln komplett unerzogene und damit ungezogene Kinder geradezu um Ohrfeigen, die ihnen immerhin eine Grenze setzen würden. Natürlich ist Schlagen kein adäquates pädagogisches Mittel. Da allerdings ein Viertel aller Beziehungen bei uns »schlagende Verbindungen« sind, liegt hier ein großer Schatten.

Ungezogene Kinder, die später mangels entsprechender Erfahrung viel zu spät von anderen wie Lehrern gezogene Grenzen kaum mehr respektieren, können zu einer Qual werden, auch für sich selbst. Die Aufgabe lautet also, zu lieben und liebevoll, aber bestimmt Grenzen zu ziehen und Konsequenz bei ihrer Überwachung walten zu lassen, statt zu verwöhnen. Kinder wollen ja noch Erfahrungen machen, und sie müssen irgendwo die Spielregeln lernen. Wenn wir sie ihnen konsequent beibringen und auf ihre Einhaltung drängen, ist das die beste Vorbereitung aufs Leben, denn dort gelten die Schicksalsgesetze mit totaler Konsequenz und ohne Ausnahme.

Wenn ich die Verwöhnung als das Problem meines Ehemannes empfinde, könnte das auf eine ungerechte Aufgabenverteilung schließen lassen. Das bereitet heute vielen Familien Probleme: Er ist die meiste Zeit abwesend, und wenn er dann mal da ist, verhält er sich gnadenlos verwöhnend und unterläuft damit ihre Erziehungsmaßnahmen und auch etwaige Grenzsetzungen. Kinder danken so etwas nicht, sondern geraten meist völlig außer sich. Nach Trennungen wird das manchmal noch schlimmer. Der Verwöhnende und Inkonsequente ist der für das Kind Gefährliche, der es oft zum Spielball seiner un- oder halbbewussten Rache am Expartner macht und dabei dem Kind am meisten schadet.

Kinder, denen wir nicht rechtzeitig Grenzen setzen, bekommen diese später vom Leben mit oft schrecklicher Konsequenz gesetzt. Die Maßnahmen sind dann meist nicht von Liebe getragen und ungleich härter, und die Kinder sind oft schon keine mehr und lernen viel schlechter. Der Spruch »Was Hänschen nicht gelernt hat, lernt Hans nimmermehr!« ist leider viel wahrer, als Kinder verwöhnende, inkompetente Eltern sich träumen lassen. Sie meinen, ihr Kind zu lieben, und tun ihm doch das Schlimmste an. Das – solchen Eltern natürlich auch nicht bewusste – Polaritätsgesetz lässt grüßen.

Möglicherweise bräuchte ich als Vater oder Mutter auch selbst mehr Verwöhnung von meinem Partner und gebe den

Kindern stellvertretend zu viel von dem, was ich selbst so gern hätte.

Urprinzipieller Bezug: Mond (Kinder), Saturn (fehlende Grenze), Jupiter (Verwöhnen).

Verweigerte häusliche Mitarbeit

Die Kinder helfen nie im Haushalt mit! Wie kann ich reagieren, wenn meine Kinder mir ihre Hilfe verweigern? Darf ich ihnen auch meine Hilfe verweigern?

Wenn ich die Hilfe meiner Kinder will, habe ich sie darum zu bitten. Sie müssen ja erst lernen, dass das Mithelfen dazugehört, wenn man dazugehören will. Es wäre gut, ihnen zu erklären, wie wir alle voneinander abhängen, und dass sie helfen lernen müssen, damit ihnen ebenfalls geholfen wird. Wenn ich trotzdem keine Hilfe bekomme, drängt sich die Frage auf, ob ich ihnen überhaupt wirklich richtig helfe.

Ist mir in meiner Familie richtig gut geholfen worden, und habe ich geholfen? Habe ich das Helfen als Chance kennen lernen dürfen, dazuzugehören?

In der tieferen Auseinandersetzung mit dem Thema Helfen liegt meine Aufgabe darin, Wege zu finden, meinen Kindern ein Gefühl zu vermitteln, was ihr Beitrag für ein gutes Zusammenleben ist. Kindern Gleiches mit Gleichem zu vergelten ist dagegen eine kindische Haltung und wirkt jedenfalls nicht erwachsen. Sie wollen und sollen von uns lernen, und das setzt eine gewisse Überlegenheit in vieler Hinsicht voraus. Außerdem führt das alttestamentarische »Auge um Auge, Zahn um Zahn« oder das Volkstümliche »Wie du mir, so ich dir« zu einer sehr harten Lebenseinstellung, die Christus durch die Gnade relativiert hat. Insofern ist es vorzuziehen, den eigenen Hintergrund zu diesem Thema zu klären.

Habe ich meinen Eltern nicht helfen müssen? Oder habe ich an diesem Punkt mit ihnen gekämpft? Und wie ist dieser Kampf ausgegangen? Habe ich damals gewonnen und damit fürs Leben verloren? Wie kann ich meinen Kindern Ähnliches ersparen?

Die zentrale Aufgabe ist wie gesagt, den Kindern das Prinzip der Solidarität zu verdeutlichen und die Ideen von Familie und Gemeinschaft näherzubringen. Trotzdem kann es manchmal auch sinnvoll sein, Kindern konkret zu zeigen, dass erhaltene Hilfe mit gegebener zusammenhängt, nach dem Motto »Helft, so wird euch geholfen«. Wenn das synchron statt ursächlich gesehen wird, ist es noch schöner, das heißt, die Kinder können erleben, wie sie bedingungslos Hilfe bekommen und auch solche zu geben lernen. Wenn das gleichzeitig geschieht, entsteht ein Gefühl von Geborgenheit. Mit der »Wie du mir, so ich dir«-Methode, die schon fast auf Erpressung hinausläuft, lernen sie eben diese.

Urprinzipieller Bezug: Mond (Kinder), Jungfrau-Merkur (Vernunft), Saturn (Verantwortung).

Mattscheibe

Unser Sohn steht auf brutale Computerspiele, was mich total nervt und verunsichert.

Wenn es mich so nervt und ängstigt, muss ich damit zu tun haben, so schwer mir das vorstellbar ist. Natürlich geht es mir nicht um brutale Computerspiele, aber ich habe Probleme mit dem dahinterstehenden Prinzip, dem der Aggression.

In welcher Weise und auf welchen Gebieten lebe ich und le-
ben wir das Marsprinzip zu wenig in unserer Familie, so dass
unser Sohn es draußen und eben in der IT-Welt suchen muss?

Würde unsere Familie ein vitales, pralles Abenteuerleben füh-ren, wäre diese Flucht in die Computerspiele sicher nicht not-wendig. Wahrscheinlich findet er in unserem Familiensystem zu wenig Energie und Kraft, so dass er diese Dinge auf so uner-lösten und letztlich unbefriedigenden Ebenen wie der des Computerspiels sucht.

Ist mein Mann eine gute männliche Identifikationsfigur für
unseren Sohn, voller Mut und Abenteuergeist, entscheidungs-
fähig und unternehmungslustig? Neige ich dazu, unser Fami-
lienschiff in abenteuerträchtige spannende Gewässer zu steu-
ern?

Verbieten ist also nicht die Lösung, sondern das Anbieten von Alternativen. Auf spannenden Berg- oder Bootstouren werden die Computerspiele am ehesten nebensächlich. Es gibt zudem auch außerhalb der Familie spannende Angebote, zu denen ich ihn motivieren könnte. In dem Maß, wie wir als Eltern unse-rem Kind allerdings das Leben von Couch-Potatos vorleben, wird es doppelt schwierig, aus diesem Muster herauszufinden. Wir Eltern können ihm natürlich am besten helfen, wenn wir es selbst schaffen, und so zu Vorbildern werden im Erobern der urprinzipiellen Marswelt.

Urprinzipieller Bezug: Mars (Aggression), Pluto (Brutalität).

Lit.: A; CD »Wut und Zerstörung in Lebensenergie wandeln«.

Sprachlosigkeit, Geheimnisse

Meine Tochter kehrt sich ab und hat Geheimnisse vor mir. Ich kann sie nicht mehr verstehen, und sie spricht nicht mehr mit mir. Immer wieder überrascht es mich auch, welche gravierenden Probleme ich mit ihr habe, wenn es um grundlegende Regeln geht. Die Probleme, die sie aus der Schule mitbringt, erschrecken mich in ihrer Heftigkeit. Früher war sie so süß und mir nahe.

Oft zeigt mir die Situation mit meinem Kind auch, was mit meinem inneren Kind passiert ist. Ich sollte mir überlegen, wie ich über mein inneres Kind wieder zu meinem äußeren Kind finden kann und den Kontakt zurückgewinne.

In der Pubertät wäre der von mir so drastisch erlebte Lösungsprozess aber normal und zu akzeptieren. Das Kind muss sich von so vielem, auch von den Eltern, ein Stück lösen und wird anschließend zu ihnen zurückkehren, wenn auch auf anderem Niveau.

In welcher Lebensphase habe ich den Draht verloren? Wann ist mir das in meiner persönlichen Entwicklung mit dem inneren Kind und als Mutter/Vater mit meiner Tochter passiert?

In der Rückschau könnte ich mir bewusstmachen, wie meine eigene Pubertät verlaufen ist.

Habe ich mich in meiner eigenen Pubertät verlaufen und muss nun Ähnliches nochmals in der Elternrolle erleben? Gelingt es mir dadurch, meine eigene Mutter, meinen eigenen Vater rückwirkend besser zu verstehen?

Vielleicht bringt sie auch ganz neue erschreckende Nachrichten aus der Schule mit über das Verhalten anderer, andere Familienschicksale, ungehobelte Mitschüler, sogar Gewalt und Drogen. All das ließe sich am ehesten einordnen auf der Ebene der Schicksalsgesetze und Spielregeln des Lebens. Je früher ein Kind oder Mensch sie lernt, desto entwicklungsförderlicher. Je besser ich mein Kind darauf vorbereitet habe, dass diese Welt viele unerlöste Erfahrungen mit sich bringt, desto sicherer wird es damit umgehen können. So wäre es wichtig, den ersten Alkohol mit ihm zu trinken und den ersten Joint zu rauchen und ihm dabei *reinen Wein* einzuschenken. Daraus gewinnen Eltern erst die Kompetenz, mit Akzeptanz vor Heroin warnen zu können. Und es wäre zu erwägen, was jetzt wirklich Wichtigkeit hat, wenn sie in der Pubertät ist. Gegen wen soll eine Tochter denn jetzt rebellieren, wenn nicht gegen ihre Mutter?

Ist jetzt wichtig, dass ich meine Ruhe habe, oder sie ihren Aufstand machen kann?

Habe ich die wirklich grundlegenden Regeln selbst gelernt in Gestalt der Schicksalsgesetze, der Spielregeln des Lebens? Konnte ich diese zeitlosen Gesetze meiner Tochter weitervermitteln, oder reden wir nur über so relative Dinge wie rechtzeitiges Nachhausekommen? Was heißt hier überhaupt rechtzeitig? Wenn ich beruhigt zu Bett gehen will oder wenn sie bis zur Ekstase, bis ihr Hören und Sehen vergeht, getanzt hat?

Am besten ist, wenn ich mich gleich zu Beginn ihres Loslösungsprozesses aufrege, damit sie bereits an harmlosen Dingen die Erfahrung der Grenzüberschreitung erleben kann. Wenn ich schon bei bunten Haaren ausflippe, braucht sie es nicht bis zu Heroin zu treiben. Ich kann ja, während ich mich aufrege, innerlich ruhig und im sogenannten Zeugen-Bewusstsein bleiben. Es ist nur einmal Pubertät (pro Kind), und das scheint jetzt zu sein. Auch kann ich sicher sein, dass sie mich danach wiederfindet und neuerlich liebt. Sie wird auch weiter süß und nahe sein, nur eben für und mit anderen.

Wie kann ich damit umgehen, dass meine süße Kleine sich anderen zuwenden wird?

Die Pubertät ist nur die Vorübung – auch für Eltern. Mark Twain sagte einmal sinngemäß: Mit vierzehn habe ich mich entsetzlich über den dummen Menschen geärgert, der mein Vater war. Mit einundzwanzig war ich dann erstaunt, in welch kurzer Zeit der alte Mann doch so beachtliche Entwicklungsschritte gemacht hatte.

All das wissend, ist die Pubertät und damit der Aufstand der Kids gegen das Establishment, zu dem wir als Eltern gehören, eine gute Chance, selbst die Spielregeln des Lebens verstehen zu lernen. Und anschließend können wir Wege finden, sie den Kindern zu vermitteln. Das wäre die wichtigste und wirksamste Mitgift, die wir ihnen für den eigenen Weg geben können.

Urprinzipieller Bezug: Mond (Kind, Familie), Uranus (Rebellion), Saturn (Distanz, Kontaktverlust, Ablösung).

Lit.: SG, LP, L.

Nicht verstanden werden

Mein Sohn hat schon wieder Ärger mit den Lehrern. Die verstehen seine Art nicht.

Auch in diesem Fall geht es darum, genauer hinzuschauen, meinen Anteil wahrzunehmen und meine Motive zu hinterfragen. Ich kann davon ausgehen, dass ich mich in meinem Sohn und seinen Problemen spiegele.

Ärgert mein Sohn die Lehrer und macht sich und mir dadurch Ärger?

Wo sehe ich mich in meinem Sohn? Wo mache ich mir und meiner Umwelt Ärger? Wo begehre ich auf und bestehe auf meiner Individualität und meinem Besonders- und Anderssein?

Bin ich jetzt wütend oder stolz auf meinen Sohn? Wie viel von seiner besonderen Art kann ich tolerieren und auch gegen Lehrer verteidigen? Wo übertreibt er?

Ich sollte seine und meine Aufgabe darin erkennen, unsere Originalität und Individualität im vorgegebenen Rahmen zu verwirklichen und lediglich durch herausragende Leistungen und überraschende Entdeckungen aus dem Rahmen zu fallen.

Urprinzipieller Bezug: Sonne (Individualität), Uranus (etwas Besonderes sein).

Entgleiten, Abwege

Mein Kind gerät in schlechte Gesellschaft und entzieht sich. Was fehlt meinem Kind bei mir?

Mein Kind sucht eine andere Resonanz. In der schlechten Gesellschaft findet es eine Möglichkeit, seinen Schatten widergespiegelt zu sehen. Offenbar geben wir unserem Kind diese Möglichkeit zu wenig. Wenn etwa ein Kind die vitale, unordentliche und leicht anrüchige Wohnküche der Hausmeisterfamilie bevorzugt, statt im Wohnzimmer daheim zu sitzen, könnte das der Fall sein. Möglicherweise lassen wir das Kind auch zu wenig Liebe spüren, selbst wenn sie da ist. Kinder genießen es, wenn Gefühle und Emotionen spürbar fließen und nicht hinter einer Fassade von gutbürgerlicher Wohlanständigkeit verborgen sind. Insofern bevorzugen Kinder in aller Regel abenteuerliche Situationen, die schmutzen und riechen und Bewegung ins Leben bringen.

Geht es bei uns nur etepetete zu, leblos und steril, übertrieben ordentlich, so dass das Leben keine Chance mehr hat?

Kinder lieben es und fühlen sich wohl, wo das Leben in chaotischer Gemütlichkeit abläuft und Hund und Katze ohne hygienische Rücksichten mit dazugehören. Meine Aufgabe ist dann, das Leben wieder einzuladen und die starre und unlebendige Etikette aufzugeben, die mein Kind verscheucht. Statt nach heiler Welt zu streben, sollte ich mit Hilfe dieser Situation erkennen, dass auch Schatten zum Leben gehört.

Falls sich der pubertierende Sohn einer dubiosen Bande anschließt, ist dahinter die Sehnsucht nach Männlichkeit zu ahnen, zu einer Gruppe von Männern zu gehören, die hart und eben viril sind. Meine Aufgabe besteht dann darin, ihm das auch in der Familie und hier natürlich vor allem als Vater zu bieten.

Urprinzipieller Bezug: Mond (Kind, Familie), Pluto (Schatten).

Lit.: SP.

Kontaktabbruch

Meine Kinder sind in einer Sekte verschwunden. Sie haben den Kontakt zu mir abgebrochen, weil ich von ihrer Sekte nichts halte.

Natürlich sind Sekten und ihr Machtmissbrauch ein objektives Problem. Aber für mich ist wichtig zu klären, warum gerade mir das passiert und was es mir sagen will. Zunächst könnte ich klären, ob ich allgemein Vorurteile gegen Sekten hege. Immerhin hat auch das Christentum einmal als kleine jüdische Sekte begonnen.

Was stört mich an der Sekte meiner Kinder, und wo finde ich grundsätzlich ähnliche Bestrebungen bei mir und uns?

Wenn ich etwa Gehirnwäsche befürchte, wäre zu schauen, wo auch ich – vielleicht unbewusst – versucht habe, meine Kinder zu beeinflussen und auf den rechten, nämlich meinen Weg zu bringen.

In welcher Weise sind meine Kinder in meinen Augen vom rechten Weg abgekommen? Glaube ich, noch immer den richtigen Weg für sie zu kennen?

Nach Auffassung von Khalil Gibran steht das Eltern gar nicht zu, über den Weg der Kinder zu bestimmen. Der »Verlust« der Kinder, ihr Loslassen, steht grundsätzlich sowieso irgendwann an. So wäre diese Konfliktsituation jetzt durchaus eine Übung für mich, sie loszulassen.

Was lösen die Anforderungen der Sekte an meine Kinder bei mir aus? Hat mir da jemand meine Elternrolle abgenommen oder gar gestohlen? Ist das mein Problem?

Außerdem ist gegen den Willen volljähriger Kinder sowieso nichts zu machen. Da helfen auch die Sektenbeauftragten der beiden großen Kirchen nichts, mit deren Hilfe diese lediglich versuchen, sich die unerwünschte Konkurrenz vom Leib zu halten. Und das gelingt ja nicht einmal den Kirchen, die sich ganz entschieden durch eigene Skandale oder zunehmende Irrelevanz aus ihrer ursprünglichen Bedeutung verabschieden, wodurch überhaupt erst neue religiöse Gemeinschaften solche Chancen bekommen.

Es stört und beunruhigt mich, dass sich die Kinder meinem Einfluss- und damit Machtbereich entzogen haben. Es könnte sein, dass ich in dieser Hinsicht übertrieben oder zu viel des Guten gewollt habe, so dass es ihnen zu viel geworden ist.

Sollten meine Kinder etwa so werden wie ich? Kann ich ihnen das wirklich empfehlen? Oder sollten sie es besser machen als ich und meine unerfüllten Träume verwirklichen?
Ist der Sektenbeitritt für meine Kinder eine Befreiungsaktion gewesen, die sie in noch mehr Unfreiheit gebracht hat, zwar weg von mir, aber vom Regen in die Traufe?

Ich sollte auch bedenken, dass die Sekte jetzt möglicherweise übertreibt, was ich schon begonnen hatte. Es könnte sein, dass meine Kinder es so dick brauchen, bis sie begreifen, dass sie die Verantwortung für ihr Leben selbst übernehmen müssen.

Urprinzipieller Bezug: Mond (Familie), Saturn (Hindernis, Hemmung), Pluto (Macht, Unterdrückung).

● Die (angeheiratete) Familie

Missachtung der Familientradition

Natürlich weiß ich, dass meine Kinder ihren eigenen Weg finden müssen. Trotzdem gibt es Familientraditionen, die nicht so einfach übergangen werden können. Großvater wäre entsetzt, wenn er erführe, dass keiner Interesse an unserem Firmenjubiläum hat.

Ich erwarte von meinen Kindern Anerkennung der Familienwerte und -tradition, doch offenbar habe ich versäumt, ihnen meine Einstellung zu vermitteln. Vielleicht lasse ich die Kinder ahnen, dass ich es ebenfalls nicht so mit den Ahnen habe; das wäre eine Erklärung, warum mich ihr Verhalten so stört.

Habe ich selbst genug Anerkennung für unsere Familiengeschichte, und erlebe ich unseren Großvater als großen Vater und Begründer unserer Tradition voller Achtung und Respekt?

Möglicherweise nehme ich all die Arbeit mit dem Jubiläum nur auf mich, um den Schein zu wahren.

Engagiere ich mich beim Firmenjubiläum nur den Konventionen zuliebe oder nur, um gute Miene zu einem mir fremden Spiel zu machen?

Oder es ist die Undankbarkeit gegenüber dem Begründer unseres Reichtums, die mir aufstößt. Dann muss ich mich fragen, wie dankbar ich selbst ihm bin.

Urprinzipieller Bezug: Sonne (Individualität), Mond (Familie), Saturn (Tradition).

Ärger mit der Schwiegermutter, Besserwisserei

Meine Schwiegermutter weiß immer alles besser.

Das ist ihr Problem, aber ich sollte mich fragen, warum sie einen so hohen Stellenwert in meinem Leben hat. Da ich die Schwiegermutter nicht geheiratet habe, muss etwas schiefgegangen sein.

Bin ich überhaupt die Nummer eins bei meinem Partner, oder hat er sich noch gar nicht von seinen Eltern, insbesondere von seiner Mutter gelöst? Erwartet er jetzt etwa, dass ich mich ihr genauso unterordne wie er?

Doch nicht nur das Verhältnis meines Mannes zu seinen Eltern, auch das von mir zu meinen Eltern ist hier näher zu betrachten.

Habe ich mich von den eigenen Eltern und insbesondere von meinem Vater gelöst, oder habe ich mir in meinem Partner nur einen Ersatz für den Vater gesucht, an dem ich jetzt lernen kann, mich zu lösen?
Oder habe ich mich von meiner eigenen Mutter nicht gelöst, und muss das jetzt an seiner üben?

Ich kann üben, meine (Schwieger-)Mutter bei sich und mich bei mir selbst bleiben zu lassen. Wenn sie sich in meine und unsere Angelegenheiten einmischt, kann ich lernen, Grenzen zu ziehen und diese auch zu verteidigen. Dafür könnte ich ihr dankbar sein.

Schließlich muss ich mich fragen, ob sie es vielleicht wirklich besser weiß oder es sich nur einbildet. Vielleicht weiß ich selbst zu wenig, worauf es im Leben ankommt.

Urprinzipieller Bezug: Sonne (Nummer eins sein), Jungfrau-
Merkur (Kritik).

Ärger mit dem Schwiegervater, Kritisieren

*Mein Schwiegervater kritisiert mich immer noch. Das soll
endlich aufhören!*

Wenn ich möchte, dass es aufhört, muss ich es unterbinden
und mir bei ihm Respekt verschaffen oder ihn hinausdrängen.
Letzteres mag auf den ersten Blick leichter erscheinen, führt
aber auf Dauer zu keiner wirklichen Lösung, denn alles Ver-
drängte und Weggeschobene drängt und schiebt weiter, wenn
auch in anderen Kostümen.

*Wer hat mich früher in meiner ursprünglichen Familie im-
mer kritisiert, und wieso habe ich dort nicht gelernt, damit
umzugehen?*

Aufgabe ist, der Kritik nachzuspüren und festzustellen, wo sie
berechtigt und wo sie Familienpolitik ist. Im ersten Fall gilt es,
die Kritik ernst zu nehmen und umzusetzen, im anderen Fall
zu unterbinden durch die Eroberung der Nummer-eins-Positi-
on beim Ehepartner. Das wiederum ist im Positiven wie im Negativen möglich: indem ich ihn/sie wirklich erobere und auf
Dauer gewinne oder indem ich ihn/sie unter Druck setze bis
hin zu Erpressung nach dem Motto »Er oder ich?«. Letzteres ist
allerdings ein Zeichen, dass ich das Problem in mir noch nicht
gelöst habe, sondern aufgeschoben.

Urprinzipieller Bezug: Jungfrau-Merkur (Kritik), Sonne (Selbstbewusstsein), Pluto (Erpressung).

Ungebetene Einmischung

Die Eltern und Schwiegereltern mischen sich zu viel ein, angefangen von der Kindererziehung bis zur Planung eines gemeinsamen Abendessens.

Ich will mein eigenes Leben führen, und die (Schwieger-)Eltern stören (mich) dabei. Warum sie immer mitmischen wollen, könnte verschiedene Gründe haben, die mir mehr über mich selbst verraten.

Wollen sie die bei mir gemachten Erziehungsfehler korrigieren? Glauben sie, ich könnte kein gutes Abendessen zaubern, weil sie es mir nicht beigebracht haben? Oder suchen sie einfach ein neues Leben und Aufgaben in meinem (Be-)Reich? Habe ich mein eigenes Reich und mein Leben? Warum ärgert es mich, wenn sie mir so schwere, verantwortungsvolle Arbeit wie die Kindererziehung abnehmen wollen? Wollen sie den Enkeln nahe sein, weil sie es mit ihrem eigenen Leben und Weg nicht hinbekommen und krampfhaft Aufgaben suchen im Sinne des Leere-Nest-Syndroms? Bekomme ich selbst ein Leben neben den Kindern hin, damit mir nicht einmal Ähnliches passiert?

Warum kann ich nicht froh sein über Freiräume, die sie mir schaffen? Wüsste ich vielleicht auch nicht, wie und womit ich sie füllen sollte?

Setze ich mich andererseits ihnen gegenüber nicht genügend durch, so dass sie meine Erziehungsvorgaben ignorieren? Kann ich mich meinen Kindern gegenüber besser durchsetzen, oder können sie es? Ist es Letzteres, was mich so stört?

Mit ihren Übergriffen zeigen mir meine Eltern, welche Aufgaben ich zu lösen habe, so dass ich dann wirklich beginnen kann, mein Leben zu leben. Indem ich meine Autorität stärke, sollte ich letztlich lernen, ihnen Grenzen zu setzen und mich bei ihnen und den Kindern besser durchzusetzen und allen ihren Platz in meiner Familie zuzuweisen.

Urprinzipieller Bezug: Sonne (Ich), Mond (Familie), Saturn (Störung).

Beleidigt sein

Mein Bruder redet nicht mehr mit mir, seitdem ich seine Frau und die schlechten Manieren seiner Kinder kritisiert habe.

Bevor ich mich weiter mit den Manieren der anderen befasse, bringt es mir mehr, mir meine eigenen Manieren und die der Meinigen näher zu betrachten. Dann könnte ich mich fragen, was an der Frau und den Kindern meines Bruders es eigentlich ist, das ich bei mir oder meiner Frau und meinen Kindern nicht ausstehen kann.

Was macht die Familie meines Bruders mir so deutlich, indem sie es widerspiegelt?
Woher kenne ich dieses Verhalten, den Kontakt abzubrechen, in aggressives Schweigen auszuweichen?

Es kann sein, dass ich meinen Bruder sehr getroffen habe, weil er sich an den Kritikpunkten ähnlich stößt wie ich, schließlich ist er mein Bruder und mir eher ähnlich. Vielleicht kann er sich an diesen Punkten selbst nicht durchsetzen und bekam es von mir nun auch noch unter die Nase gerieben. Möglicherweise teilen wir in Wirklichkeit ein Problem, das ich ihm lediglich über seine Familie zuschieben wollte. Ich kann diese Projektion zurücknehmen, indem ich mein Problem angehe und mich bei ihm entschuldige und ihm erklären, dass ich eigene Probleme im Spiegel lösen wollte, weil ich Angst und Scheu habe, sie bei mir und uns anzugehen.

Urprinzipieller Bezug: Jungfrau-Merkur (kritisieren), Saturn (Abbruch der Beziehung).

Ausgrenzung, Minderwertigkeitsgefühl

Die Familie meines Mannes lässt mich spüren, dass ich nicht die richtige Kinderstube hatte; ich werde von oben herab behandelt und ausgegrenzt. Darunter leide ich sehr.

Entscheidend ist, wo mein Mann in diesem Spiel steht, der mich immerhin geheiratet hat:

Hilft mir mein Mann, oder ist er auch gegen mich? Liebt er mich, oder bin ich ihm peinlich?

Wenn er mich nicht unterstützt, wäre zu überlegen, ob ich überhaupt in der richtigen Familie gelandet bin, oder einfach zu schade für den arroganten Haufen. Dann wäre die Aufgabe möglicherweise auch zu groß. Ohne die Unterstützung meines Partners ist es wahrscheinlich kaum möglich, die anderen für mich zu gewinnen.

Falls er an meiner Seite steht und solidarisch ist, wäre es gut, mich zu fragen, warum ich mich von dieser Familie kleinmachen lasse. Ich habe ja nicht zufällig hier eingeheiratet.

Was hat meine angeheiratete Familie, das ich auch gern hätte?

Wo fühle ich mich wirklich weniger wert und damit minderwertig und unterlegen? Wo treffen sie mich im Innersten und an meinen Schwachpunkten?

Ich sollte herausfinden, wo und wann ich mich selbst herab-
setze.

Wo möchte ich etwas oder mehr bieten können?

Die ideale Therapie bei Minderwertigkeitsgefühlen ist der Er-
werb von Selbstvertrauen, was am besten über Einheitserfahrungen und Aufbau von Urvertrauen gelingt. Aber ich kann natürlich auch – vor allem mir selbst zuliebe – mein Bildungsdefi-
zit in jenen Bereichen ausgleichen, die mir Freude machen.
Wer hindert mich, ein Musikinstrument zu lernen und zu lesen, was mich interessiert, mich in Kunst und Kultur, die Mar-
kenzeichen der Bildungsbürger, einzufühlen – aber immer nur
in dem Maß, wie sie mich wirklich ansprechen. Ich könnte sogar Schulabschlüsse nachholen und noch etwas studieren, das
mich bewegt. Aber niemals, um es ihnen zu zeigen; das haben
sie gar nicht verdient, und ich habe es auch nicht verdient; sol-
chermaßen erworbene Bildung würde mir auch nicht bleiben.
Vor allem aber könnte ich meine Herzensbildung erweitern
und vertiefen und so vielleicht sogar den fehlenden Pol in diese Familie bringen. Dann hätten beide Seiten gewonnen.

Wenn die anderen mein Minderwertigkeitsgefühl brauchen, um ihre Haken festzumachen, an denen sie mich durch
den Kakao ziehen und an der Nase herumführen können, geht
es um das Thema Hochnäsigkeit. Und wenn mich ihre Arroganz nervt, muss ich mich auf die Suche nach meiner eigenen
Überheblichkeit machen. Irgendwo muss sie sein und irgendwann auch wichtig gewesen sein in meinem Leben, sonst
könnte ich das jetzt nicht erleben. Vielleicht habe ich als Kind
die Nase hoch getragen gegenüber Mitschülern, die Flüchtlin-
ge waren oder sonst irgendwie anders mit rotem Haar oder einer komischen Nase. Wenn ich meine Arroganz gefunden ha-

be, kann ich die Gelegenheit, in dieser Familie zu leben, schätzen lernen, um mir einmal die andere Seite der Arroganz anzuschauen und Abbitte zu leisten.

Urprinzipieller Bezug: Sonne (Arroganz), Stier-Venus (Besitz, alter oder neuer Reichtum, Familientradition, Stammbaum), Neptun (Außenseiter).

Lit.: SP.

● Häusliches Zusammenleben

Kein Raum für mich

Ich habe keinen Platz für mich, schon gar kein eigenes Zimmer!

Der fehlende Raum in der Wohnung spiegelt den fehlenden im Leben, und ich muss mich fragen, warum ich mir nicht mehr Raum für mich und meine Entwicklung gebe. Es gibt sicher verschiedene Gründe, warum ich mir das gefallen lasse oder es mir antue, für mich weniger zu nehmen und zu fordern, als ich brauche.

Stelle ich die Kinder und meinen Partner weiter über mich, als mir guttut?
Kann ich mich einfach nicht durchsetzen und mir (Frei-) Räume schaffen? Warum ist das so? Hatte ich früher als Kind einen eigenen Platz; wie sah es in der Jugend aus? Habe ich es je geschafft, in dieser Hinsicht für mich zu sorgen? Oder ist das immer in der Sorge für andere untergegangen?

Meine Aufgabe ist zu lernen, mich auf den Platz zu stellen, der mir entspricht und guttut, auf dem ich mich entwickeln und meine über die Familie hinausgehenden Talente und Fähigkeiten zur Blüte bringen kann. Ich bin aufgefordert, meinen Wachstumsimpulsen nachzukommen.

Urprinzipieller Bezug: Saturn (anderen Grenzen setzen), Jupiter (Expansion, Entwicklung).

Wohin das Geld fließt

Mein Mann gibt Unsummen fürs Auto aus und spart dafür bei der Wohnungseinrichtung.

Das Auto ist wie die Wohnung Symbol der gemeinsamen Beziehung, und es stört mich, dass er den beweglichen Teil unserer Partnerschaft (das Auto als Symbol des Wegfahrens) gegenüber dem statischen (die Wohnung als Symbol des Heimkommens und Nestbaus) bevorzugt.

Was stört mich daran, dass er sich mehr im Auto verwirklicht als im gemeinsamen Heim? Widerstrebt mir seine Flucht in die Ferne bei Vernachlässigung des Naheliegenden?
Und wie steht es damit bei mir auf anderen Ebenen? Komme ich ausreichend hinaus, und kann ich mein Leben führen und verwirklichen, auch ferne Ziele anstreben und Energie in große Träume und weite Reisen fließen lassen? Oder überfordert mich das Naheliegende schon und macht alle konkreten Fernreisen und hochfliegenden Träume zunichte?

Vielleicht haben wir die Schwerpunkte in unserer Partnerschaft disproportional verteilt, und er ist nur noch für das Außen und ich für das Innen zuständig.

Könnte es sein, dass er lieber im Auto als zu Hause ist? Und wie ist das bei mir, und wie hätte ich es gern?
Gibt er mit seinem Auto an – und ist weniger stolz auf unser Heim? Und wie ist das bei mir?

Aufschlussreich ist auch, ob ich mit dem Auto fahren darf oder es seines ist, und falls wir zwei Autos haben, sollte ich mir bewusstmachen, ob ich »sein« Auto so mitbenutzen darf wie er »meine« Wohnung.

Ist es sein Auto und unsere Wohnung? Macht mich diese Ungerechtigkeit verrückt, und wie ungerecht bin ich – zu anderen und zu mir selbst?

Mir scheint die Wohnung wichtig zu sein, doch hier fehlt mir etwas.

Warum schaffe ich das mir Fehlende nicht einfach an?
Warum entscheidet er – offenbar allein – über die Verwendung unseres Geldes? Wie konnte es dazu kommen? Wie habe ich es dazu kommen lassen?

Unsere gemeinsame Aufgabe liegt darin, aus *sein* und *mein* *unser* zu machen. Und meine Aufgabe ist es, unsere Wohnung – den Kindern und mir zuliebe – mindestens auf eine gleiche Ebene der Wichtigkeit wie das Auto zu bringen und das Geldthema zu lösen mit dem Ergebnis gemeinsamer Verfügung darüber.

Urprinzipieller Bezug: Waage-Venus (Beziehung), Stier-Venus (Sesshaftigkeit), Zwillinge-Merkur (Auto, Beweglichkeit).

Lit.: PG.

Arbeitsbedingter Umzug

Mein Mann will wegen einer gut dotierten Stelle hier alles aufgeben und aus unserem Heimatort wegziehen. Das macht mir Unbehagen und Angst.

Generell stellt sich die Frage, wie bereit ich bin, (m)einem Partner zu folgen und wohin. Ich muss mich damit auseinandersetzen, wo ich im Leben stehe und wo meine Wurzeln sind, wie leicht sie sich versetzen lassen und wie viel Liebe dies verlangt. Ich müsste mich prüfen, ob ich für solche Schritte entwicklungsfreundlich genug bin oder eher zu Widerstand und Verweigerung aus einem konservativen Lebensgefühl heraus neige.

Macht mir mehr der Verlust der Heimat und Geborgenheit Angst oder das Neue, für das ich mich nicht offen fühle? Was könnte eine neue Umgebung an Neuem in mein Leben bringen? Bin ich so zufrieden mit dem Alten und Vertrauten oder einfach nur (lebens-)ängstlich in Bezug auf alles Neue? Wie wichtig sind mir meine Heimat und der vertraute Ort mit seinen Menschen? Was bedeuten sie mir wirklich?
Wie wichtig ist mir mein Mann und unsere Beziehung oder Familie? Welche Rolle spielt seine Karriere für mich und für uns? Welche Rolle das Geld, das er verdient? Was verdiene ich?
Wie viel Leben habe ich neben unserer Beziehung? Habe ich überhaupt ein eigenes Leben, oder besteht meines nur aus dem Heimatort und unserer Beziehung und bin ich deshalb so hin- und hergerissen?
Wie flexibel bin ich und wie unabhängig? Und wie möchte ich werden? Was will ich im Leben erreichen? Wohin möchte ich wachsen und mich entwickeln?

Meine Aufgabe wäre, mein eigenes Leben zu finden und meine Interessen zu entwickeln, die mich autarker machen. Wenn ich meinem Mann aus Liebe folge, vollziehe ich selbst einen Lernschritt; wenn ich ihn aus Liebe nötige, auf seine Entwicklung mir zuliebe zu verzichten, errichte ich eine erste Hypothek auf unserer Beziehung.

Urprinzipieller Bezug: Jupiter (Reise), Mond (Heimat), Uranus (das Neue, der Wechsel).

Putzfimmel

Meine Frau hat einen Putzfimmel. Ich hasse es, meine Straßenschuhe schon im Hausflur auszuziehen. Unsere Wohnung ist doch kein Operationssaal.

Diese Frau habe ich nicht zufällig gewählt, und wenn sie mich gewählt hat, habe ich nicht zufällig zugestimmt.

Was darf und soll ich von und an meiner Frau lernen, da sie jetzt anfängt, mir (meinen) Schatten zu spiegeln?
Was ist mein erster aufsteigender Gedanke zum Thema Reinlichkeit?

Natürlich könnte ich ihren »Putzfimmel« einfach ignorieren, wenn ich nicht auch ein Sauberkeits- und Ordnungsthema hätte – wahrscheinlich nur auf einer anderen Ebene. Vielleicht habe ich Angst, mich anzustecken, also in hypochondrischer Weise. Jedenfalls muss mir das Thema ebenfalls bekannt sein, sonst könnte ich mich darüber nicht so aufregen. Meine Aufgabe ist es, die Ebene zu finden, auf der ich darunter leide.

Das Ausziehen der Straßenschuhe am Wohnungseingang könnte ich, bis ich bei mir fündig geworden bin, im Sinne eines

Rituals lösen, wie es in Asien üblich ist. Dort werden als Zeichen von Achtsamkeit und Respekt die Schuhe vor dem Betreten wichtiger und geschützter Räume ausgezogen. Muslime treiben diese Übung noch weiter, wenn sie sich vor dem Gebet in der Moschee die Füße waschen. Es hat nichts mit Hygiene, sondern mit Respekt und Sauberkeit in geistiger Hinsicht zu tun.

Sobald ich meinen Anteil an dem Problem gefunden und gelöst habe, werde ich es daran erkennen, wenn es mir nichts mehr ausmacht, meine Schuhe im Flur auszuziehen. Dann kann ich es problemlos als Ritual beibehalten, bis meine Frau ihr Problem gelöst hat, denn natürlich ist eine Wohnung kein Operationssaal; wenn sie so aussieht, kann sich darin weder Gemütlichkeit noch Leben entwickeln.

Hygieia, die Göttin, die bis heute den Hygieneinstituten ihren Namen leiht, hatte ursprünglich vor allem Ordnung und Sauberkeit im Leben im Auge, also Lebenshilfe im übertragenen Sinn. Hinter dem Anspruch an Sauberkeit im Kleinen steht daher immer auch der nach Sauberkeit im großen, übertragenen Sinn. Gleiches gilt für Ordnung.

Urprinzipieller Bezug: Jungfrau-Merkur (Hygiene).

Schlamperei, Unordnung

Mein Mann ist schon ein Schlamper, und nun auch noch die Tochter! Ich hasse es, den beiden ständig hinterherräumen zu müssen.

Bevor ich mich weiter auf meinen Ärger über die Schlamperei meiner Familie fixiere, kann ich meine Perspektive erweitern und mich ehrlich fragen:

*Muss ich denn wirklich hinter den beiden herräumen? Wo
steht das geschrieben, außer in meiner Vorstellung?*

*Was erfahre ich dabei über mich selbst, das heißt, wo ist die
Schlamperei in mir, deren Eingeständnis ich durch ständiges
Aufräumen vermeiden will? Wo sollte ich in mir aufräumen
und für (höhere) Ordnung sorgen?*

*Wo geht in meinem (Seelen-)Leben oder auf geistiger Ebene
bei mir alles drunter und drüber? Woran erinnert mich das
Tohuwabohu im Zimmer meiner Tochter, die doch immerhin
zu fünfzig Prozent meine Gene hat? Wo herrschen ähnliche
Zustände in meinen inneren Räumen?*

Sobald ich die eigenen Beziehungspunkte zum Chaos gefunden und geklärt habe, wird mich die Unordnung, die beide in
ihrem Bereich machen, nicht mehr tangieren.

Einstein sagte: »Ordentliche Menschen sind selten genial.
Geniale selten ordentlich!« Das ist wahr, verlangt aber nach Er-
gänzung, denn durch Unordnung wird man noch lange kein
Genie. Allerdings stehen Unordnung und Durcheinander für
das Uranusprinzip, und aus dem kreativen Chaos des Uran-
fangs hat sich erst Leben entwickelt. Viele Künstler wie Picasso
haben große Kunst aus Unordnung heraus geschaffen.

Ordnung entspricht dagegen dem Jungfrau-Merkurprinzip
und Struktur dem Saturnprinzip; nicht umsonst lehrt das
Sprichwort »Ordnung ist das halbe Leben«. Das aber bedeutet,
dass kreative Unordnung und spielerisches Durcheinander die
andere Hälfte darstellen. Insofern haben natürlich auch die
beiden Lieben, Tochter und Ehemann, etwas zu lernen. Wenn
ich mein inneres Problem mit (Un-)Ordnung gelöst habe und
ihnen nicht mehr nachräume, weil mich ihr Durcheinander
nicht mehr berührt und im tieferen Sinn gleich-gültig gewor-

den ist, könnte mir eine Überraschung ins Haus stehen. Nicht selten fangen die beiden dann an, bei sich im Außen aufzuräumen und später vielleicht sogar im Innern.

Urprinzipieller Bezug: Jungfrau-Merkur (Ordnung).

Missachtung

Mein Mann nimmt es als selbstverständlich hin, was ich alles für ihn und die Kinder tue. Ich bekomme keine Aufmerksamkeit, aber er schaut anderen Frauen hinterher.

Es schmerzt mich, dass ich missachtet werde und unser Familien- und Eheleben sich aufzulösen scheint.

Was fehlt uns heute, was wir früher hatten? Gebe ich mir selbst genug Aufmerksamkeit – und ihm und uns? Bemühe ich mich, ihn noch anzumachen und macht er mich noch an? Oder erwarte ich seine Aufmerksamkeit nur der lieben Ordnung halber?
Wenn ich diesen Status quo als gegeben akzeptiere, ohne Klagen, was könnte ich für mich in dieser Situation tun? Wie viel selbstlose Mutterliebe kann ich noch aufbringen? Wie viel Familiensinn?

Wenn er schon nach anderen schaut, sollte ich wenigstens auf mich schauen. Es gäbe sicher einiges für mich zu tun und aus mir zu machen, wenn ich anfangen würde, mir Aufmerksamkeit zu schenken, statt auf seine zu warten oder sie einzufordern.

Urprinzipieller Bezug: Waage-Venus (Liebe, Beziehung), Saturn (Hindernis).

Lit.: ME; CD »Selbstliebe«.

Keine Zeit für die Familie

*Ich verstehe meine Frau nicht. Sie hat doch alles. Sie macht
mir Vorwürfe, dass ich zu viel arbeite und zu wenig Zeit für
die Familie habe.*

Hier stoßen wahrscheinlich zwei verschiedene Lebenskonzepte aufeinander. Für mich heißt Beziehung offensichtlich, die Familie ökonomisch gutzustellen, und meine Frau meint wahrscheinlich mich und will mehr von mir und meiner Zeit haben. Die Frage, die ich mir dringend stellen müsste, ist, ob wir uns noch aufeinander beziehen oder wir nur noch beziehungslos nebeneinander leben.

Meine Frau will offenbar das Leben mit mir genießen und braucht dafür genügend Zeit, die wir gemeinsam verbringen. Wenn ich schon erkenne, dass ich meine Frau nicht verstehe, könnte ich mich fragen, ob ich sie denn verstehen lernen will.

Habe ich schon einmal versucht, das Leben mit ihr zu genießen? Was hindert mich an solch einem Versuch? Vielleicht gefällt es mir ja!

Meine Aufgabe liegt darin, meine Frau tatsächlich zu verstehen. Immerhin spiegelt sie mir meine Anima, meinen weiblichen Seelenanteil. Und ich könnte mein Leben bei der Gelegenheit gleich auf den Prüfstand stellen und mich fragen, ob ich so weitermachen will, und wenn ja, wie lange noch. Bis zur Pension? Bis zum Grab?

Urprinzipieller Bezug: Waage-Venus (Verlangen nach Beziehung), Jungfrau-Merkur (Nörgelei, Unbescheidenheit, rationale Weltsicht).

Lit.: SI, ME.

Meine heile Welt

Bei denen ist doch die Familie kaputt. Beide gehen arbeiten, und die Kinder haben keine Chance auf liebevolle Zuwendung. Die leben nicht zusammen, die kochen nicht zusammen, die haben doch gar kein Familienleben!

Meine herbe Kritik der anderen Lebensweise verrät viele Probleme im eigenen Bereich. Offenbar fehlt mir Wesentliches in meiner Familie und in unserem Leben, wenn mich solche Gedanken plagen und mich diese Dinge bei anderen so stören, dass ich mich da einmische. Hätte ich nicht ähnliche Probleme, würde es nur eine milde, mitfühlende Reaktion in mir auslösen.

Wo ist meine eigene Familie in Gefahr kaputtzugehen, obwohl nicht beide von uns außer Haus berufstätig sind?
Wie ist mein Verhältnis zu Frauen, die arbeiten gehen müssen, statt sich Vollzeit um die Kinder kümmern zu können? Warum bekommen sie von mir Häme ab statt Solidarität? Würde ich insgeheim auch lieber berufstätig sein und wieder etwas für mich tun?
Ist es mir zu wenig oder zu viel, mich die ganze Zeit um die Kinder und meinen Mann zu kümmern, und tue ich das überhaupt?

Wenn ich mir bei anderen des Mangels an elterlicher Zuwendung so sicher bin, liegt der Verdacht mehr als nahe, dass es mit meiner liebevollen Zuwendung und der meines Mannes zu unseren Kindern problematisch ist und vielleicht oft mehr Pflicht als Liebe dabei ist.

Leben wir denn wirklich zusammen, wenn ich mir so sicher bin, dass die anderen es nicht tun? Vielleicht kochen wir zu-

sammen, aber was hält uns sonst noch zusammen? Möglicherweise hat das andere Paar ein erfülltes sinnlich-erotisches Liebesleben, das beide sehr eng verbindet und zusammenhalten lässt. Hätten wir das auch zu bieten?

Woran mache ich unser gutes Familienleben fest, und worauf bin ich da so stolz? Ist das überhaupt echt und lebendig?

Urprinzipieller Bezug: Jungfrau-Merkur (Besserwisserei, Nörgelei, üble Nachrede).

Lit.: SP; CD »Lebensprinzipien-Set: Jungfrau-Merkur«.

Gestörtes Familienleben

Da sitzen wir nun alle in verschiedenen Zimmern, die Kinder fast nur noch vor dem PC. Von ihren Gedanken und Problemen kriegen wir gar nichts mehr mit, denn die mailen sie ihren »friends« in irgendwelchen irrealen Chatrooms. Ein Familienleben findet bald nicht mehr statt.

Bevor wir auf das Internet projizieren, wäre zu fragen, was das Internet bietet, was wir als Eltern nicht bieten (können).

Was können die Kinder mit ihren Facebook-Freunden teilen, was ihnen mit uns Eltern jedenfalls weniger Spaß macht. Wieso ist ihnen die Irrealität des Chatrooms lieber als die Realität, die wir (ihnen) zu bieten haben? Was ist mit unserem Familienleben los, dass sie es so gar nicht schätzen?

Und wenn wir Eltern auch in verschiedenen Zimmern sitzen, machen wir es unseren Kindern ja vor. Jeder geht seinen Anliegen nach oder ist auf seinem Trip – warum sollten sie das anders machen?

Verbindet uns (Eltern) noch Liebe und ein erfülltes erotisches Sinnenleben? Haben wir gemeinsame Themen, die wir gern teilen?

Was hält uns als Familie überhaupt noch zusammen? Was machen wir noch zusammen, das die Kinder anlocken könnte? Und halten wir überhaupt noch zusammen?

Falls die Kids wirklich die Internetsucht haben, haben wir es ihnen möglicherweise selbst vorgemacht. Ein Vater, der nur noch seinen Beruf kennt und hyperaktiv für diesen da ist, braucht gar nicht erst zu versuchen, seinen Sohn vom Computer wegzuzerren.

Das Einzige, das helfen kann, ist ein faszinierendes, attraktives Angebot, das die Internetkonkurrenz nicht fürchten muss. Die Frage ist nur, ob wir so etwas für uns selbst haben und etwas, woran wir die Kinder teilhaben lassen könnten. Das Paradebeispiel ist der Urlaub. Selbst Achtzehnjährige kommen mit und gehen sogar noch freiwillig mit zum Essen, wenn das Angebot stimmt. Und wenn sie dann beim nächsten Mal doch lieber allein an denselben Ort fliegen und in ähnliche Lokale gehen, ist das ein gutes Zeichen, und es ist schon einiges erreicht.

Urprinzipieller Bezug: Mond (Familienleben), Uranus (IT-Welt).

Spießige Eltern

Meine Eltern sind extrem spießig. Das ist so uncool!

Wenn ich mich für meine eigenen Eltern, also die eigene Herkunft schäme, möchte ich etwas Besseres sein. Nicht wenige Kinder träumen davon, als Baby vertauscht worden und eigentlich von höherem Stand und aus besseren Verhältnissen zu sein. Die Kehrseite dieses Sich-nach-oben-Träumen ist das Sich-für-das-Unten-Schämen. Und natürlich haben auch Spießer und Bünzlis (die Schweizer Variante) Kinder, die in ihrer sogenannten Peergroup alles andere als spießig erscheinen wollen, die sich in coole teure Klamotten kleiden und mit gerade angesagter Musik und witzigen Ideen Eindruck machen wollen.

Wenn ich in dieser Situation bin, wäre es am besten, trotzdem zu meinen Eltern und meinem Zuhause zu stehen. Ich könnte ihnen vielleicht sogar die größten Spießernummern zu erklären versuchen und die Gründe aufzählen, warum die ein No-Go für mich und uns junge Leute sind. Ansonsten muss ich aufpassen, dass ich meinen spießigen Hintergrund nicht mit coolen Überkompensationen wettmachen will, die dann so cool und kalt werden, dass meine Eltern, aber auch ich selbst dabei zu (er-)frieren drohen.

Urprinzipieller Bezug: Mond (Kind), Saturn (Hemmung), Uranus (Rebellion).

In der falschen Familie

Warum habe ich so strenge Eltern und nicht so nette, herzliche wie meine Freunde sie haben? Manchmal glaube ich, dass ich in der falschen Familie gelandet bin. Wie Vater und Mutter denken, ist mir völlig fremd.

Von meinem Erbgut bin ich zur Hälfte Mutter und zur Hälfte Vater, ob es mir gefällt oder nicht. Und ich habe die beiden, weil ich mit und an ihnen lernen soll. Insofern ist jeder in der richtigen Familie gelandet, und besonders wenn er lieber ein vertauschtes Königskind wäre.

Wenn mir das Denken meiner Eltern völlig fremd ist, liegt der Verdacht nahe, dass ich zu meinen eigenen Gedankenmustern keinen guten Bezug habe. Mit meinen Eltern lehne ich nicht nur meine Herkunft, sondern auch meine Basis ab. Mich mit ihr auszusöhnen gelingt am einfachsten durch Aussöhnung mit den Eltern.

Was ich ablehne, muss ich immer auch in mir tragen, und an keinem Punkt wird das so deutlich wie an den eigenen leiblichen Eltern. Sie sind für mich immer Aufgabe und Chance; beide haben mir das Leben geschenkt. Mein Vater hat mich gezeugt, meine Mutter hat mich empfangen und – unter immensem Einsatz – auf die Welt gebracht. Das könnte die Grundlage für die Aussöhnung und einen Vorschuss an Dankbarkeit sein. Ein Krieg gegen meine Eltern ist jedoch immer auch einer gegen mich selbst. Allein der Widerstand gegen sie verrät Widerstand gegen mich selbst.

Die Aufgabe ist, mich mit dem Mondprinzip auszusöhnen, das heißt mit meiner Kindrolle, meiner Familie, und zu versuchen, mich in dem vorhandenen Nest einzunisten, denn ein anderes habe ich nicht.

Das Außenseitertum, das bei meiner Klage über die Eltern mit anklingt, macht mir auch noch das Neptunprinzip zum Thema. Damit bin ich aufgefordert, durch den Vordergrund die Tiefe und sogar Transzendenz zu erspüren und zu erahnen. Mit meinen Ahnen verbinden mich meine Ahnungen, und die Eltern sind die nächsten Ahnen.

Urprinzipieller Bezug: Mond (Familie), Neptun (Außenseiter).

Ich und die Welt, in der wir leben

● Ego-Probleme, Interessenkonflikte, Rücksichtslosigkeit

Dickköpfigkeit

Warum habe ich es immer mit dickköpfigen Leuten zu tun, die den Realitäten nicht ins Auge sehen wollen? Sie reden dumm daher, nur um ihre Wünsche durchzusetzen.

Nun ist fraglich, ob meine Einschätzung überhaupt stimmt und ich nicht doch ab und zu andere Menschen kennen lerne. Doch da mir in meiner Umgebung die Dickköpfigkeit der anderen so sehr zu schaffen macht, ist sie auch mein persönliches Thema. Hier wird mir offenbar ein großer Spiegel vorgehalten, in dem ich mich wiedererkennen kann.

Was spiegeln mir die Dickköpfigen, die die Realität überse-hen, wider? Welcher Teil von mir wird da deutlich, den ich bisher übersehe und den mir das Schicksal über diesen Weg nahebringt?
Wo versuche ich selbst auf plumpe Art, meine Interessen durchzusetzen?

Nach dem Resonanzgesetz muss ich zuerst die Dickköpfigkeit und Sturheit in mir selbst erkennen, annehmen und mögli-cherweise wandeln, bevor mir das Schicksal weitere Spiegelbil-der in der Umwelt erspart.

Wo will ich selbst die Realität nicht anschauen? Wo kann ich meine Wirklichkeit nicht ertragen?

Ich habe die Aufgabe, die eigenen Ebenen zu identifizieren, auf denen ich genau das lebe, was ich den Menschen meiner Umwelt vorwerfe.

Urprinzipieller Bezug: Stier-Venus (Selbstwert), Saturn (Sturheit), Zwillinge-Merkur (Gerede).

Rücksichtsloses Autofahren, drängeln

Mich regen diese rücksichtslosen Autofahrer auf, die wie Wahnsinnige drängeln. Die meisten fahren viel zu schnell und nehmen oft auch noch allen die Vorfahrt. Das ist doch gefährlich, und ich leide darunter.

Falls ich mich von ungeduldigen Fahrern, die verbotenerweise durch dichtes Auffahren Druck machen, genötigt fühle, könnte ich mich fragen, wo ich andere und mich nötige, wo ich auf mich und andere unangemessen Druck ausübe, um sie voranzutreiben.

Wann bin ich selbst ungeduldig? Wo meine ich, dass ich auf dem (Lebens-)Weg nicht schnell genug vorankomme, mehr Gas geben müsste?
Wo sind mir andere im Weg, wo fühle ich mich von ihnen in meinem Fortschritt gebremst?
Bei welchen Gelegenheiten fühle ich mich aufgehalten und dadurch ungehalten – anderen und mir selbst gegenüber?

Auffahren und (Licht-)hupen sind Zeichen von unbeherrschter Ungeduld und können mich an meine Aufgabe erinnern, mich in Gelassenheit, Freundlichkeit und Nachsicht zu üben. Ich sollte auch in Betracht ziehen, dass Raser meist Wichtigtuer sind, die im Leben nicht recht vorankommen, und mich selbstkritisch fragen, ob ich selbst nicht gut vorankomme, mich darüber ärgere und dabei selbst zu wichtig nehme.

Missachte ich die anderen? Setze ich mich auch zuweilen auf grobe, gefährliche Art gegenüber anderen durch? Gehe ich auf anderen Ebenen oder subtiler über Leichen? Gibt es auch bei mir eigene unbewusste (Selbst-)Mordabsichten und Rücksichtslosigkeit gegenüber anderen?

Ich sollte mir meine eigenen Aggressionen zur Aufgabe machen, so dass ich gelassener durch mein Leben steuern kann.

Urprinzipieller Bezug: Mars (Geschwindigkeit, Überholen), Pluto (Nötigung, sich unter Druck gesetzt fühlen und andere unter Druck setzen).

Lit.: A.

Nötigung

Diese Autofahrer, die andere »erziehen« wollen mit demonstrativem Langsamfahren oder Nicht-überholen-Lassen, gehen mir auf den Geist.

Ich werde hier sehr plastisch mit meinen eigenen Erziehungserfahrungen konfrontiert.

Bin ich auch schlecht erzogen worden? Oder würde ich andere und vielleicht mich selbst gern erziehen?
Wo sitzt in mir dieser Oberlehrer, der ständig mit erhobenem Zeigefinger unterwegs ist?

Bei welcher Gelegenheit drangsaliere ich, wenn schon nicht andere, so doch mich selbst?

Ich bin herausgefordert, mich damit zu beschäftigen, wo ich mir selbst zum Hindernis meines Fortschrittes werde. Alles, was mich ausbremsen könnte, sollte ich in Ruhe genauer betrachten und meine Lehren daraus ziehen.

Urprinzipieller Bezug: Saturn (Erziehung, Hindernis).

Hundedreck

Viel zu viele Hundebesitzer lassen ihr Tier auf den Gehweg kacken, ohne das zu beseitigen. Die glauben wohl, das sei Angelegenheit der Kommune, weil sie Hundesteuer zahlen. Wenn es aber um die Sauberkeit ihres Treppenhauses geht, sind dieselben Leute oft pingelig.

Wären wir in der Öffentlichkeit so sorgsam wie im eigenen Vorgarten, sähe diese Welt anders aus. Aber der typische Spießer misst gern und oft mit zweierlei Maß. Wenn ihm ein fremder Hund in seinen Vorgarten kackt, ist das für ihn ein Vergehen, wenn seiner fremde Straßen beschmutzt, ist das Pech (für die anderen). Wenn mich das ärgert, brauche ich nur zu forschen, wo ich ganz ähnlich vorgehe, wenn auch nicht gerade beim Hundekot, und mit zweierlei Maß messe. Und ich kann natürlich auch geistige und seelische Umweltverschmutzung betreiben, die mindestens so wirksam, wenn auch oft nicht so sichtbar ist.

Andererseits soll ein Tritt in Hundedreck Glück bringen, ich könnte mich also auch darüber freuen. Aber ein gut erzogener, sauberer Bürger verabscheut solche Glückszeichen. Wer mit zweierlei Maß misst, wird auch kaum Glück erleben. Im Unglück der Beschmutzung – im Schatten also – das Glück durch Kontakt mit dem Plutoprinzip zu erkennen, das setzt bereits ein tieferes Verständnis der Schicksalsgesetze und der Lebensprinzipien voraus.

Urprinzipieller Bezug: Jungfrau-Merkur (Sauberkeit, Nörgelei).

● Nachbarschaftsstreit

Grenzkriege

Warum gibt es ständig Krieg mit den Nachbarn um jede Kleinigkeit?

Streitigkeiten um Mein und Dein sind oft Grenz- und damit Revierprobleme. Falls ich selbst nicht genug besitze, etwa an Land und Grund, und meinen Einfluss am liebsten hinüber zum Nachbarn ausdehnen will, erlebe ich das nicht selten in der Projektion in Form seiner Übergriffe auf meinen Grund und Boden.

Besitze ich meinen Besitz, oder bin ich besessen davon?
Was will ich vom Nachbarn, was will er von mir?
Haben wir ein unterschiedliches Weltbild und eine verschiedene (Welt-)Sicht und -anschauung? Blockieren wir uns gegenseitig die Aussicht? Bin ich ihm beziehungsweise ist er mir im Weg?
Hat der Nachbar etwas, das ich nicht habe, aber nur zu gern möchte?

Verletzt er meine Privatsphäre, weil er zu mir hineinsehen kann? In diesem Fall hätte ich natürlich auch Einblick auf sein Terrain.

Grenzkonflikte, Zäune, Mauern und mein eigener Bezug dazu stehen ebenso auf dem Prüfstand wie Lärmbelästigung. Die Tatsache, dass sich bei Enge und Krach unsere Schwingungen durchdringen, kann ich möglicherweise nicht tolerieren.

Warum reagiere ich auf nachbarliche Nähe so empfindlich? Habe ich dasselbe Problem mit völlig Fremden beim Aufzugfahren, wenn ich fühle, dass der andere quasi in meiner Aura steht?

Nachbarschaftskonflikte könnten mich dazu anregen, grundsätzlich über die Frage nachzudenken, wie ich eigentlich leben und wohnen will:

Ziehe ich es vor, zurückgezogen zu leben und allein (Kartause)? Im Eigenheim, nach dem Motto »My home is my castle«? Mit Fremden in einem anonymen Mietshaus? Mit Gleichgesinnten wie in einer Kommune oder Lebensgemeinschaft?

Es gibt nun einmal verschiedene Temperamente und Geschmäcker von Zusammenleben und Nachbarschaft; grundsätzlich wichtig bleibt dabei die Frage, welche Rolle Mein und Dein dabei spielt.

Urprinzipieller Bezug: Stier-Venus (Besitz), Mars (Aggression, Ärger).

Lit.: CD »Ärger und Wut«, CD »Lebensprinzipien-Set: Stier-Venus, Mars«.

Lärmbelästigung

Warum muss ausgerechnet ich jetzt wegziehen, weil die Nachbarn so laut sind, und nicht umgekehrt? Ihr Lärmen nervt besonders im Sommer.

Wenn ich mehr unter meinen lebhaften, lauten Nachbarn leide als sie unter mir, bleibt mir wohl nichts anderes übrig, als das Feld zu räumen. Doch ich könnte mich fragen:

Wie steht es um meine Ausgelassenheit, kann ich überhaupt lustig und laut sein? Wann habe ich zuletzt laut gefeiert? Was spricht dagegen, es einmal wieder zu tun und die Nachbarn dazu einzuladen?

Wo lasse ich die Sau raus, und wird es dann laut?

Wie reagiere ich auf laute Musik und das Feiern von anderen? Feiere ich meine Feierabende noch oder erleide ich sie still und in mich gekehrt vor dem Fernseher und erwarte das auch von anderen?

Hätte ich gern weniger Kontakt? Oder anderen und warum?

Bin ich kontaktscheu, oder habe ich zu wenig Raum für mich? Oder halte ich mich für etwas Besseres, erwarte ein anderes Niveau?

Um den Konflikt zu lösen, geht es für mich unter anderem darum, wie ich das Sonnen- und Marsprinzip in mein Leben einlade:

Könnte ich mir vorstellen, mich zu lauter Musik zu bewegen, zu trainieren, zu tanzen? Wäre die Dynamische Meditation etwas für mich? Vielleicht genau dann, wenn die Nachbarn immer so laut sind? Wäre das ein Kampf, der mir Freude machen würde, nach dem Motto: »Wer kann lauter?«

Für mich geht es im Grunde darum, das Feiern zu lernen und Fröhlichkeit in mein Leben zu bringen.

Urprinzipieller Bezug: Neptun (Flucht), Sonne (Lebensfreude), Mars (Energie, Lautstärke, Ärger).

Zäune ziehen

Meine Nachbarn ziehen einen Zaun, pflanzen eine hohe Hecke und verderben damit den Charme des Platzes.

Anscheinend grenze ich mich so stark und übertrieben ab, dass die Nachbarn nun die Schönheit des Ortes zerstören müssen, um mich auf dieses Problem hinzuweisen.

Wo liegen meine Mauern und Grenzzäune? Wahrscheinlich im Übertragenen. Wie kann ich noch mehr lernen, das Außen als Spiegel des Innen zu sehen?

Die Nachbarn wollen offenbar mehr für sich sein und ihre Privatsphäre besser schützen.

Wo möchte ich das eigentlich auch und schaffe es nicht, meine Sphäre zu wahren, weshalb mich ihre Versuche so stören?

Ich weiß um die Qualitäten unserer Grundstücke, doch sind die anderen noch nicht so weit, diese Vorzüge zu erkennen und zu respektieren.

Was mache ich aus diesem Weitersein bei Geschmack und Wahrnehmung? Bilde ich es mir nur ein, oder entspricht es der Realität? Können andere meinen Standpunkt teilen? Und was ist mit den ganz anderen, die den Standpunkt der Nachbarn teilen?

Was könnte an mir sein, wovon sich die Nachbarn so demonstrativ abgrenzen wollen? Kann ich in meiner Argumentation die Abgrenzung von ihnen erkennen? Spielen wir ein Spiel miteinander, sie mit konkreten und ich mit geistigen Mauern?

Immerhin könnte ich froh sein, dass sie nur eine Hecke pflanzen und nicht wirklich eine Mauer hochziehen lassen. Sie wollen offensichtlich eine Abgrenzung, aber immerhin eine lebendige, grüne. Vielleicht geht es ihnen auch um Schutz – vielleicht für ihre Kinder oder Haustiere.

Wie steht es um meinen Schutz? In welcher Weise habe ich Zäune und Hecken gegen Unsicherheits- und Angstgefühle gebaut? Und wie offen bin ich überhaupt dafür, dass ihre Kinder oder Haustiere zu mir/uns herüberkommen und hier Unordnung und Chaos stiften?

Falls mein Anspruch darin besteht, dass da drüben und überhaupt überall Erwachsene meiner Art leben, die mein Weltbild und meine Ansichten teilen, müsste ich mich einmal fragen, wie eine Welt aussähe, in der alle eineiige Zwillinge von mir sind.

Wäre meine gleichförmige Welt spannend oder langweilig? Und wäre sie frei von Zäunen und Hecken – wirklich offen und frei?
Was tue ich für solch eine Welt? Wie ließe sich da gleich vor meiner Haustür beginnen?

Urprinzipieller Bezug: Saturn (Abgrenzung).

Lit.: CD »Lebensprinzipien- Set: Saturn«.

Schaden anrichten

Der Nachbar räumt keinen Schnee, streut haufenweise Salz, was weder Pflanzen noch Tieren bekommt.

Ich könnte von meinem Nachbarn mehr über meine Kriterien lernen, wie ein Mensch zu funktionieren hat, und ob ich selbst dahinter zurückfalle. Er legt den Finger auf meine Unvollkommenheiten, indem er sie mir widerspiegelt. Dafür könnte ich auch danken, denn er macht es gratis und gut.

Habe ich auch sonst oft Probleme mit der Erziehung der Umwelt aus Umweltgründen? Wenn mir das mangelnde Bewusstsein meines Nachbarn so auf die Nerven geht, in welchen Bereichen stört mich mein eigener Bewusstseinsmangel?

Der andere kann meinen Ansprüchen offenbar nicht gerecht werden, wo kann ich ihnen ebenfalls nicht gerecht werden, weshalb es mich bei ihm so stört?

Ich könnte mich auch fragen, warum ich ihm nicht anbiete, für ihn Schnee zu schippen, der Umwelt beziehungsweise den Pflanzen und Tieren zuliebe.

Was würde diese Aktion von mir verlangen? In welcher Hinsicht würde es mich überfordern?

Wenn ich bei dem christlichen Wort »Liebe deinen Nächsten wie dich selbst« an meinen Nachbarn denke, was kommt da in mir hoch? In welcher Weise kann ich mich nicht annehmen und deshalb auch ihn nicht?

Urprinzipieller Bezug: Jungfrau-Merkur (Umweltbewusstsein).

● Das bedrohliche Fremde

Fremdenangst, Terrorismus

Ich habe inzwischen Angst vor fremdländisch aussehenden Menschen, also vor Burka, dunkler Hautfarbe, exotischer Kleidung, vielleicht sind es ja gewalttätige Fundamentalisten.

Angst vor dem Fremden, Unbekannten draußen in der Welt spiegelt immer die Furcht vor den eigenen unbekannten dunklen Seiten wider, also dem persönlichen Schatten.

Der sprichwörtliche schwarze Mann, wo steckt er in mir? Gibt es auch in mir einen heimlichen Terroristen, der am liebsten mal eine Bombe legen würde? Vielleicht in die Firma, das Parlament oder die Regierung? Oder gar in die Familie? Oder ins Ehebett?

In jedem Fall werde ich nicht nur mit der Angst vor dem Fremden in mir, sondern auch mit der Angst vor der eigenen Gewalttätigkeit konfrontiert.

Wenn mich speziell Burka und Verschleierung schrecken, werde ich etwas von mir der Welt (noch) nicht zeigen können.

Was von mir, welche meiner Seiten muss ich verhüllen?

Alles, was mit Fremden, fremder Weltanschauung, fremder Kultur zu tun hat, entspricht dem Jupiterprinzip, das auch für weite Reisen und die Fülle steht. Würden Fremde Freunde werden, käme ich mit mir und meinen Schattenseiten besser zurecht und dem Glück des Jupiterprinzips näher.

Ein Mensch, der sich im eigenen Körper zu Hause und angekommen fühlt, in seiner Beziehung glücklich und angenommen ist, im eigenen Haus zufrieden wohnt, seine Berufung in seiner Arbeit gefunden hat, die er mit Hingabe und folglich konkurrenzlos gut ausführt, der zur eigenen Kultur steht und sie genießt, wird nicht ausländerfeindlich sein. Wer sich dagegen unwohl im eigenen Körperhaus fühlt, seinem Partner fremd geblieben ist, sich in seiner Mietwohnung nicht heimisch fühlt, aber auch nichts investieren will, da es ja nicht sein Eigentum ist, der um seinen Job, den er nicht mag, trotzdem noch zittern muss, dem die eigene Kultur fremd geblieben ist, der wird seine Fremdheits- und Feindlichkeitsgefühle leicht auf alles schon äußerlich als fremd Erkennbare projizieren. Wer in sich selbst immer wieder die schönsten und tiefsten Ansätze und Vorsätze zerstört und sich langfristig alles kaputtmacht, von Beziehungen bis zu Karrierechancen, kann diesen inneren Terroristen natürlich auch leicht auf äußere projizieren. Wer dagegen seine ungeheure Kraft kennt und dazu steht, wer weiß, dass er sich im Ernstfall seiner Haut mit Kraft und Energie erwehren kann, und spürt, wozu er im Notfall fähig ist, wird weniger Angst vor Terroristen und ihrer Gewalt haben.

Die Chance, hierzulande durch einem Terroranschlag Schaden zu nehmen, ist etwa so groß, wie von einem abstürzenden Flugzeug getroffen zu werden. Autofahren ist dagegen ein fürchterliches Risiko.

Urprinzipieller Bezug: Jupiter (andere Weltanschauung, Toleranz, Intoleranz), Saturn (Angst).

Lit.: SP.

Ausländer als Konkurrenz

Die vielen hier lebenden Ausländer nehmen uns die Arbeit weg.

Objektiv gesehen wollen die meiste Arbeit, die Ausländer bei uns verrichten, die Einheimischen gar nicht, weil ihre Ansprüche hoch sind und diese Arbeit als zu niedrig empfunden wird. Falls die Wissenschaftler aus Indien und die Arbeiter aus Polen allmählich besser ausgebildet sind als die meisten Einheimischen, dreht sich das natürlich um. Aber die Antwort liegt doch in besserer Aus- und Fortbildung bei uns. Wer hier ein Genie am Computer ist, braucht bislang vor keinem indischen IT-Spezialisten Angst zu haben.

Ausländerfeindlichkeit ist immer ein Zeichen eigener Schwäche, und ich glaube, weil ich selbst so gar nichts habe, mit dem ich mich wohl und verbunden fühle, dass es schon ein Verdienst ist, einheimisch zu sein. In dieser Situation projiziere ich meine Fremdheitsgefühle auf Ausländer, denen ich ihr Fremdsein schon ansehe oder anhöre.

Die Lösung besteht also weniger in der Ausländer- als in der (Aus-)Bildungspolitik, und wenn meine diesbezügliche Schwäche behoben ist, verschwindet die Projektion auf Ausländer ganz von selbst.

Wie kann ich mit mir und meiner Umgebung so eins werden, dass ich meine Entfremdung nicht mehr auf andere projizieren muss?

Mein Ziel muss sein, vertraut zu werden und letztlich sogar eins mit mir und der Welt. Je weiter diese Entwicklungsprozesse im Einzelnen und der Gesellschaft fortschreiten, desto weniger wird Fremdenfeindlichkeit zum Problem. Es ist eine Folge von Projektion eigener Probleme auf andere und damit Ausdruck des Polaritätsgesetzes.

Urprinzipieller Bezug: Jupiter (Ausländer, Fremde), Jungfrau-Merkur (Wertung), Saturn (Hindernis).

Lit.: SP.

Asylsuchende

Diese vielen Asylsuchenden aus Afrika können wir doch gar nicht alle aufnehmen, und was soll aus unserer Kultur werden!

Da mir die heimatliche Kultur so am Herzen liegt, scheine ich hier unbewusst Defizite zu kompensieren.

Was tue ich persönlich für unsere Kultur? Lebe ich noch den Kult, der sie zur Kultur macht?
Wo fürchte ich selbst, entwurzelt und an anderer Stelle nicht aufgenommen zu werden? Erwarte ich selbst kein Mitgefühl von anderen?
Was habe ich gegen den schwarzen Mann in mir?

Meine Aufgabe ist, mich mit dem Schattenprinzip auseinanderzusetzen und vor diesem Hintergrund mit meinen Ängsten umgehen zu lernen.

Urprinzipieller Bezug: Jupiter (Fremde), Saturn (Angst).

Lit.: SP, L-S-T.

Überfremdung

Es gibt zu viele Ausländer hier bei uns, und die schon da sind, sollen sich gefälligst integrieren.

In neunundneunzig Prozent aller Länder sind wir Ausländer. Vielleicht tut es mir ja gut, auch einmal ins Ausland zu gehen, um diese Erfahrung zu machen. Nur die Stubenhocker und Angsthasen können sich diese Erfahrung auf Dauer ersparen.

Gehöre ich zu den Angstvollen, Engherzigen? Und wenn ja, will ich das weiterhin?
An welche eigenen Integrationsprobleme erinnern mich zum Beispiel nicht integrierte Türken? Kann ich mich immer und überall integrieren, oder wo hängt und hapert es bei mir in dieser Hinsicht?

Mein Ziel sollte es sein, all die Aufgaben und Herausforderungen, die mir zuwachsen, zu integrieren.

Urprinzipieller Bezug: Jupiter (Fremde), Saturn (Hindernis), Jungfrau-Merkur (Integration).

● Alltägliche und besondere Ärgernisse

Verlieren, vergessen

Ständig verliere und vergesse ich etwas.

Der Stoiker Epiktet rät, Gestohlenes, Verlorenes und Vergessenes als zurückgegeben zu betrachten. Diese Dinge will ich unbewusst loslassen und loswerden. Es wäre gut, mir das bewusstzumachen. Ein wesentlicher unbewusster Teil von mir will einfach nicht mehr jene Dinge besitzen, die ich verliere. Wenn ich etwas lediglich vergesse, will dieser Seelenanteil es nur in diesem Moment meines Lebens nicht mit dabeihaben.

Inwieweit hindert mich dieser Besitz an meiner Entwicklung, meinem Wachstum und Fortschritt?
Besitze ich die Dinge überhaupt, oder machen sie mich besessen?
Wobei könnte mich das Vergessen stören, was könnte es an Lernerfahrungen und Entwicklung blockieren?
Was hat sich dadurch verändert, dass ich dies oder das losgeworden bin?

Letztlich ist jedes Loslassen – ob freiwillig oder erzwungen – eine Vorübung auf das große und entscheidende Loslassen am Ende des Lebens. Wahrscheinlich habe ich es nötig, diesbezüglich einige Vorübungen zu machen. Da bewusstes Loslassen so viel angenehmer als unbewusstes ist, sollte ich vielleicht meine Lebensstrategie ändern und bewusst das Loslassen üben. Möglichkeiten ergeben sich in Spenden, die meine Seele freuen, in Projekten, die nach meiner Unterstützung verlangen. In der katholischen Religion steht der heilige Martin für die Tugend des Teilens. Er (zer-)teilt seinen Mantel mit jemandem, der friert.

Oder bin ich einfach viel zu oft viel zu unkonzentriert und kann meine Siebensachen nicht beisammenhalten? Bin ich der Archetyp des zerstreuten Professors und mit den Gedanken immer irgendwo und selten da, wo gerade die Musik spielt?

In diesem Fall will ich womöglich durch Vergessen und Verlieren lernen, mehr in den Augenblick zu kommen und mich auch für die kleinen Dinge des Lebens zu interessieren.

Urprinzipieller Bezug: Neptun (Chaos), Jungfrau-Merkur (Achtsamkeit).

Elefant im Porzellanladen

Alles, was ich anfasse, geht kaputt.

Ich sollte es mir zur Aufgabe machen, den zerstörerischen Schattenanteil in mir bewusst zur Kenntnis zu nehmen.

Was mache ich im übertragenen Sinne kaputt? Wo (zer-)störe ich mir das Leben und merke es nicht, so dass es mir in der äußeren Welt gezeigt werden muss?
Widme ich mich zu wenig bewusst dem Schattenprinzip? Oder bin ich einfach tollpatschig? Habe ich zwei linke Hände, weil ich nicht zu meiner Linkshändigkeit stehe?

Um diesen Aspekt von Selbstsabotage in mir zu stoppen, müsste ich dem darin zum Ausdruck kommenden Plutoprinzip auf anderen Ebenen gerecht werden, zum Beispiel durch eine radikale, an die Wurzeln meiner Existenz gehende Lebensänderung, eine wahre Metamorphose. Oder durch eine tiefgehende Erfahrung von Reue, Metanoia, die mich alles anders sehen und reuig umkehren lässt. Oder durch eine wirkliche Kehrtwendung im Leben, bevor eine Katastrophe eine solche erzwingt. Nicht umsonst heißt Katastrophe im Griechischen auch Umkehr.

Urprinzipieller Bezug: Pluto (Zerstörung), Uranus (Tollpatschigkeit).

Defekte

Bei mir gehen ständig die elektrischen Geräte kaputt, das Auto streikt, der PC gibt den Geist auf.

Es scheint so, als boykottierten diese Dinge mich, und darüber kann ich mich natürlich beschweren. Dahinter steckt aber, dass ich diese Dinge innerlich boykottiere, woran sie dann zerbrechen. All das ist Ausdruck meines Widerstandes gegen diese Dinge.

Was habe ich gegen all das mir ständig Wegbrechende? Hege ich eine Art Technikfeindlichkeit?

Wir wissen heute dank wissenschaftlicher Forschung, dass es auch zwischen Lebewesen und Maschinen Resonanz gibt; wir befinden uns ständig in Resonanz mit unserer Umwelt, der belebten und der scheinbar unbelebten. Diesbezüglich könnten wir von unseren Ahnen und deren animistischem Weltbild etwas lernen. Sie wussten, dass alles lebt, und viele von uns haben auch noch Ahnungen vom Wissen der Ahnen. In jedem Fußballstadion nutzen die Fans diese Resonanzeffekte und bereiten ihrer Mannschaft ein Heim- und dem Gegner ein Auswärtsspiel. Wir wissen auch um die besonderen Verbindungen zwischen Menschen und Tieren und erkennen es bei Menschen mit grünen Daumen, bei denen die Pflanzen besser gedeihen, weil sie in bewusste Resonanz mit ihnen gehen.

Nun müssen wir eben auch bewusster mit unserer Resonanz zu technischen Dingen und Maschinen umgehen lernen. Jeder kann es leicht ausprobieren: Wenn ich meinen Laptop ständig beschimpfe und ihn für all meine eigene Unfähigkeit verantwortlich mache, wird er mir das nicht danken, sondern dazu neigen, Schwierigkeiten zu machen. Andererseits könnte ich ihm auch oft danken für all die Arbeit, die er mir abnimmt oder sie mir jedenfalls enorm erleichtert. Das wird erheblichen Einfluss auf seine Funktionsweise und Lebensdauer haben, da sie beide in Resonanz miteinander sind. Diese Resonanzeffekte betreffen nicht nur Computer, sondern auch Autos, sogar Glühbirnen und elektrische Geräte allgemein.

Urprinzipieller Bezug: Saturn (Hemmung, Defekt), Uranus (Überraschung, Elektronik).

Wasserschaden

In der Küche entstand ein so großer Wasserschaden, dass ein neuer Boden gelegt werden musste. Und es war nicht das erste Mal, dass mir so was passiert ist.

Wasser ist eigentlich ein Segen. Es steht für das Seelenelement und erhält unser Leben, weshalb wir es mit großem Aufwand in jede Wohnung leiten. Allerdings muss es in der Menschenwelt immer in Bahnen gelenkt und strukturiert in Fluss gebracht werden.

Wenn das Wasser seine vorgegebenen Wege verlässt, ist dies immer auch symbolisch zu sehen. Das heißt, die Seelenflut will ausbrechen und neue Wege nehmen, sich dorthin ergießen, wo sie bisher nicht sein konnte, sondern durch Barrieren abgehalten wurde. Wenn so etwas öfter passiert, ist der Aufforderungscharakter natürlich noch stärker. Das Schicksal will mir also mit der Überschwemmung erneut etwas sagen, das ich beim ersten Wasserschaden noch nicht verstanden habe.

Überschwemmen mich Gefühle, ohne dass ich es zur Kenntnis nehme? Oder merke ich den Andrang von Gefühlswellen

oft erst viel zu spät? Gebe ich Gefühlen erst nicht nach und werde dann überschwemmt und fast davon weggespült?
Ist meine Seelenenergie zu wenig kontrolliert, kommt erst nicht in Fluss und bricht sich dann in schädigendem Ausmaß Bahn?

In unerlöster Weise hat das Seelenelement Wasser stets zerstörerische Wirkung. Natürlich werden die Schäden in der Wohnung saniert, aber ziehe ich auch für die Seelenwelt Konsequenzen? Es ist also empfehlenswert, freiwillig neue Wege für die eigene Seelenenergie zu suchen, so dass sie in neuen Bahnen fließen kann, die aber schlussendlich wieder kontrollierbar sind. Auch um Schäden vorzubeugen, müsste die Seele vorgegebene Wege verlassen dürfen, um sich uns auf unkonventionellen Bahnen und bei allen möglichen (un)passenden Gelegenheiten nähern zu können. Die passenden Gelegenheiten dürfte ich übersehen haben, was mir der neuerliche Wasserschaden widerspiegelt.

Ich sollte spätestens jetzt aufhorchen und wach werden für all das, was zum Wasserelement gehört und mich mit dem Mondprinzip und seinen Themen Weiblichkeit, Einfühlung, Anpassung, Weichheit, Fließen, Rhythmus beschäftigen. Meine Seele sollte künftig bei allen möglichen und unmöglichen Gelegenheiten zu Wort kommen dürfen und nicht aus dem Untergrund, aus den Wänden oder von den Decken quellen müssen. Vielleicht brauche ich dann auch im übertragenen Sinn einen neuen Boden unter den Füßen, vielleicht sogar ein neues Weltbild, um wieder gut stehen zu können.

Urprinzipieller Bezug: Mond (Zuhause), Uranus (Unfall, Rohrbruch), Neptun (Überschwemmung), Saturn (neues Fundament).

Mäuseplage

In unserem Haus hatten wir wiederholt Mäuse, zuletzt in der Küche, davor im Kinderzimmer.

Als Mickymäuse finden wir sie doch süß, wenn sie das Kindchenschema zeigen und uns an unser inneres Kind erinnern. Es sind die Folgen der Mäuse und ihre Bedeutung, die uns stören. Sie »scheißen« überall hin, was stinkt und den Haushalt schmutzig und verwahrlost erscheinen lässt. Es mag ein Hinweis darauf sein, dass wir lieber selbst etwas lockerer werden sollten und auf Stil und Etikette pfeifen oder gar *darauf scheißen*, mal fünfe gerade sein lassen und alles nicht so eng sehen.

Außerdem können Mäuse Schäden erzeugen, wenn sie ausgerechnet in Waschmaschine oder Herd ihr Nest bauen und für Kurzschlüsse und Schlimmeres sorgen. Sie sabotieren damit das einwandfreie Funktionieren unserer Umwelt, und auch das könnten wir selbst in die Hand nehmen und dabei vielleicht etwas weniger perfekt funktionieren und unsere Ansprüche diesbezüglich senken.

Außerdem sind Mäuse ungebetene Mitesser. Wir können ihre Präsenz in unserem Zuhause als Hinweis sehen, großzügiger zu sein und freiwillig mehr an andere Wesen abzugeben und zu teilen. Letztlich drängt mit den Mäusen das Tierische in unser Leben.

Sollten wir das Tierische in uns mehr und bewusster zulassen, um die von ihm verursachten Schäden unter Kontrolle zu halten?

Am wirkungsvollsten bekämpfen wir Mäuse, indem wir zusätzlich noch Katzen als Helfer einladen, also eine andere Qualität des Tierischen.

Wären Katzen eine Bereicherung in unserem Leben? Und wenn ja, welche Art? Wildkatzen, die ein ungezügeltes wildes Element in unser Leben brächten? Oder richtiggehende Lustmörderinnen, die einerseits mit Lust schmusen und kuscheln und andererseits mit ähnlicher Lust jagen und zu Tode quälen? Oder falsche Katzen, die diese ambivalente Lebensart bei uns sichtbar einführen?

Was würde eine Katze in meinem Leben bedeuten? Kameradin, die mich unabhängig und selbstbewusst durchs Leben begleitet, oder schmusend sinnliche Partnerin, die auf meinem Schoß schnurrt und Leben verströmt? Oder Kammerjägerin, die für Ordnung sorgt?

Urprinzipieller Bezug: Mond (Heim), Mars (Kampf, das Tierische im Leben).

Warteschleifen, abgespeist werden

Es nervt furchtbar, in Warteschleifen zu hängen und nie eine befriedigende Antwort zu bekommen.

Womöglich erinnert mich diese Situation daran, dass ich mich selbst vor befriedigenden und erschöpfenden Antworten drücke.

Wo gebe ich meinem Umfeld und meiner Umwelt nur unbefriedigende Antworten? In welcher Weise lasse ich mich und andere hängen?

Mir wird auch widergespiegelt, dass ich mich im Kreis drehe und keinen zufriedenstellenden Ausweg finde.

Bei welchem Thema komme ich nicht zum Punkt? Wann habe ich den Mittelpunkt verfehlt und damit gesündigt, (ha-

martanein = hebr. für sündigen, sich absondern, den Punkt verfehlen)? Habe ich mich von der Mitte abgesondert und hänge nun in der Peripherie sinnlos herum?

Eine meiner Aufgaben heißt, meinen Lebens*mittel*punkt (zurück-)zugewinnen und zur Mitte, zu meinem Sinn und Wesen zu finden. Außerdem ist Geduld eines meiner Lernthemen. Ich könnte beginnen, in Warteschleifen Rituale zur Einübung von Geduld zu sehen und diese Möglichkeit, Geduld zu lernen, noch besser für mich und meine Entwicklung zu nutzen.

Urprinzipieller Bezug: Mars (Ungeduld), Sonne (Mitte), Zwillinge-Merkur (Kommunikation).

Konzentrationsmangel, Lärmbelästigung

Bei dem Lärm draußen kann ich mich nicht konzentrieren. Überhaupt fällt es mir schwer, über längere Zeit bei der Sache zu bleiben.

Es ist fraglich, ob wirklich der Lärm daran schuld ist, dass ich nicht zum Punkt komme. Zu vermuten ist, dass ich mich überhaupt ständig ablenken lasse und die Verantwortung dafür auf Äußerlichkeiten wie Lärm projiziere.

Bin ich zu oft außer mir und zu wenig bei mir? Macht mir der Gedanke, ganz bei mir zu sein, Freude oder Angst?

Durch Meditation könnte ich lernen, mich zu konzentrieren und mehr zu mir zu kommen.

Urprinzipieller Bezug: Saturn (Mangel, Konzentration).

Lärmempfindlichkeit

Es stört mich, wenn Leute so laut reden.

Gegen eine gut vernehmliche Stimme ist wohl kaum etwas einzuwenden. Sie gehört wahrscheinlich zu Leuten, die gut zu dem stehen können, was sie sagen. Und manchmal sind es Leute, die ihre Aggression über die Stimme ausdrücken, was auch viel besser ist, als es über die Fäuste zu tun.

Spreche ich etwa nur mit leiser Stimme? Habe ich Hemmungen, meine ehrliche Meinung und auch meinen Zorn über meine Stimme auszudrücken?

Wäre es nicht ideal, wenn die Stimme der Situation entsprechend laut oder leise ist? Eine Warnung kann Leben retten, wenn sie laut genug schallt, die Komplimente während einer Liebesnacht kämen geflüstert besser an.

Stimmt meine Stimme, und passt sie zu mir und der jeweiligen Gelegenheit? Über welches Repertoire verfüge ich stimmlich?
Warum schließe ich die laute Variante für mich aus und möchte mich auch von anderen nicht daran erinnern lassen?
Würde ich mir auch gern mal Gehör verschaffen? Hätte ich Dinge zu sagen, die eigentlich laut und mit erhobener Stimme in die Welt hinausgerufen werden sollten?
Was hindert mich, meine Stimme auch einmal zu erheben? Wovor habe ich da Angst? Was hindert mich, meine Stimme je nach Stimmung einzusetzen?

Die Aufgabe liegt darin, sich situationsadäquat auszudrücken und ein weites stimmliches Repertoire zu entwickeln mit einer Stimme, die stimmt und zu mir passt.

Urprinzipieller Bezug: Mars (Lautstärke, Energie), Jungfrau-Merkur (Kritik).

Unzuverlässigkeit, Unpünktlichkeit

Auf unzuverlässige, unpünktliche öffentliche Verkehrsmittel angewiesen sein, ist frustrierend.

Wahrscheinlich erinnern mich verspätete Züge oder ausgefallene Busverbindungen an meine eigenen Defizite was Ordnung, Struktur, Pünktlichkeit und Durchschaubarkeit angeht.

Bin ich selbst stets pünktlich und verlässlich?

Dass die öffentlichen Verkehrsmittel oft unpünktlich sind, könnte damit zu tun haben, dass es bei uns so viele unverlässliche und unpünktliche Menschen gibt, die dieses Lernprogramm brauchen, um daran am eigenen Leib zu erleben, wie nervig sich mangelhafter Bezug zum Saturnprinzip auf das tägliche Leben auswirkt und wie sich das Uranusprinzip der unerlösten Art als »böse« Überraschung zeigt und die Tagesplanung über den Haufen wirft.

Wie gehe ich mit den Verbindungen in meinem Leben um und den Verbindlichkeiten? Bin ich verlässlich und zuverlässig oder unverbindlich?
Wie könnte ich es in meinem Leben besser hinbekommen, mich für Spontaneität und Kreativität und andere, schönere Überraschungen reif zu machen und meine Originalität auszuleben?

Meine Aufgabe ist, mich um Struktur und Klarheit zu kümmern. Vielleicht könnten mir mehr Bescheidenheit und die Reduktion auf Wesentliches gut anstehen. Ich könnte lernen, Qualität vor Quantität zu stellen, und für mehr und verlässlichere Kontakt sorgen sowie mehr befriedigende Verbindungen knüpfen.

Urprinzipieller Bezug: Uranus (Überraschungen, Spontaneität), Saturn (Struktur), Zwillinge-Merkur (Verbindungen).

Warten müssen

Ich ärgere mich über Leute, die immer zu spät kommen und die sich nicht um die Zeit der Wartenden scheren.

Jemanden warten lassen heißt, sich über ihn stellen, ihn also herabsetzen und seine Zeit für unwichtiger erklären. Es ist also ein Ego-Spiel.

Was erlebt mein Ego, wenn jemand dieses Spiel mit mir spielt? Wie beleidigt kann mein Ego dann reagieren?
Wann habe ich es schon mit anderen gespielt? Oder mit mir selbst, mit meinem Selbst? Lasse ich es warten und verschiebe seine (Selbst-)Verwirklichung ständig nach hinten?

Meinen Ärger könnte ich auflösen, indem ich die Zeit einfach für Meditation nutze. Dann ist sogar Mitgefühl für diejenigen möglich, die solche Spiele zur Befriedigung ihres Ego nötig haben.

Urprinzipieller Bezug: Sonne (Ego, Selbst), Saturn (Zurücksetzung).

Streik, Annullierung

Wegen eines Streiks ist mein Flug annulliert, und mir wird mein Reiseplan verdorben.

Es ist ärgerlich, wenn einem auf diese Weise ein Strich durch die Rechnung gemacht wird. Die meisten projizieren dann auf die Streikenden oder – schlimmer noch – gehen auf das Bodenpersonal los, das weder streikt, noch etwas für die Verspätungen kann. Die entwickeltere Haltung ist mit der Frage verbunden, was mir damit gezeigt werden soll und was ich an dieser Stelle meines Lebens daran lernen kann.

Halte ich mich für unersetzlich, für unabkömmlich?
Was bedeutet es für mich, was für die Welt, dass man am Zielort meines Fluges ohne mich auskommen muss?

Es wäre durchaus eine gute Übung für mich und mein Umfeld, schon einmal zu erleben, wie es ist, wenn ich mal (gar) nicht mehr komme. Und ich könnte die durch den Flugausfall ausgelöste Unordnung nutzen, um die Ordnung in meinem Leben zu überprüfen.

Wenn es heute auch ohne mich gehen muss, was bedeutet das für die Zukunft? Könnte es auch öfter ohne mich gehen? Welche verblüffenden Erkenntnisse könnte ich noch daraus gewinnen?

Ich muss notgedrungen akzeptieren, dass mich das Schicksal nicht rechtzeitig an den geplanten Zielort reisen lässt. Rechtzeitig ist allerdings immer auf zwei Ebenen denkbar: rechtzeitig für mich und mein Ego und rechtzeitig aus Schicksalsperspektive. Ich könnte also spontan etwas aus der Situation machen.

Welche Chancen und verrückten Ideen kommen durch diesen Zwischenfall in mein Leben? Welche schöne Überraschung ließe sich aus der ursprünglich bösen Überraschung machen?

Welche Überraschungen bietet der Ort hier, an dem ich gar nicht sein wollte und nun einen freien Tag habe?

Das Schicksal hat mich aus meiner Bahn geworfen. Das wird wohl noch öfter geschehen. »Es geschieht immer, was du willst, oder etwas Besseres« – darüber lohnt es sich jetzt zu meditieren. Bin ich bereit, das Bessere zu finden und anzunehmen?

Urprinzipieller Bezug: Uranus (Fliegen, Freiheit), Saturn (Hemmung, Blockade).

Einbruch zu Hause, bestohlen werden

Bei uns zu Hause wurde eingebrochen. Mein Lieblingsschmuck und Andenken wurden gestohlen. Alles ist durchwühlt!

Unbewusst habe ich eine fremde Macht eingeladen, mich zu überfallen und in meine intimsten Bereiche gewaltsam einzudringen.

Womit habe eine solche Aktion des Schicksals notwendig gemacht? Was wollte ich nicht freiwillig zurückgeben und habe es deswegen auf diesem erzwungenen Weg getan?

An welche materiellen Schätze habe ich mein Herz gehängt und sie so dem Schicksal für diese Lernaufgabe geradezu angeboten? Welche Andenken und Erinnerungen sollte ich wohl lieber loslassen? Von welchen Gedanken mich lieber lösen? Mich von welchem Lieblingsschmuck besser trennen? Welche damit verbundenen Erinnerungen lieber verarbeiten und loslassen?

Ich könnte überprüfen, inwieweit für mich ein striktes *My home is my castle* gilt und warum ich das Schloss zu schlecht gesichert oder mich zu sehr abgekapselt habe. Meine Aufgabe ist, mich den gerade erlebten und vielleicht noch drohenden Schatteneinbrüchen in mein Leben zu stellen. Die mir fremden Anteile meiner Seele, vor denen ich offenbar noch solche Angst habe, wollen gesehen und angenommen werden.

Urprinzipieller Bezug: Neptun (Verschwinden), Pluto (gewaltsamer Einbruch in mein Reich, erzwungenes Loslassen).

Lit.: SP, L-S-T.

Computerabsturz

Die Festplatte meines PCs ist kaputt; alle Daten sind verloren.

Ich werde gezwungen, mich mit meiner Sorgfalt und meinem blinden Vertrauen in die Technik zu beschäftigen. Sicher habe ich schon einmal etwas von Sicherungskopien gehört, doch offenbar solche Warnungen in den Wind geschlagen. Der Gedanke, dass mir so etwas nicht passieren könne, war eine mutwillige Provokation des Schicksals, das mir jetzt zeigt, dass es eben doch passieren kann. Es ist insofern eine Enttäuschung und damit das Ende einer Täuschung – eigentlich kann ich froh sein, dass ich entsprechend belehrt wurde.

War mein Vertrauen in die Technik größer als mein Selbstvertrauen? Und sogar größer als mein Gottvertrauen? Erin-

nere ich mich an Gott immer erst, wenn ich solche Probleme habe?

Vielleicht bedeutet dieses unerwartete Ärgernis auch einen persönlichen Absturz, der Veränderung nach sich zieht.

Was ändert sich? Was muss sich ändern?? Welche Chance liegt in einem Neustart mit einem neuen Gerät? Welche Einstellung wäre dazu angemessen? Wie könnte ich mehr Kreativität und Originalität, mehr Spontaneität und Individualität in meine Computerarbeit fließen lassen?

In dieser unfreiwilligen Löschung meiner IT-Vergangenheit könnte ich auch eine Aufforderung sehen, freiwillig Tabula rasa zu machen und einen Neubeginn ins Auge zu fassen.

Wichtig könnte für mich auch sein, mir bewusstzumachen, wie ich mit meinem PC umgegangen bin.

Mit wie viel Respekt behandle ich mein Arbeitsgerät? Wie viele Schuld-Projektionen hat mein PC abbekommen, was habe ich an eigener Unfähigkeit auf ihn projiziert? Mit welchem eigenen Verhalten habe ich mir seinen Absturz verdient?

Grundsätzlich stehe ich vor der Aufgabe, mir bewusst einen Überblick zu verschaffen, woran mich dieser Absturz hindert und wozu er mich zwingt, um dann mit Hilfe der betroffenen Lebensprinzipien Lösungsschritte zu gehen.

Urprinzipieller Bezug: Uranus (PC-Welt, Absturz), Neptun (Tabula rasa).

Durchfallen, versagen

Ich habe die Prüfung nicht bestanden – das lässt mich verzweifeln, und ich schäme mich so.

Das Leben ist eine einzige große Prüfung, und immer wieder gibt es Übergänge und entsprechende Bilanzzeiten wie etwa Pubertät und Lebensmitte. Die konkrete Prüfung kann ich sicher wiederholen, aber sie erinnert mich womöglich an einen nicht bewältigten Lebensabschnitt.

Was habe ich mit der vermasselten Prüfung im übertragenen Sinn nicht geschafft? Durchgefallen sein, nicht genügen, zu gering sein, zu wenig bringen, als zu leicht befunden werden, nicht bestehen können – was bedeutet das für mich?
Wie hoch ist mein Anspruch, und entspricht er meiner Seele und ihrem Weg?
Wie habe ich es geschafft, durchzufallen, was will ich nochmals wiederholen? Oder führt mich die Ausbildung, an deren Ende diese Prüfung stand, in die für mich und meine Seele falsche Richtung? Muss ich die Weichen grundsätzlich neu stellen? Oder war ich einfach zu faul, entsprechend zu lernen, weil mir das Ergebnis nicht wichtig genug war?
Wofür schäme ich mich genau? Vor mir, für mein Unvermögen? Vor den anderen, die mich so klar in meinem Unvermögen sehen?
Wie kann ich anders, effektiver lernen oder vielleicht auch etwas ganz anderes, das meine Seele mehr berührt und meinen Geist besser motiviert?

Die Art der Prüfung, die ich jetzt nicht bestanden habe, gibt mir weitere Aufschlüsse:

- *Führerschein:* Will ich insgeheim mit einem Teil meiner Seele noch gar nicht teilnehmen an dieser Art von Verkehr? Fühle ich mich noch gar nicht danach, vollwertiges Mitglied der Autogesellschaft zu werden? Scheue ich mich noch, mein Leben schon jetzt in Staus zu verbringen und auf Autobahnen zu riskieren?

- *Reifeprüfung, Matura:* Fühle ich mich noch gar nicht reif genug für den nächsten Schritt? Kann ich noch nicht dazu stehen, die Schule nun endgültig zu verlassen? Brauche ich noch ein Jahr, um wirklich in diesem anderen selbstverantwortlicheren Leben anzukommen? Will ich noch gar nicht weg von zu Hause an die Uni oder in die Arbeitswelt? Was könnte ich tun, um wirklich reif zu werden, für den Schritt ins Erwachsenenleben? Die Fächer, an denen ich hängen geblieben bin, können weitere konkrete Hinweise geben.

- *Berufsexamen:* Fühle ich mich für diesen Beruf oder diese Richtung nicht oder noch nicht reif? Will ich gar nicht konkret umsetzen, was ich da studiert habe? Was steht mir im Weg?

Urprinzipieller Bezug: Saturn (Hemmnis), Zwillinge-Merkur (Wissensprüfung).

Lit.: L.

Zerstörte Träume

Nun habe ich endlich den alten Hof zum Umbauen gefunden, wie ich es mir so lange erträume. Dann schnappt ein anderer Käufer ihn mir doch vor der Nase weg. Das schmerzt mich gewaltig!

Dass der andere Kaufinteressent erfolgreicher als ich war, ist ganz legal und sein gutes Recht. Ich wurde schmerzlich enttäuscht, aber wer weiß, was ich mir damit erspart habe. Das Schicksal wollte mir offenbar diese große Arbeit ersparen und hat etwas anderes mit mir vor.

Es gibt nun grundsätzlich zwei verschiedene Möglichkeiten: entweder einschnappen, resignieren und es nicht mehr versuchen oder es weiter versuchen und ganz offen bleiben gemäß dem Spruch »Es geschieht, was wir wollen – oder etwas Besseres.«

Urprinzipieller Bezug: Mond (Heim), Saturn (Hemmnis).

● Schicksalsschläge

Grausames Leben

Warum lässt Gott so viel Grausamkeit zu?

Kritik an Gott und die Auflehnung gegen das Schicksal galt in der Antike als Hybris und die einzige mögliche Sünde. Vor allem bringt die Anklage, wie Gott so etwas zulassen könne, nur Verzweiflung, weil sich weder Gott noch das Schicksal, oder wie immer wir diese Instanz nennen mögen, von uns erpressen lässt.

Offenbar sollen wir etwas durch das Geschehen lernen. Jeden wird Grausamkeit, die in vielfältiger Form Teil unserer Lebenswirklichkeit ist, erschrecken und mindestens stören. Da sie mich jetzt in besonderem Maß herausfordert, könnte ich mich fragen, wie viel Grausamkeit ich selbst zulasse.

Wie viel an Grausamkeit und Gewalt schaue ich mir im Fernsehen an? Wie viel verursache ich direkt etwa als Fleischesser?

Eine Aufgabe könnte für mich sein, etwas gegen all die Grausamkeit in meiner unmittelbaren Umgebung und auf diesem Planeten zu tun. Vielleicht will Gott mir jetzt Gelegenheit geben, endlich aktiv zu werden.

Urprinzipieller Bezug: Jupiter (Gott), Jungfrau-Merkur (Kritik an Gott), Pluto (Hybris).

Früh verwitwet sein

Ich bin erst vierzig und schon Witwe. Neben der Trauer fühle ich Wut. Und natürlich frage ich nach dem Warum. Dieser Schicksalsschlag hat auch dazu geführt, dass ich Unsicherheit verspüre. Wie soll es weitergehen, worauf kann ich mich noch verlassen?

Zuerst muss ich mir eingestehen, dass ich voll auf das Schicksal oder Gott projiziere. Gegen wen sonst könnte sich meine Wut auch richten?

Die Unsicherheit ist ja in Ordnung, denn was ist schon sicher? Nichts außer dem Tod! Wenn er früher als erwartet ins Leben tritt, gibt es grundsätzlich zwei Möglichkeiten. Ich kann diesen Schicksalsschlag – so hart er ist – annehmen und mich persönlich gemeint fühlen, oder ich reagiere beleidigt gegenüber dem Schicksal, was mein Leben wohl ruinieren wird. Auch in Zukunft und in einer etwaigen neuen Beziehung wird es weder Sicherheit noch Garantien geben.

Je mehr Widerstand ich gegen eine Situation leiste, desto länger werde ich darin verharren müssen und desto öfter in anderer Form hineingeraten. Schließlich soll ich ja gerade diese Situation (annehmen) lernen. Insofern ist Akzeptieren und Lernen der anfallenden Aufgaben der einzige wirksame Schutz dagegen, immer wieder mit denselben Herausforderungen konfrontiert zu werden.

Die Frage nach dem Warum könnte mich also durchaus weiterbringen, besonders wenn ich sie mir in tiefer Meditation stelle und die Antworten aus meiner Tiefe mit dem ersten aufsteigenden Gedanken kommen lasse. Auf diese Weise lässt sich auch am ehesten solch ein Trauma verkraften.

Urprinzipieller Bezug: Waage-Venus (Partnerschaft), Saturn (Tod), Pluto (Wandel, Auflehnung gegen das Schicksal, statt loszulassen und neu anzufangen).

Lit.: SG.

Unfall verursachen, schwere Schuld

Ich habe einen Unfall verschuldet, bei dem ein Kind zu Schaden kam, das verfolgt mich jetzt bis in meine Träume.

Die Frage der Schuld ist eine grundsätzliche. Wir können in der Welt der Polarität gar nicht unschuldig bleiben. Immer wenn wir uns für eine Richtung entscheiden, bleiben wir dem Leben mindestens eine andere schuldig. Sündigen meint, sich absondern und den Punkt verfehlen, also aus der Mitte herausfallen in die Welt der Gegensätze. Jede Schuld zwischen Menschen erinnert uns unbewusst an diese Grundsituation, die Katholiken mit Erbsünde umschreiben. Zu meiner Situation ließe sich fragen, wie es zu dem Unfall kam, was die Vorgeschichte war. Weiter wäre zu fragen, wie es um das eigene innere Kind steht.

Wie verletzt ist mein inneres Kind? Welchen Schaden hat es bereits genommen? Wie ist ihm zu helfen? Und welche Träume verbinden sich mit ihm?
Was macht das Gefühl des Täterseins mit mir?

Wir müssen immer die Verantwortung für unsere Taten übernehmen und entsprechend Antworten finden. Einem Kind durch eigenes Verschulden Schaden zugefügt zu haben, wiegt schwer bei normal ausgeprägtem Gewissen. Zu dessen Erleichterung kann der Schaden, so gut es geht, wieder gebessert werden, hoffentlich am betroffenen Kind, manchmal auch an anderen Kindern, etwa durch ein karitatives Engagement.

Urprinzipieller Bezug: Mond (Kind), Saturn (Schaden), Neptun (Träume).

Unfallopfer sein

Ich bin Opfer eines Unfalls geworden und habe mich noch nie so hilflos und auch so wütend gefühlt.

Ich bin auf sehr unsanfte Weise mit dem Uranusprinzip konfrontiert worden, das ich zuvor offenbar (un-)bewusst links liegen gelassen habe.

Was habe ich (un-)bewusst dazu getan, es so weit kommen zu lassen? Wo ist meine Resonanz zu diesem plötzlichen Einbruch von Unglück in mein Leben?
Wie habe ich mich reif für dieses Opfersein gemacht?
Gegen wen richtet sich meine Wut, wahrscheinlich den Unfallverursacher? Aber gegen wen richtet sie sich letztendlich?
Was mache ich jetzt mit meiner Wut? Wo kann ich sie ablassen?

Der Unfall unterstreicht, wie sehr ich aufgefordert bin, mehr positive Abwechslung in mein Leben zu bringen, um mir in Zukunft solch negative zu ersparen. Ich sollte mir einen für mich lohnenden Bereich suchen, um hier über die Stränge zu schlagen, aus der Reihe zu tanzen und neue kreativere und originellere Wege einzuschlagen. Mein Mut und meine Energie sind hier gefordert, um radikale Wandlungen und tiefgehende Veränderungen anzugehen.

Urprinzipieller Bezug: Uranus (Unfall), Mars (Wut), Pluto (Ohnmacht).

Tod des Kindes

Wir haben unseren einzigen Sohn durch einen Motorradunfall verloren. Warum? Warum gerade wir?

Die Wege des Schicksals wirken aus unserem schmalen Blickwinkel immer unergründlich. Mit einem sehr weiten Blickwinkel, der die Kette der Leben umfasst, ließe sich vieles besser verstehen und letztlich alles. Auf dem Weg dorthin aber bleibt uns oft nur Verzweiflung oder Vertrauen. Wir können das »Dein Wille geschehe« bekämpfen, weil wir glauben, es besser zu wissen, oder akzeptieren, weil wir Seiner höheren Einsicht vertrauen.

Tatsache ist, dass immer Sein Wille geschieht. Phasenweise mag es so aussehen, als gehe es auch nach unserem Willen, aber das ist nur dort der Fall, wo unserer zufällig mit Seinem übereinstimmt. Hier zeichnet sich schon die Lösung ab. Sind wir immer mit Seinem Willen einverstanden, weil wir ihn – ohne ihn immer verstehen zu müssen – als den weisesten Ratschluss (er-)achten, geht es uns immer gut. Solange wir unser

Glück davon abhängig machen, dass unser Wille geschieht und wir bekommen, was wir wollen, wird es nur kurzes Glück geben. Sobald wir Seinen Willen akzeptieren und alles annehmen, was kommt, beginnt das Glück sofort.

Nun ist der Verlust eines Kindes eine unglaubliche Herausforderung, und Eltern können das gar nicht wollen. Als eine der größten Zumutungen überhaupt ist es auch eine der größten Prüfungen und damit auch Wachstumschance. Eltern, die das überstehen, ohne zu verbittern, müssen schon weit sein auf ihrem Weg zu Gott.

Urprinzipieller Bezug: Mond (Kind), Saturn (Tod), Pluto (loslassen müssen).

Lit.: L, SP.

● Lebensstufen, Lebenskrisen

Leeres Nest, nicht mehr gebraucht werden

Die Kinder sind jetzt aus dem Haus. Ich fühle mich leer und nutzlos. Werde ich denn überhaupt nicht mehr gebraucht?

Wenn ich all meine Energie den Kindern gegeben und mich nur noch um sie gesorgt und gekümmert habe, ist dieses Gefühl der Leere ganz normal. Dann ist mein Leben zu kurz gekommen, und ich muss und darf rasch dafür sorgen, wieder so etwas wie ein eigenes Leben zu finden oder aufzubauen. Andernfalls droht das Leere-Nest-Syndrom, eine moderne Depressionsform, die besonders Mütter trifft, die ihren ganzen

Lebenssinn in den Kindern gesucht und gefunden hatten. Das mag für diese schon manchmal zu viel gewesen sein, für die Mutter ist es definitiv zu wenig.

Der Sinn des Lebens müsste durch das ganze Leben tragen, und das können Kinder nie. Es ist natürlich und gesund für beide Seiten, wenn sie frühzeitig mit Abschluss der Schule und spätestens mit zwanzig das elterliche Nest verlassen. Spätestens dann müssen sich Eltern wieder um ihren eigenen Kram kümmern. Ich sollte jetzt ehrlich fragen:

Was kann ich jetzt (an-)bieten, was andere brauchen oder mögen könnten? Mache ich mich aber so unbrauchbar, so unattraktiv und so wenig entgegenkommend, dass mir niemand entgegenzukommen scheint? So unnahbar, dass niemand meine Nähe sucht und ich neue Angebote nicht wahrnehmen kann?

Es geht für mich darum, mich woanders umzusehen, wo Not am Mann ist, wo ich gebraucht werden könnte. Die Aufgabe ist, erneut meinen Platz zu suchen und zu finden. Falls der Zugang zur Religion verlorengegangen ist, kann oft die spirituelle Philosophie eine neue Lebensgrundlage liefern.

Urprinzipieller Bezug: Mond (von Mutter zur großen Mutter werden), Pluto (Wandel).

Lit.: SG, SP, LP, L, D.

Hotel Mama

Unser Sohn ist dreißig, und er liebt sein Hotel Mama. Erst war ich ja geschmeichelt, dass er so an uns hängt, aber nun wünsche ich mir Enkelkinder.

In dieser Situation können beide Seiten nicht loslassen: Der Sohn will Kind bleiben, die Mutter (Groß-)Mutter werden. Für mich als Mutter gilt das zum Thema Leeres Nest Gesagte: Kinder sind nicht für die Eltern da, sondern umgekehrt, und auch das hat (zeitliche) Grenzen. Weder sollten Kinder der ganze Lebenssinn der Eltern sein, denn dann droht das Leere-Nest-Syndrom, noch sollte es ihre Aufgabe sein, den mangelnden Lebenssinn der Mutter durch Produktion von Enkeln zu kaschieren. Der Film *Tanguy* zeigt dieses Problem sehr deutlich. Hier flieht der Sohn, nach der offensiven Vertreibung aus dem Nest seiner französischen Eltern in das seiner japanischen Schwiegereltern, nur um sein Problem nicht lösen zu müssen.

Eltern brauchen ihren eigenen Lebenssinn; einen Weg dazu weisen die Schicksalsgesetze. Dann können Kinder ihren finden, und der liegt heute gar nicht zwingend in der Gründung einer Familie. Über die Hälfte der Einwohner deutscher Großstädte sollen bereits als Singles leben. Jedenfalls dürfen Eltern Kindern weder die Macht noch die Möglichkeit geben, zeitlebens den elterlichen Mangel an Sinn zu kompensieren.

Urprinzipieller Bezug: Mond (Kind), Pluto (Fixierung an Vorstellungen, Widerstand gegen Entwicklungen).

Lit.: L.

Freche Jugendliche

Diese Jugendlichen von heute nehmen sich viel zu viel heraus und haben keinen Respekt mehr!

Die Jugend erscheint eigentlich jeder älteren Generation als schlecht und besorgniserregend, das ist schon von Sokrates überliefert. Auch ich gehe davon aus, dass früher alles besser gewesen sei, was in Wahrheit kaum stimmt. Die Jugend hatte in früheren, sehr autoritären Zeiten lediglich mehr Respekt vor dem Alter, weil er erzwungen war.

Will ich diese autoritären Zeiten wirklich zurück, in denen Respekt aus Angst vor Strafe gezeigt wird? Ist es an sich schlecht, dass die Jugend heute uranischer und freiheitsbewusster lebt?

Respekt bekamen Menschen zu allen Zeiten durch ein respekteinflößendes Leben, und das gilt auch heute noch.

Was ist in mir selbst ohne Respekt gegenüber dem Alten, den Alten und dem Alter?

Wenn ich mich der Aufgabe gestellt habe, mir echten Respekt und Achtung zu verschaffen, kann ich auch Jugendliche so beeindrucken, dass ich keine Übergriffe zu befürchten habe.

Urprinzipieller Bezug: Uranus (Rebellin der Jugend), Saturn (Respektmangel, Alter).

Als zu alt gelten

Mit Ende dreißig sei ich zu alt für diese neue Stelle. Das kann doch nicht wahr sein! Es ist wie ein Schlag ins Gesicht.

Bei einer Gesellschaft, die sich so vorbehaltlos dem Jugendkult ergibt wie unsere, kommt so etwas heraus wie die Bevorzugung jüngerer Kandidaten. Andererseits ist gerade diese Gesellschaft auch so frei, dass ich mich jederzeit selbst so positionieren kann, zu machen, was ich will.

Dem Thema Alter und Altern müssen wir uns irgendwann

alle stellen, je eher im Leben desto besser. Das Alter und den Tod als unausweichlich anzunehmen ist eine Frage der Intelligenz; nichts ist natürlich so sicher wie der Tod. In der Gesellschaft des Jugendkultes will diese Konfrontation aber gelernt werden.

Das eigene Alter lässt sich in der ersten Lebenshälfte gut im Pass ablesen, in der zweiten nur noch am Zustand der Blutgefäße. Diesen und damit auch die Durchblutung können wir am besten über Ernährung und regelmäßige Bewegung im sogenannten Sauerstoffgleichgewicht beeinflussen. Wir sollten drei Dinge beachten: nicht rauchen, keine gehärteten Fette und vor allem kein Tierprotein, schon gar keine Milch(produkte) konsumieren. So können wir sehr weitgehend selbst bestimmen, ob wir voraltern oder unsere körperlichen und geistigen Kräfte lange erhalten. Altern liegt also weitgehender denn je in unserer Hand. Und es gibt Mitfünfziger, die aufgrund ihrer geistigen Fitness für jede neue Fortbildung in Frage kommen und sich entsprechend in Position bringen. Das verlangt allerdings mehr als Fachfortbildung.

Urprinzipieller Bezug: Saturn (Alter).

Lit.: L, GV.

Angst vor Altersarmut und Siechtum

Ich glaube, im Alter kann ich mir nichts mehr leisten. Es wird mir alles zu viel. Ich möchte deshalb nicht alt und schon gar nicht gebrechlich und einsam werden.

Wenn ich an den Absturz im Alter glaube, erhöhe ich im Sinne der selbsterfüllenden Prophezeiung die Wahrscheinlichkeit, dass es passiert, enorm. Das, wovor ich Angst habe, erreicht mich meist leichter als das, was ich mir wünsche.

Warum bin ich so pessimistisch für mein Alter? Ist mir schon jetzt alles zu viel?

Wenn alle alt werden wollen und niemand alt sein will, wollen alle etwas werden, was dann niemand sein mag. Das ist ein klassisches Verfahren, um unglücklich zu werden. Wenn ein beeindruckender Jugendkult wie bei uns hinzukommt und eine Gesellschaft so dramatisch überaltert ist wie unsere, wird die Aufgabe überdeutlich: Aus- und Versöhnung mit dem Alter.

Was hindert mich daran, in Würde alt zu werden? Was habe ich in jungen Jahren versäumt?
Was macht mir so Angst auf meinem Weg? Ist es das allmähliche Loslassen vom Leben?
Wie reagiere ich auf alte Menschen? Kann ich die Chance erkennen, an ihnen das Alter kennen und im Idealfall schätzen zu lernen? Wie stehe ich zu meinem Alter?

Die große Aufgabe besteht auch für mich darin, mich mit der Angst auseinanderzusetzen, nicht mehr all die Dinge zu können, die zum Hinweg des Lebens gehörten. Ich bin aufgerufen, sie nach und nach bewusst loszulassen und mich von diesen Fähigkeiten dankbar zu verabschieden.

Urprinzipieller Bezug: Saturn (Alter, Einsamkeit, Angst).

Literatur: L, GV; CD »Lebenskrisen als Entwicklungschancen«, CD »Lebensprinzipien-Set: Saturn«.

Bis zuletzt autark sein wollen

Lieber bringe ich mich um, als später mal ein Pflegefall zu werden und überhaupt im Alter anderen zur Last zu fallen.

Habe ich einen Erpressungsversuch gegenüber dem Schicksal im Sinn? So etwas hat noch nie funktioniert und außer Leid auch nichts gebracht. Besser wäre es, zuerst den seelischen Hintergrund meiner Drohung zu klären und anschließend Maßnahmen zu treffen, um diese Situation zu vermeiden.

Was hindert mich, Hilfe anzunehmen, oder ist mir allein der Gedanken daran so unerträglich? Woher stammt das Programm, niemandem zur Last fallen zu dürfen? Will ich das so beibehalten?

Ich könnte als Sofortmaßnahme beginnen, meinem Leben eine spirituelle Grundlage zu schaffen. Auf dieser Basis könnte ich lernen, für ständig auftauchende neue Herausforderungen offen zu bleiben, die es zu verstehen, zu verarbeiten und urprinzipiell zu integrieren gilt. Außerdem wird es mir helfen, für meinen Körper gut zu sorgen.

Und es gibt eine Fülle von schönen Konzepten, wie sich das Alter genießen lässt, selbst wenn man Unterstützung braucht. Selbst wer auf Dauer-Kreuzfahrt geht, lebt noch billiger als in vielen Seniorenresidenzen. Tatsächlich wäre selbst Pflege in manchen exotischen Ländern sehr günstig und geradezu wundervoll zu organisieren.

Urprinzipieller Bezug: Neptun (Flucht), Saturn (Alter, Tod).

Lit.: SG, SP, LP.

Angst vor dem Tod

Alles, was mit Tod zu tun hat, ist schrecklich. Ich fürchte mich vor dem Sterben.

Der Tod ist das einzig Sichere im Leben. Als Moment der (Er-) Lösung könnte er auch das Ziel sein, auf das wir unser Leben ausrichten. Solch ein den Tod einschließendes Leben gelingt in der Regel wesentlich besser und glücklicher als eines, das auf Verdrängen setzt. Insofern ist die Aussöhnung mit dem Tod eine Voraussetzung für das wirkliche Ankommen im Leben.

Oft schließt die Angst vor dem Sterben die vor dem Leben ein, und dann wäre es natürlich wichtig, zuerst die Angst vor dem Leben loszulassen.

Was ist mein Ziel fürs Leben, was möchte ich erreicht haben, wenn ich gehe? Möchte ich der Nachwelt etwas zurücklassen? Kinder, Ideen, Orte, die ich geprägt und gestaltet habe? Was kann ich tun, um bis zur (Er-)Lösung ein befriedigendes Leben zu führen?

Eine zusätzliche Hilfe wäre, bei der Ernährung darauf zu achten, keine Angst mehr zu essen im Sinne von *Peace Food*.

Urprinzipieller Bezug: Saturn (Angst, Tod).

Lit.: L, PF; CD »Angstfrei leben«.

● Glaube, Spiritualität

Unglaube, Sinnlosigkeit

Ich glaube an gar nichts und bin grundsätzlich skeptisch. Ist doch sowieso alles sinnlos und geschieht rein zufällig.

Möglicherweise suche ich nur äußere Vorwände für meine Unwilligkeit, an mich und das Leben und seinen Sinn zu glauben.

Bin ich beleidigt gegenüber dem Leben, gegenüber Gott, weil ich mich für zu kurz gekommen halte?
Was gibt mir mein Skeptizismus? Ist die Naturwissenschaft mir ein Glaubensersatz geworden?

In den Glaubensgemeinschaften von Skeptikerverbänden wird der Skeptizismus gefördert. Ihre Mitglieder laufen Sturm gegen alles Spirituelle, wirken aber persönlich meist beeindruckend armselig. Das ist auch naheliegend, denn sie sind ja offenbar arm an seligmachenden Erfahrungen und wollen das auch bleiben. Die Frage ist nur, warum sich jemand mit solch einem Leben arm an seligmachenden Erfahrungen begnügen will.

Ich könnte mich mit den spirituellen Erkenntnissen der Größten unter den Naturforschern wie Werner Heisenberg, Erwin Schrödinger, Max Planck oder Albert Einstein beschäftigen und so meine Perspektive von ihnen erweitern lassen. Heisenberg sagte sinngemäß, wer den Becher der Naturwissenschaft ansetze, werde Atheist, wer ihn aber bis zum Grund leere, finde dort Gott.

Die Tatsache, dass ich noch keinen nachhaltigen Sinn für mich gefunden habe, sagt mitnichten, dass es keinen gibt. Habe ich überhaupt wirklich gesucht? Die Buch-Trilogie *Die*

Schicksalsgesetze, Das Schatten-Prinzip und *Die Lebensprinzipien* bietet ein Lernprogramm zum Finden von Inhalt und Sinn.

Urprinzipieller Bezug: Jupiter (Glaube), Saturn (Hindernis), Jungfrau-Merkur (Skepsis).

Lit.: SG, SP, LP; CD »Lebensprinzipien-Set: Jupiter, Saturn«.

Das Böse

Es gibt so viel Böses im Leben und auf der Welt. Bei all der Schlechtigkeit kann man ja nur verzweifeln.

In der Welt der Polarität ist die eine Hälfte Licht und die andere Schatten. Je nach Resonanz wird man sich auf eine Seite einstellen oder sogar einschießen. Mit der Kenntnis des Polaritätsgesetzes werden aber beide Seiten erkennbar, und so besteht kein Grund zur Verzweiflung.

Was sagt es mir, wenn ich mich an die Schattenseite klammere und vor lauter Dunkelheit das Licht nicht mehr sehe(n will)?

So eine Einstellung ist ein deutlicher Hinweis darauf, sich dem Schatten zu stellen und mit Schattenarbeit zu beginnen.

Urprinzipieller Bezug: Pluto (das Böse, Schatten, Projektion).

Lit.: SP, L-S-T; CD »Schattenarbeit«, CD »Lebensprinzipien-Set: Pluto«.

Kämpfen müssen

Ich bin enttäuscht, dass es in meinem Leben immer noch nicht leichter geht. Warum muss ich um Dinge, die eigentlich so schön und so natürlich sind, hart kämpfen?

Auf der Welt ist das Schöne und Natürliche auch noch nicht selbstverständlich. Im Gegenteil verhalten wir uns weiterhin mehrheitlich feindlich gegenüber der Erde, riskieren für unseren Konsumwahnsinn deren Existenz, sind rücksichtslos gegenüber den fühlenden Wesen wie anderen Menschen und den Tieren, von den Geistwesen ganz zu schweigen. Auch wenn es bei uns zunehmend bewusste Menschen gibt, ist die Mehrheit immer noch unbewusst und befindet sich auf Schattenkurs.

Meine Klage deutet darauf hin, dass auch in meinem Inneren das Schöne und Natürliche immer noch die Ausnahme ist und der Schatten mächtiger ist, als ich es mir eingestehe. Doch was spricht dagegen, für seine Träume zu kämpfen vor allem auch mit dem eigenen inneren Schweinehund? Selbst die Bibel fordert uns auf, mit dem Engel (wohl dem der Entwicklung) zu ringen.

Ist das Schöne und Natürliche für mich wirklich schon selbstverständlich? Oder muss ich immer noch sehr bewusst sein, um es zu verwirklichen, und bin dann stolz darauf, wenn ich es schaffe?

Erst wenn ich den sogenannten Tipping-Point, den Umkehrpunkt, überschreite, wird es schlagartig leichter, aber bis dahin bleibt es aufwendig und anspruchsvoll. Zum Beispiel mögen die ersten drei Fastentage anspruchsvoll sein, aber kaum hat der Körper seinen Widerstand aufgegeben, fühlt es sich leicht und schön an. Auch bei der Umstellung auf *Peace Food* können die ersten drei Wochen voller Anfechtungen sein, aber dann wird es wundervoll. Oder im ersten Monat wird es einige Disziplin erfordern, wirklich täglich zu meditieren, dann erscheint es so leicht und selbstverständlich. Überall finden wir dasselbe Muster, und wenn ich etwas noch als schwer oder als Kampf empfinde, bin ich vielleicht noch gar nicht so weit, wie ich dachte, was aber nichts macht, solange ich auf meinem Weg bin.

Urprinzipieller Bezug: Jupiter (Anspruch).

Sorge um das Seelenheil anderer

Mein Freund kümmert sich zu wenig um sich selbst. Er weiß nicht, was gut für ihn wäre. Damit meine ich nicht nur seine Gesundheit, sondern auch sein Seelenheil.

Ich glaube zu wissen, was dem anderen fehlt, und scheine mich zu seinem Meister und Guru aufschwingen zu wollen. Offenbar kann ich ihn nicht so akzeptieren, wie er ist.

Was will ich an ihm durchsetzen, was ich bei mir selbst nicht schaffe?
Warum will er mir und meinen Vorschlägen wohl nicht folgen?

Ich habe anscheinend mehr unser gemeinsames Leben im Blick statt meines. Dabei geht es darum, mich ausreichend um mich selbst und meinen Weg zu kümmern.

Was könnte ich für meine Gesundheit und mein Seelenheil tun?

Ich sollte lernen, geduldig zu sein und zu einem positiven Beispiel zu werden. Dann könnte ich sehen, wie nach dem Resonanzgesetz das Gute und Stärkende auch auf ihn abfärbt.

Urprinzipieller Bezug: Jungfrau-Merkur (Besserwisserei), Pluto (Übergriff, Macht).

Lit.: CD »Selbstliebe«.

Panik

Ich habe Panik, wenn ich an das Nichts, an die Unendlichkeit denke.

Von Bedeutung ist hier mein Verhältnis zum alten Naturgott Pan und überhaupt zur Natur. Wahrscheinlich habe ich bisher aus dieser Angst heraus alle Erfahrungen des Nichts oder Nirvana und der Unendlichkeit vermieden. Doch wenn ich mich erst einmal mit den Erfahrungsberichten von Meister(inne)n und Heiligen beschäftige, würde ich Berichte von himmlischer Ekstase, grenzenloser Liebe und entrückender Begeisterung finden. Nichts zum Fürchten also.

Was sagt es mir grundsätzlich, wenn ich mich wegen dieses Missverständnisses und Unwissens um die Erfahrung von Gipfelerlebnissen, sogenannten Peak Experiences, gebracht habe?
Gibt es noch andere Bereiche, in denen meine Angst mein Leben verhindert und ich mir die schönsten Geschenke dieser Schöpfung aus Unwissenheit vorenthalte?

Ich sollte es mir zur Aufgabe machen, mir Wege zu erschließen, die für mich Erfahrungen des Wunders der Einheit fördern. Dazu kann der Weg über die Natur und die Liebe zu ihr und ihrem Gott Pan hilfreich sein.

Urprinzipieller Bezug: Neptun (Einssein), Saturn (Angst, Panik vor Ausgeliefertsein).

Lit.: D; CD »Angstfrei leben«.

Verwünschungen, Teuflisches

Ich fürchte mich vor Verwünschungen und dem Teufel.

Es ist nicht so abwegig, die magische Macht von Worten zu schätzen und zu fürchten. Flüche und Verwünschungen haben tatsächlich eine grauenhafte Wirkung in beide Richtungen, aber vor allem auf diejenigen, die sie ausstoßen – und letztlich beginnt das beim Mobbing.

Wen habe ich schon – vielleicht insgeheim und nur halb bewusst – verwünscht oder gar verflucht? Gehören Flüche zu meiner Umgangssprache? Verwende ich, ohne mir viel dabei zu denken, Ausdrücke wie »verdammt« oder »verflucht nochmal«, wenn etwas nicht klappt?

Gerade weil dieser unbewusste Sprachgebrauch oft Selbstverwünschungen einschließt, sollte ich ihn mir bewusstmachen und aufgeben. Aufgabe wäre, achtsam mit meinem Ausdruck bis in die Details der Sprache zu werden.

Urprinzipieller Bezug: Pluto (Verfluchung, Magie).

Verunsicherung auf dem Weg

Mein Mann glaubt an gar nichts und macht sich über meine spirituelle Suche lustig.

Ich sollte genauer betrachten, was mein Hauptproblem damit ist. Wenn er mich auf meiner Suche verunsichert, kann ich ihn als Prüfstein meiner Anstrengungen betrachten und (be-)nutzen. Er wird mich erden und meinen Standpunkt immer wieder in Frage stellen, so dass ich schließlich sicher sein kann, dass er trägt. So fördert mein Mann als Gegenpol oder Advocatus Diaboli meinen Entwicklungsweg und wird mich als Erster auf Fehler und Sackgassen hinweisen.

Falls seine Haltung Mitleid und Mitgefühl mit seiner Seele in mir hervorruft, stehe ich vor der Frage, wie ich ihm und seiner Seele helfen und in welcher Form ich ihn auf meinem Weg mitnehmen kann.

Wahrscheinlich hat er selbst einfach zu große Angst, sich einzulassen, und muss deshalb alles schon im Vorfeld bekämpfen und lächerlich machen. Indem er etwas, vor dem er so offensichtlich Angst hat, ins Lächerliche zieht, macht er sich natürlich aber auch in meinen Augen lächerlich, und da liegt – auf Dauer – eine Gefahr für unsere Beziehung.

Vielleicht wünsche ich mir auch nur einen verständnisvolleren Partner als Begleitung und eine harmonischere Beziehung. Dann könnte ich mich fragen, was ich bereit bin, dafür zu tun.

Ist dieser Konflikt um die spirituelle Ausrichtung nur der Vorwand für eine sowieso schon ersehnte und anstehende Veränderung in der Beziehung?

Wenn der spirituelle Weg zum wesentlichen Lebensinhalt wird, lässt er sich zusammen natürlich wesentlich angenehmer und freudvoller gehen als im Widerstand.

Urprinzipieller Bezug: Neptun (spirituelle Suche), Jungfrau-Merkur (Zweifel, Skepsis).

Sekten

Das zunehmende Sektenunwesen regt mich so auf!

Sekten sind Glaubensgemeinschaften, die sich vom religiösen Mainstream absetzen. Das ist den Vertretern der etablierten Religionen und Kirchen natürlich immer verdächtig, weil sie ja am liebsten alle bei sich sähen. Die Christen begannen als kleine jüdische Sekte und provozierten das etablierte orthodoxe Judentum gewaltig. Es schlug zurück und lieferte Jesus Christus den Römern und damit der Hinrichtung aus. Heute hält sich das Oberhaupt der katholischen Kirche in Gestalt des Papstes für die einzige legitime Repräsentanz von Christus auf Erden und gesteht den Protestanten gar keinen Kirchenstatus zu. Ketzer, Abweichler und Reformer wie Savonarola, Hus, Luther, Calvin, Zwingli, um nur einige zu nennen, wurden von der katholischen Kirche immer als Provokation erlebt und bekämpft.

Die Orthodoxie bekämpft jeden neuen Glauben und neues Denken, wie etwa die katholische Kirche auch das moderne Weltbild der Naturwissenschaft in Gestalten wie Kopernikus und Galilei. Im eigenen Kreis gilt dagegen das Gebot der Eigenblindheit. Das Engelswerk oder Opus-Dei, Unterabteilungen der katholischen Kirche, erfüllen die Kriterien ausgesprochen fundamentalistischer Sekten, aber sie werden in ihren Praktiken von der Mutterkirche gedeckt, getreu dem vom eigenen Meister entlarvten Prinzip, den Splitter im Auge des anderen zu bekämpfen, aber den Balken im eigenen zu übersehen.

Natürlich hatten auch Mohammed und Buddha zu Beginn, als sie kleinen Glaubensgemeinschaften vorstanden, mit der jeweiligen Orthodoxie zu ringen. Die Brahmanen des Hinduismus waren nur schlauer, statt Buddha offen zu bekriegen, integrierten sie ihn als achten Avatar ihres gut etablierten Gottes Vishnu.

Wenn mich das Sekten(un)wesen quält, hat es mit mir persönlich zu tun; ich werde ein ähnliches Thema – unbewusst – mit mir herumschleppen.

Was genau regt mich an Sekten so sehr auf? Was aber ist es bei mir persönlich, was mich so unversöhnlich macht? Ist es der Machtmissbrauch der oberen Sektenriege, die finanzielle Ausbeutung der Anhänger oder die – von diesen oft nicht einmal mehr bemerkte – Ohnmacht der Mitglieder?
Neige ich unbewusst ebenfalls zu diktatorischen Maßnahmen oder dazu, andere abhängig zu machen und ihrer Mitsprache zu berauben, ihr Leben fremdbestimmen zu wollen?

Die etablierten Kirchen und der Staat, die strikt gegen Sekten sind, müssen ähnliche Probleme haben, mit denen sie sich nicht konfrontieren wollen.

Urprinzipieller Bezug: Pluto (Machtmissbrauch, Ausbeutung, Abhängigmachen), Jupiter (Guru-Anspruch, Intoleranz).

Geschäftemacherei

Diese Eso-Szene ist doch nur Beutelschneiderei.

Es liegt nahe, dass ich Geschäftemacherei unterstelle, wenn es mir selbst immer nur ums Geld geht und da ein Problem für mich liegt.

Habe ich Angst, mein Geld für meine Entwicklung einzusetzen? Oder habe ich einfach nur Angst, mich zu entwickeln, und mache das am Geld fest?
Bei welcher Gelegenheit habe ich selbst schon Beutelschneiderei betrieben?

Offenbar schließe ich von einigen schwarzen Schafen auf alle. Aber ist denn die Existenz von Falschgeld nicht eher ein Hinweis auf echtes Geld als einer für dessen Nichtexistenz?

Urprinzipieller Bezug: Jupiter (Sinnsuche), Stier-Venus (materielle Werte), Zwillinge-Merkur (Geschäftemacherei).

Heilsversprechen

Leider bin ich schon wieder auf so ein Heilsversprechen hereingefallen.

Wer das Heil anstrebt, ist letztlich auf dem richtigen Weg. Nur geht es eben nicht im Schnellverfahren mittels Instantheilung oder -erleuchtung. Ich könnte folglich erkennen, dass jede Ent-täuschung das Ende einer Täuschung ist und ich so jedes Mal dem Ziel näher komme, den Schleier der Maya beziehungsweise Täuschungen zu durchdringen und zur letzten Wirklichkeit vorzustoßen.

Wie groß ist meine Sehnsucht nach dem Heil? Und wie anfällig macht sie mich für Scharlatanerie?

Wann habe ich selbst auch schon bei Versprechungen den Mund zu voll genommen?

Urprinzipieller Bezug: Jupiter (Heil), Neptun (Illusion).

Glaubenszugehörigkeit

Ich werde immer unsicherer, woran ich mich als Christin orientieren soll. Die katholische Kirche hat doch versagt, wie der Missbrauchsskandal deutlich zeigt. Ich will aber nicht Buddhistin werden, nur um einer religiösen Gemeinschaft anzugehören.

Jeder Christ kann sich an der Bibel orientieren. Die Bibel war nicht umsonst jahrhundertelang dem Volk verboten; sie ist ein Buch voller Sprengstoff und wundervoller Perspektiven, und sie steht uns heute jederzeit zur Verfügung. Es braucht keine Vereinsmitgliedschaft, um Christ zu sein. In diesem Sinne kann man auch gar nicht Buddhist werden; der Buddhismus ist eine Lebensphilosophie. Aber ich kann zum Beispiel wundervoll Christ auf der Basis der Bibel sein und buddhistische Meditation üben.

Wieso mache ich mir Probleme, wo keine sind? Brauche ich immer jemanden, um mir zu sagen, wo es langgeht? Was hindert mich, meinen Weg selbst zu finden? Neige ich zum Projizieren, ohne es bei mir zu bemerken, dafür umso mehr bei der Kirche?

Wir leben heute in einer so offenen Zeit, dass selbst die Widersprüche zwischen Naturwissenschaft und Weisheitslehre und damit auch Religion dahinschmelzen wie der letzte Schnee an der Frühlingssonne. Alles steht mir offen, und es gibt keine Ausreden mehr. Dass die katholische Kirche so deutlich ihrem Schatten aufsitzt und das auch nicht im Ansatz erkennen kann, könnte mich zwar traurig stimmen, aber auch motivieren, es diesbezüglich besser zu machen.

Urprinzipieller Bezug: Jupiter (Religion), Saturn (Hindernis, Hemmung).

Kirchenaustritt

Mein Enkel will nichts mehr mit der katholischen Kirche zu tun haben. Sein geplanter Kirchenaustritt belastet mich sehr.

Meine Angst kreist um das Thema Seelenheil. Ausgelöst wird sie durch den geplanten Kirchenaustritt meines Enkels. Doch es ist seine Entscheidung; er will austreten, und ich muss ihm ja nicht folgen.

Ahne ich, dass auch mein Seelenheil von der Agonie der Kirche mitbetroffen ist? Verunsichert er mich in meinem Selbstverständnis als katholischer Christ? Oder sorge ich mich wirklich um seine Seele?

Wenn es mir tatsächlich um seinen Glauben und seine Religiosität geht, kann ich nur hoffen, dass mein Beispiel seiner Seele zu einem guten Vorbild wird. Im Augenblick ist es jedenfalls nicht der Fall. Mein Christsein und das der anderen macht ihn nicht an und bringt ihn in keine Resonanz.

Urprinzipieller Bezug: Jupiter (Religion), Saturn (Tradition), Uranus (Austritt, Befreiung).

Profanisierung

*Feiertage wie Ostern oder Weihnachten werden mir durch
den Konsumterror und allgemeinen Stress der Mitmenschen
kaputtgemacht. Schon die Dekoration in den Straßen nervt.*

Sowohl dem Konsumterror als auch dem Stress kann ich mich
leicht entziehen, indem ich aus der Orgie des Geschenkekaufens aussteige und mein Umfeld ebenfalls davon überzeuge.

*Welchen Bezug habe ich selbst noch zu den Anlässen der Feiern und ihrer ursprünglichen Bedeutung? Was sagt mir Ostern als Fest der Auferstehung? Was Weihnachten als Geburtsstunde des Lichtes in tiefster Dunkelheit? Habe ich die
ursprünglichen Ideen in meinem Herzen und Bewusstsein
bewahrt? Oder erinnern mich die Dekorationen an den Verfall der Ursprungsideen auch in meinem Leben?*
*Was sagt mir der Gedanke an meine eigene Auferstehung von
den Toten? Möchte ich anfangen, wirklich zu leben?*
*Was die Geburt des Lichtkeimes in tiefster Schattenzeit?
Möchte ich meinen funkelnden Schatz in meinem Schattenreich heben?*

Andererseits ist Schenken ein schönes Ritual. Ich stelle mich
auf jemand anderen ein, frage mich, was ihm gefallen würde,
und besorge oder erschaffe es für ihn. Das könnte ich zu allen
Zeiten des Jahres tun, um Freude zu machen – den Beschenkten und vor allem mir selbst. Denn tatsächlich ist Geben seliger
als Nehmen, wie jeder erlebt, der ein Geschenk bekommt und
sich selbst nicht revanchieren kann. Ich kann sogar meine Zeit
und gleichsam mich selbst verschenken, zur eigenen und zur
Freude anderer.

Urprinzipieller Bezug: Jupiter (religiöse Feste), Saturn (Behinderung, Störung), Jungfrau-Merkur (Nörgelei).

Weltschmerz, Leidenserfahrungen

Mich packt Weltschmerz, wenn ich sehe, wie wenig entwickelt es auf unserem Planeten zugeht. Es gibt generell so viel Leid auf dieser Welt, und das ist schwer zu ertragen. Ich wünschte mir ein höheres geistiges Niveau und mehr gelebte Spiritualität.

Es gibt wohl deshalb so viel Leid, weil die meisten bevorzugt über diesen (Leidens-)Weg lernen, beziehungsweise den anderen Weg über die Gesetzeserkenntnis, den Umgang mit dem Schattenprinzip und den Lebensprinzipien (noch) nicht kennen. Davon kann ich mich selbst offenbar auch noch nicht ausnehmen.

Wo bleibe ich selbst bezüglich meiner Entwicklung hinter meinen Erwartungen zurück? Wie könnte ich mein geistiges Niveau erhöhen und mehr Spiritualität leben?

Doch wenn ich anfange, meine Leidenserfahrungen mehr zu durchschauen im Hinblick auf die Lebensprinzipien, mit denen ich dabei kollidiere, kann ich auch ohne Leid lernen. Auch könnte ich andere mit dieser weniger leidensintensiven Möglichkeit des Lernens und der Entwicklung bekannt machen, ohne den Gefahren von Projektion und Eigenblindheit aufzusitzen. Warum tue ich bei mir nicht einfach mehr dafür? Wer oder was hindert mich an Meditation, Exerzitien, Kontemplation oder Gebet? Wege bieten sich auch über die A-P-L-Wochenenden und die drei Seminarwochen der Integrale-Medizin-Ausbildung an (Info-Adresse: www.dahlke.at).

Urprinzipieller Bezug: Jupiter (überhebliche Spiritualität), Neptun (alles Leben ist Leid), Jungfrau-Merkur (Kritik).

Lit.: SG, LP, SP.

Geistiger werden, Materielles abstreifen

Ich habe materiell alles, aber ich habe wenig Zugang zu meiner Seele, zur Liebe und Schönheit des Lebens.
Es fällt mir schwer, aus dem Materiellen auszusteigen und mich auf die so wichtigen geistigen Prioritäten zu konzentrieren.

Es darf doch schwerfallen, wichtig ist nur, dass es geschieht. Und es wird geschehen, wenn es der Seele wichtig genug ist.

Was bindet mich an die Materie?
Was fasziniert mich am Immateriellen?
Wie verstelle ich mir die Zugänge? Wer oder was genau hindert mich daran, mein Geld für die Entdeckung und Entwicklung meiner Seele einzusetzen?
Bin ich überhaupt bereit, mich auf die Schönheit des Lebens einzulassen und der Seele Erfahrungsräume zu eröffnen?

Vielleicht sollte ich die materielle Basis erst besser sichern und sie nicht ganz aufgeben wollen oder meine spirituellen Ambitionen ausdrücklich mit ihr verbinden. Ich sollte dabei nicht vergessen, dass es die Seele ist, die erlebt, Freude erfährt und die Welt der Sinne genießt. Die Materie ist bestenfalls die Basis – der Körper ist wichtig, um der Seele ein Zuhause zu geben, die Wände des Hauses sind wichtig, einfach um Wohnraum zu schenken, der Computer ist wichtig, aber macht doch nur über die Programme Sinn. Wenn ich bisher hauptsächlich für die

Verpackung gesorgt habe, ist es für mich an der Zeit, auf den Inhalt zu schauen und mein Augenmerk so auf das Wesentliche zu richten.

Urprinzipieller Bezug: Neptun (Seele, Fluss des Lebens, Sein), Saturn (Hindernis, Hemmung).

Nicht erhörte Gebete

Ich bete und schicke Wünsche für den Frieden ans Universum, aber es verändert sich nichts. Im Gegenteil, alles scheint nur noch schlimmer zu werden.

Ich bin mit der Polarität konfrontiert. So wie der ehemalige amerikanische Präsident George W. Bush mit seinem Krieg gegen den Terrorismus diesen nicht aus der Welt schaffte, sondern versechsfachte, ergeht es allen, die das Polaritätsgesetz ignorieren.

Alle Wünsche und Bestellungen sind immer auch Beschwerden und verstärken letztlich das, was man lernen muss. Erst mit dem Verstehen dieses wichtigsten der Lebensgesetze wird klar, warum so oft das Gegenteil des Erstrebten herauskommt und heiße Liebe häufig in kalten Hass mündet.

Urprinzipieller Bezug: Waage-Venus (Friedensliebe), Pluto (das Gegenteil heraufbeschwören).

Lit.: SG.

● Ausbildung, Beruf, Arbeitsleben

Ausbildung abbrechen

Ich habe schon drei Lehren begonnen und abgebrochen; ich finde nichts Passendes für mich.

Das heißt ja wohl, dass ich nicht weiß, was passend für mich ist.

Will ich mich überhaupt festlegen? Kann ich Verantwortung übernehmen? Möchte ich überhaupt arbeiten und mich auf eine Ausbildung festlegen?

Hilfreich wäre hier unbedingt ein Blick auf die eigenen Hände und Füße im Sinne der Körperdeutung, um herauszufinden, wo ich wirklich hinpasse, oder auch eine Analyse des Geburtshoroskops, um eigene Anlagen zu erkennen und entsprechend entscheiden zu können.

Urprinzipieller Bezug: Zwillinge-Merkur (lernen), Uranus (hinausspringen, wechseln).

Lit.: SdS.

Arbeitsleben als Hamsterrad

Erst einmal im Berufsleben, sind wir im Hamsterrad gefangen und kommen nicht mehr raus!

Das klingt deprimierender als es in Wahrheit ist. Immer wieder finden Menschen, die ebenso in Tretmühle oder Hamsterrad hineingeraten sind, wieder heraus. In den USA gibt es schon den Ausdruck *downsizing* für diesen Rückzug von der Frontlinie und aus dem Dauerstress. Dahinter steht ganz einfach die Entscheidung, auf Geld zu verzichten für mehr Lebensgenuss.

Wieso glaube ich, etwas nicht zu können, das so viele schaffen?

Was sagt meine Seele dazu? Sieht sie noch Chancen, wieder Herr im eigenen Haus zu werden und ihren Weg zu gehen?

Warum will ich mich so früh im Leben schon abschreiben?

Wovor habe ich Angst? Was traue ich mir nicht zu?

Möglicherweise geht es aber auch nur darum, eine Ausrede zu suchen, um nichts ändern zu müssen, weil die Angst vor Wandel und Veränderung zu groß ist. Dann stellt sich die Frage, warum ich so große Angst habe, mein Leben zu wagen und zu genießen.

Urprinzipieller Bezug: Saturn (Angst), Jungfrau-Merkur (Routine).

Lit.: L; SI, D.

Handarbeit versus Kopfarbeit

Der Hände Arbeit wird nicht belohnt.

Hierzulande wird Handarbeit im Vergleich zu Kopfarbeit tatsächlich viel schlechter bezahlt. Aber die Handarbeit eines Handwerkers oder Künstlers, die dessen Seele berührt hat und darüber andere Seelen erfreut, findet ihren Lohn in anderer Hinsicht. Wenn es darum geht, glücklich zu werden, ist selbst einfachste Handarbeit sogar ein ideales Sprungbrett. Deshalb spricht die Benediktinerregel von *ora et labora* (»Bete und arbeite«). Bei möglichst einfacher Handarbeit lässt sich die Bewusstheit besser aufrechterhalten und so leichter Befreiung finden als bei abstrakter Geistesarbeit.

Wenn ich mit der Entlohnung meiner Handarbeit unzufrieden bin, könnte ich zu anderer Arbeit wechseln, die in moderner Zeit mehr Anerkennung und Geld verdient und mir damit die Klage ersparen. Ich kann sogar Kopfarbeit mit Handarbeit verbinden und Letztere dadurch aufwerten. Oder ich übe meine Arbeit weiter für Gottes Lohn aus und bin mir dessen bewusst. Auch dann erübrigen sich Klagen.

In jedem Fall könnte ich meine Handarbeit mit Energie aufladen und Bewusstsein für sie schaffen, so dass die Chance wächst, dass sie bekannt und begehrt wird – etwa in Form eines Segensrituals, bei dem ich mich mit dem himmlischen Segen von oben und der Kraft von Mutter Erde von unten verbinde. Und wenn ich beide in meinem Herzen angekommen fühle, lasse ich sie in die Finger fließen, und eine Mischung aus Kopf, Herz- und Handarbeit kann wirksam werden.

Urprinzipieller Bezug: Saturn (solide Handarbeit, mangelnder Lohn), Jungfrau-Merkur (vergleichen, kritisieren).

Mangelnde Arbeitsfreude

Ich habe schon sonntags Magenschmerzen, wenn ich an Montag und die Arbeit denke.

Magenschmerzen verraten ein Mond- und Geborgenheitsproblem. Wahrscheinlich fehlen mir das Angenommen- und Geborgensein in Arbeit und Firma.

Suche ich seelische Werte wie Geborgenheit in der Arbeit? Fehlen sie mir am Arbeitsplatz? Fehlen sie mir auch zu Hause, in meiner Familie, meinem Nest?

Ist diese Arbeit überhaupt meine Berufung, folge ich damit meinem inneren Ruf? Wenn nicht, wieso gebe ich mich mit solch einem Job zufrieden?

Falls ich wirklich in dem geliebten Beruf arbeite, sind möglicherweise die Kollegen mein Problem, und ich bin ihres.

Arbeiten die Kollegen und ich mit- oder gegeneinander? Herrscht Solidarität oder das Konkurrenzprinzip?

Empfinde ich mich als (Mit-)Glied einer Gruppe oder als Einzelkämpfer? Was (ver-)hindert (in mir) eine gute Zusammenarbeit und ein angenehmes Wir-Gefühl?

Was (ver-)hindert eine gute Beziehung in der Hierarchie und untereinander, so dass ein gutes Arbeitsklima entstehen und ich mich auf die Arbeit freuen könnte?

Was ist mein Anteil an der Misere? Womit verhindere ich Harmonie und damit auch Produktivität?

Aufgabe ist, Wege zu finden, selbst mehr Gefühl und Freundlichkeit einzubringen, und meinen ganzen Mut zusammenzunehmen, um neue Strukturen und mehr Klarheit zu schaffen. Glücksempfinden bei der Arbeit wird anzeigen, wenn ich das Problem zu meinen Gunsten gelöst habe.

Urprinzipieller Bezug: Mond (Magen), Mars (Schmerzen), Saturn (Arbeit, Widerstand).

Sexuelle Belästigung am Arbeitsplatz

Mein Chef stellt mir nach, nutzt meine Zwangslage aus.

Heute gibt es dank der Emanzipationsbewegung Möglichkeiten, sich zu wehren. Wahrscheinlich könnte ein offensives Gespräch – oder sogar eine Konfrontation – den Chef, der heute bei einer Aufdeckung wirklich viel zu verlieren hat, warnen und ihn auf Abstand und zu Anstand bringen. Ich brauche mich heute nicht mehr sexuell belästigen oder missbrauchen zu lassen!

Warum nutze ich diese Möglichkeiten der Gegenwehr nicht? Welcher Teil meiner Seele hat Angst, sich dieser Konfrontation zu stellen? Was scheut dieser Anteil von mir?

Womöglich gibt es einen Teil in mir, der sich geschmeichelt fühlt, dem Boss als Frau zu gefallen. Wenn ich diesen Anteil erkenne, ist das in Ordnung, und ich kann zu ihm stehen und muss mir trotzdem nichts gefallen lassen, was die anderen Anteile meiner Seele verabscheuen.

Urprinzipieller Bezug: Pluto (Missbrauch, Erpressung), Sonne (Autorität).

Lit.: ME.

Fehlende Anerkennung

Ich bekomme von den Vorgesetzten keine Anerkennung für die geleistete gute Arbeit und den großen zeitlichen Einsatz.

Um zu erkennen, was das Schicksal mir mit dieser Situation zeigen will, sollte ich mir zunächst ins Bewusstsein rufen, ob ich wirklich so viel leiste und die Arbeit (nur) für die Anerkennung mache.

Bin ich so angewiesen auf die Anerkennung, so dass sie nicht kommt?
Sehen und schätzen meine Chefs meine gute Arbeit gar nicht

so wie ich, oder sind sie einfach ungerecht, böse und gemein?
Was projiziere ich in diesem Fall auf sie?
Wo knausere ich selbst mit Lob und Anerkennung – vielleicht
auch mir selbst gegenüber? Nehme ich Gutes als selbstver-
ständlich hin nach dem Motto »Nicht geschimpft ist genug
gelobt«? Bin ich überhaupt bereit, Anerkennung anzuneh-
men? Kann ich Komplimente an mich heranlassen, oder gibt
es bei mir ein mir unbewusstes Programm, das genau das bei
mir verhindert?

Falls ich Lob eigentlich gar nicht annehmen kann, wäre es hilf-reich, in der Zeit zurückzugehen, die Ur-sache im Sinne der Auslösesituation zu finden, um dieses Programm loszulassen und mich für Anerkennung und Lob zu öffnen. Darüber hinaus hätte ich die Aufgabe, mein Leben mit Hilfe von Hingabe und Aufgehen in der Arbeit so zu verändern, dass die gute, von mir selbst geschätzte und anerkannte Arbeit für mich schon Beloh-nung genug ist. Dann allerdings wird die Anerkennung auch von außen kommen, und ich kann sie auch annehmen.

Urprinzipieller Bezug: Saturn (Arbeit, Zeit), Jungfrau-Merkur (Kritik/Anerkennung).

Undankbare Arbeitssituation, schlechter Vorgesetzter

Mein Chef hat keine Ahnung, und ich soll es dann richten.
Aber er heimst das Lob ein. Und er ist nicht nur unqualifi-
ziert, sondern auch von schlechtem Charakter: aufbrausend,
ungerecht.

Wenn ich mich so ungerecht behandelt fühle, drängt sich die Frage auf, wen ich selbst schon ungerecht behandelt habe.

Bei welcher Gelegenheit habe ich mich mit fremden Federn geschmückt, Ideen geklaut oder mir Verdienste anderer ans eigene Revers geheftet?
Welche Ungerechtigkeiten habe ich schon toleriert um meines Vorteils oder meiner Bequemlichkeit willen?

Außerdem sollte ich Licht in meine Motive bringen, zu bleiben und das Spiel weiter mitzuspielen.

Was gibt es an dieser Stelle für mich noch zu lernen?
Was habe ich jetzt davon, wenn ich meinem Chef die Kastanien aus dem Feuer hole? Oder was verspreche ich mir davon für die Zukunft? Geht es mir um das Allgemeinwohl, Nächstenliebe oder um andere Mitarbeiter, deren Arbeit ich rette?

Vielleicht traue ich mich auch gar nicht in den Vordergrund, um Anerkennung für meinen Anteil einzufordern.

Bleibe ich ganz gern im Hintergrund, so ganz für mich und un(an)greifbar?

Letztlich stellt sich mir die Frage, was mich in dieser im wahrsten Sinne des Wortes undankbaren Position hält, das heißt, welche Resonanz mich zu diesem Chef bringt. Wenn ich hier ehrlich für Aufklärung sorge, habe ich gute Chancen, einen anderen, charakterlich besseren Vorgesetzten zu finden. Wenn ich das verweigere, käme ich bei einem Wechsel vom Regen in die Traufe.

Urprinzipieller Bezug: Sonne (Ego, Chef), Neptun (im Hintergrund, unbeachtet), Mars (aufbrausend, aggressiv), Saturn (Widerstand).

Kein Gehör finden, Autoritätsprobleme

Meine Mitarbeiter und Angestellten hören nicht auf mich! Das sollen sie aber und müssen sie doch!

Mir fehlt es offensichtlich an Autorität. Ich muss mich fragen, ob ich sie je besaß oder wie und wann ich sie verspielt habe. Es könnte sein, dass es mir auch an Kompetenz fehlt, Mitarbeiter zu führen.

Wie verhalte ich mich als Chef, als Nummer eins in der Firma? Kann ich diese Rolle wirklich ausfüllen und die entsprechende Position wirklich ein- und innerlich annehmen?

Wenn mich die Mitarbeiter nicht akzeptieren, muss ich mich auch fragen, ob ich es selbst tue.

Kann ich mich, so wie ich bin, überhaupt annehmen? Oder höre ich selbst nicht auf meine innere Stimme, mein höheres Selbst?
Erkenne ich eine Autorität über mir an, oder ignoriere ich diese genauso, wie es meine Mitarbeiter mit mir tun?

Ich bin mit der Lernaufgabe konfrontiert, mich einzuordnen und so den Mitarbeitern ein Beispiel zu geben, wie man sich in eine Hierarchie einfügt. Es geht darum, meinen Platz zu finden und einzunehmen und so auszufüllen, dass ich mich am richtigen Ort fühle. Daraus erst kann sich in mir die Autorität entwickeln, die andere die Situation erkennen und annehmen lässt.

Urprinzipieller Bezug: Sonne (Ego), Pluto (verklemmter Machtanspruch).

Unfähige Kollegen

*Kollegen, die unvorbereitet sind und den ganzen Betrieb auf-
halten, die einfach nicht sehen, was gebraucht wird, stören
mich.*

Wer eine Firma aus der umfassenden Sicht des Ergebnisses, eigentlich aus der Sicht der Firmenleitung, betrachtet, mag solch
einen Eindruck formulieren. Die beklagten Kollegen tun genau
das nicht. In Deutschland sollen vierzig Prozent der Angestellten innerlich gekündigt haben. Solche Angestellten arbeiten
eben nicht mit wie Mitarbeiter, sondern stellen sich an wie Angestellte. Sie tun aber nicht nur der Firma, sondern vor allem
sich selbst damit einen denkbar schlechten Dienst. Sie verdienen ihren Verdienst nicht und werden zu Betrügern an sich
und der gemeinsamen (Arbeits-)Welt. Ihre Seele spürt das.
Aber auch sie können ihre – meist aus Feigheit – unausgespro-
chene Kündigung wieder zurücknehmen und sich wieder innerlich anstellen lassen und sich so allmählich zu Mitarbeitern
entwickeln.

Da mich manche Kollegen so reizen, muss auch ich Anteile
an deren Verhalten haben.

*Wo steckt in mir der Boykotteur? Wo mache ich Dienst nach
Vorschrift? Wo sabotiere ich meine Entwicklung und die der
Firma?*

Wenn ich – aus Identifikation mit dem ganzen Unternehmen –
unter inkompetenten Angestellten leide, könnte ich ihnen helfen und Türen öffnen, damit alle (wieder) zu Mitarbeitern an
der gemeinsamen Sache werden. Dann macht die Arbeit (allen) mehr Freude, und die Ergebnisse werden auf allen Ebenen
besser. Dies ist *der* Weg, Arbeitsplätze zu sichern und ein ge-

meinsames Feld für Arbeitsfreude und Erfolg zu schaffen. Ein gesunder, entwicklungsbereiter und auf individuelles und kollektives Wachstum erpichter Egoist muss diesem Weg folgen und wird Erfolg haben, indem er gemeinsame Sache mit allen macht.

Urprinzipieller Bezug: Jungfrau-Merkur (Kritik, Arbeit), Saturn (Hemmung, Struktur).

Mangelnde Selbstbestimmung am Arbeitsplatz

Ich leide unter zu wenig Verantwortung und Selbstbestimmung am Arbeitsplatz.

Verantwortung bedeutet, Antworten zu finden; Selbstbestimmung hat ihr schönstes Ziel in der Selbstverwirklichung. So würde der Arbeitsplatz zum Ort von Wachstum und Selbstverwirklichung in Eigenverantwortung. Das ist das Ideal. Die entscheidende Frage ist, ob ich eine Chance sehe, dies an meinem jetzigen (Arbeits-)Platz umzusetzen, oder ob ich dazu einen anderen suchen und finden muss.

Wo sehe ich Ansätze dazu, mich mit meiner Kreativität mehr einzubringen und an der Verwirklichung dieses Ideals der Selbstverwirklichung aktiv mitzuwirken?

Wenn mein ganzer Einsatz und auch (Arbeitsplatz-)Wechsel mich diesem Ziel nicht näher bringen, könnte ich mich an die eigene Nase fassen und den Zusammenhang zu mir selbst entdecken mit Fragen wie:

Wo bin ich selbst für dieses Ideal noch gar nicht reif? Was in mir steht da auf der Bremse?

Denn ich müsste ja nur selbstständig werden, und schon wäre mein Thema Verantwortung und Selbstbestimmung verwirklicht. Irgendetwas hindert mich aber daran.

Urprinzipieller Bezug: Sonne (Selbstbestimmung), Saturn (Verantwortung, Hindernis).

Überlastung

Wie soll das einer allein nur schaffen? Diese Umstrukturierungen machen das Arbeiten nicht effizienter, sondern nur belastender. Am Arbeitsplatz herrscht Geschäftigkeit, die nur stresst, was mich jeden Tag aufs Neue ärgert.

Die Umstrukturierung ist dem Arbeitskräftesparen und dieses dem Lohnkostensparen und dieses dem Geldsparen und dieses der Logik des Spätkapitalismus geschuldet, die diesen ganzen Planeten im (Würge-)Griff hat. Es ist das momentane Lieblingsspiel der (Einfluss-)Reichen auf dieser Welt und ein Aspekt von Lila, dem kosmischen Spiel. Und solange es die Schöpfung und die Mehrheit der Menschen toleriert, ist es wohl am besten, sich damit zu arrangieren.

Vielleicht ist es wichtig, mir klarzumachen, dass man Dinge, die man nicht mitträgt und nicht versteht, auch nicht bis zur Erschöpfung machen muss. Menschen können Übermenschliches leisten, wenn sie davon überzeugt und begeistert sind. Aber wenn sie das nicht sind und das Ganze zu einem stressigen Job verkommt, sinkt ihre Leistungsfähigkeit beträchtlich. Es ist jedenfalls vollkommen sinnlos, mich gegen die eigene Überzeugung zu Tode zu schuften oder auch »nur« in den Seeleninfarkt.

In der Geschäftigkeit zeigt sich der Widerstand der Beschäftigten gegen das Ziel des Unternehmens: Alle täuschen Aktivität vor, und nichts geht weiter und schon gar nicht voran. Das ist die Schattenseite einer Übung aus der Zen-Tradition, bei der man durch rituelles Tun aus einer Situation das Beste zu machen versucht – oder wenigstens noch etwas Erträgliches. Im Zen-Kloster ergibt viel der dort verrichteten Arbeit auch keinen Sinn. Im Zen-Garten geht es nur noch um das Ritual. Dadurch entsteht Ruhe in der Arbeit, und man schafft am Ende – trotz oder eigentlich wegen der Ruhe – sogar viel mehr als in der geschäftigen Hektik der Überforderung.

Wo Schatten ist, muss aber auch Licht sein. Wer sehr bewusst tätig ist, kann in der Arbeit Ruhe finden und zu sich kommen und muss sich nicht von dieser Schmierenkomödie in deren unangenehmes Feld ziehen lassen, das letztlich auf Betrug hinausläuft. Und da kann einem der Betrüger selbst genauso leidtun wie die Firma, der das widerfährt. Leiden kann immer nur die Seele, und aus solch einem Feld muss ich mich der eigenen Entwicklung zuliebe retten und das Beste daraus machen im Sinne jenes Zen-Rituals.

Nach dem Resonanz-Prinzip muss ich mich natürlich auch fragen, wo ich etwas vorschütze und wo eigene Geschäftigkeit vorherrscht, möglicherweise sogar in der spirituellen Suche, wenn ich von einem Workshop zum anderen hüpfe, ohne mich zu öffnen.

Urprinzipieller Bezug: Jungfrau-Merkur (Geschäftigkeit, vorgetäuschte Effizienz, kleinkariertes Denken), Saturn (Behinderung, Belastung), Uranus (Veränderung, Neues, Umstrukturierung).

Lit.: SI.

Angst um Arbeitsplatz, Überforderung im Zeichen der Globalisierung

Immer mehr Aufgaben werden ins Ausland verlagert und Abteilungen in den ausländischen Niederlassungen zusammengelegt. Immer mehr haben Angst um ihre Arbeitsstelle und trauen sich deshalb nicht, zusätzliche Arbeit zu verweigern, sind aber überfordert mit den Erwartungen der Firma.

Die Situation ist weitgehend der Globalisierung geschuldet, gegen die der Einzelne ziemlich machtlos ist. Also gilt es – im Kreis der Kollegen – persönliche Lösungen zu finden.

Wie reagiere ich auf Druck? Wie weit lasse ich mich an meine Grenze bringen und sogar darüber hinaus treiben? Wie selbstsicher reagiere ich auf solche Zumutungen? Suche ich die Solidarität der Kollegen, oder versuche ich das mit mir allein auszumachen? Wie solidarisch bin ich mit (m)einer Firma? Wen hasse ich bei Erpressung? Mich selbst, da ich es mir gefallen lasse? Die Firma, die mir das antut? Die politische und wirtschaftliche Situation, die es ermöglicht.

Angst macht eng. Die Frage ist, wie viel Enge ich ertrage. Eine erste Lösung, die schon viel Entlastung bringt, könnte in der Verarbeitung meines Geburtstraumas, der ersten Enge meines Lebens, liegen. Meine eigentliche Aufgabe aber liegt darin, eine Lösung zu finden, mehr im Augenblick zu arbeiten. Oder wenn ich keinen Sinn mehr in dieser Arbeit und diesem System sehe, mir eine andere zu suchen.

Urprinzipieller Bezug: Saturn (Angst), Jupiter (Anspruch), Jungfrau-Merkur (Arbeitnehmer).

Lit.: SI, L.

Kündigung

Ich habe meinen Arbeitsplatz verloren.

Kündigungen gehören zu Wirtschaftsprozessen, und so mag es so ausschauen, als wären Arbeiter und Angestellte nur Marionetten in einem Spiel, dessen Fäden ganz woanders gezogen werden. Das stimmt natürlich auch, aber es gibt auch die seelische Ebene mit ihrer Resonanz zu solch einem Ereignis. Insofern drängt sich die Frage auf, was ich unbewusst loslassen und loswerden will.

Wie habe ich es unbewusst geschafft, gekündigt und damit wieder frei für anderes und Neues zu werden? Was gefällt mir an dieser Arbeit oder Position nicht mehr?
Oder wo habe ich mich zu sehr angeklammert, so dass eine Lösung (lebens-)notwendig wurde?
Fühle ich mich ausgebootet? Unfair behandelt? Wo habe ich solche Tendenzen anderen gegenüber auch in mir?

Falls ich Angst habe, durch diese Kündigung den Boden unter den Füßen zu verlieren, könnte ich mich auch um eine bessere Erdung, einen guten Erdbezug kümmern. Vielleicht habe ich Lust, in der freien Zeit zu gärtnern und mit Erde, Pflanzen und der Verlässlichkeit natürlichen Wachstums in Kontakt zu kommen. Vor allem sollte ich mich innerlich für etwas Neues öffnen und in den Seelen-Bilder-Welten meiner Seele forschen, wo es mich hinzieht.

Urprinzipieller Bezug: Stier-Venus (Revierunsicherheit), Jungfrau-Merkur (Existenzangst), Saturn (Verlustangst, ausgebotet werden).

Lit.: L; CD »Visionen«.

Geistiger Diebstahl

Meine Geschäftsidee wurde gestohlen.

Fraglich ist, ob ich mir überhaupt sicher sein kann, dass das so stimmt, denn oft liegt etwas in der Luft, und viele haben Resonanz zu derselben Idee. Wie Victor Hugo sagte, ist nichts so stark wie eine Idee, deren Zeit gekommen ist. Und wer offen ist, kann sie aufnehmen und empfangen. Jahrtausende interessierte sich niemand für die Pole der Welt. Dann machten sich zwei Forscher, Scott und Amundsen, im selben Jahr zum Südpol auf.

Aber auch im Fall, dass wirklich gestohlen wurde, gibt es Auswege. Der Legende zufolge hatte der junge Walt Disney ein Kaninchen als Daumenkino gezeichnet, und diese Idee wurde ihm von seinem Auftraggeber gestohlen. Statt aufzugeben und zu resignieren, zu klagen oder zu verklagen, fand Disney – auf derselben Schiene – ein anderes Tier mit ähnlichem Kindchenschema, jene Maus, die Mickymaus wurde.

Ich könnte diesem Vorbild folgen und gleich weitermachen, statt mich im Ärger und damit Widerstand aufzuhalten. Und ich kann mich fragen, wo und auf welcher Ebene ich auch schon gestohlen habe, so dass mich das Thema jetzt einholt.

Ist es wirklich meine Idee gewesen, oder wo hatte ich sie her, ohne das groß zu erwähnen?

Wo kommen überhaupt die Ideen, die Eingebungen her – ob wir sie träumen oder uns ausdenken? Sind sie wirklich hausgemacht in unserem eigenen Oberstübchen? Aber auch dann brauchten sie Anregungen und Anstöße, Mosaiksteinchen, die sich zu einem inneren Seelenbild formen.

Urprinzipieller Bezug: Uranus (Idee, Inspiration, Geistesblitz), Zwillinge-Merkur (Gedanken, Überlegungen, Diebstahl).

Lit.: SG.

● Geld und Finanzwelt

Schulden machen

Er hat mir verschwiegen, welch hohe Schulden wir haben. Ich bin sauer und verunsichert, denn erst durch Zufall kam die Wahrheit ans Licht.

Er hatte wohl Angst, mir reinen Wein einzuschenken; offenbar habe ich ihm Anlass gegeben, mich über die Maßen zu schonen.

Vertrage ich die Wahrheit überhaupt?
Hat er Sorge um mich und will verhindern, dass ich mich über Gebühr sorge? Kann ich ihm dafür nicht auch dankbar sein?

Möglicherweise biete ich das Bild eines wenig bis gar nicht belastbaren Menschen, der mit Schulden schlecht leben kann.

Haben (finanzielle) Schulden für mich mit (moralischer) Schuld zu tun?

Das gilt für die meisten Menschen im deutschsprachigen Raum im Gegensatz zu anderen (Sprach-)Kulturen, die unterschiedliche Worte für Schulden und Schuld haben und deshalb auch ein ganz anderes Verständnis von beiden. Für Amerikaner sind

Schulden *(debt)* nicht ihre Schuld *(fault)*, sondern normal in dieser modernen Welt.

> *Habe ich auch schon Schulden gemacht, die ich mir übelnehme, für Dinge, zu denen ich nicht stehen kann?*
>
> *Oder hat er (für sich) Schulden gemacht, die er mir nicht eingestehen wollte? Empfinde ich es als Vertrauensbruch, mir nicht die Wahrheit gesagt zu haben? Gebe ich ihm (allein) die Schuld an diesen Schulden?*

Wir stehen beide vor der Aufgabe, die Schulden gemeinsam loszuwerden, ohne uns gegenseitig Schuld zu geben.

Urprinzipieller Bezug: Neptun (Schulden, verschweigen, schonen, konfliktscheu sein).

Geld als Machtmittel

> *Alles entscheidet er. Er teilt mir sogar das Geld zu.*

Zum einen hat er sich im Jahrhundert geirrt, er scheint im 19. Jahrhundert hängen geblieben zu sein. Er braucht dringend (meine) Hilfe, seinen Weg zu mir ins 21. Jahrhundert zu finden. Zum anderen sollte ich mich fragen, womit ich ihn zu solchen Übergriffen einlade und welches meiner Probleme er mir mit diesem Verhalten spiegelt.

> *Wieso lasse ich mir seine Kontrolle und Geldzuteilung gefallen? Was sagt er mir damit?*
>
> *Habe ich das Gefühl, mich von ihm aushalten zu lassen, dass ich solch eine Behandlung aushalte?*
>
> *Würde ich ihm auch gern mal das Geld zuteilen? Wer verdient das Geld bei uns?*

Entscheiden heißt immer auch Verantwortung übernehmen; vielleicht gibt es Bereiche, für die ich gar keine Verantwortung tragen will.

Würde ich denn wirklich gern entscheiden? Bekomme ich das Schwert rasch genug aus der Scheide, um loszulegen? Oder lade ich ihn durch Unentschlossenheit geradezu ein, über mich zu entscheiden?

Und nochmals anders herum betrachtet, könnte ich mich fragen, wenn er das Geld verdient und dafür dienen muss, warum ich ihm nicht dienen möchte.

Warum möchte ich ihm nicht gefallen und zu Willen sein? Unter welchen Umständen könnte ich mir das vorstellen und würde es vielleicht sogar mögen – vielleicht auf sinnlich erotischer Ebene?

Solange ich bei ihm bleibe, muss es immerhin einem Teil von mir auch imponieren, wie er sich aufführt.

Urprinzipieller Bezug: Saturn (Eigenverantwortung, Behinderung), Pluto (Kontrolle), Mars (Entscheidung).

Teures Leben

Alles ist zu teuer und wird immer teurer, vor allem wegen des Euro. Ich finde das deprimierend.

Natürlich war die Einführung des (T)Euro eine gute Gelegenheit für viele, mehr zu verlangen, aber auch mehr zu verdienen. Wenn *alles* steigt, das heißt mit den Lebenshaltungskosten auch die Einkommen, bleibt das Auskommen gesichert.

Verdiene ich nicht auch mehr Geld? Wenn nicht, warum?
Komme ich nicht mit? Fühle mich abgehängt?
Was bedeutet mir dieses Klagen wegen Geld?
Wie könnte ich unser Wirtschaftssystem besser verstehen, um
nicht leiden zu müssen? Kann ich noch erkennen, dass eini-
ges im IT-Bereich auch immer günstiger und trotzdem besser
wird?

Dass es schwieriger wird, das Einkommen zu steigern, hat
weniger mit der Inflation als mit dem System des Spätkapitalismus zu tun, der die über das Resonanzgesetz erklärbare Tendenz hat, Geld zu Geld zu führen. So werden die Reichen rei-
cher und die Armen ärmer. Die Teuerung ist nur eine Neben-
erscheinung in diesem großen Spiel, das auf Kinderebene
Monopoly heißt.

Aus Sicht der spirituellen Philosophie suche ich mir gerade
die Position auf der jeweiligen Ebene, bei der ich etwas lernen
soll und unbewusst auch lernen will. Rückwirkend lässt sich
das manchmal sehr klar erkennen.

Wenn mir die Dinge des Lebens zu teuer werden, habe ich
noch viele Möglichkeiten, die ich nur durch meine inneren
Muster und Programme beschränke. Ich könnte an einen Ort
ziehen, wo alles viel günstiger ist, nicht nur die Preise, sondern
vielleicht auch das Klima. Ich kann aber auch mehr verdienen
oder weniger ausgeben. »Weniger ist mehr« ist ein wundervolles Konzept. Ich könnte alles genießen lernen, was ich nicht
brauche, also fast alles. Während andere Freude daran haben,
Dinge aus Geschäften herauszuholen, könnte ich mindestens
das gleiche Vergnügen empfinden, sie dort zu lassen und mich
damit nicht zu belasten. Etwas nicht zu brauchen ist ganz wundervoll. Wer die Bedürfnisse reduziert, wird allein dadurch
schon viel glücklicher. Schließlich gibt es noch die Möglichkeit,

vor Ort zu bleiben und den Trend nutzend auch mehr zu verdienen. Ich habe also die Entscheidung, und Jammern ist nur eine Option unter vielen – eine, die vielleicht in Zukunft gar nicht mehr zu mir passt.

Urprinzipieller Bezug: Jungfrau-Merkur (jammern, kalkulieren, Preise vergleichen), Stier-Venus (Besitz, Revier, Werte), Saturn (Hemmnis, Hindernis).

Lit.: PG.

Geld als Problem und Belastung

Beim Geld hört bei mir die Freundschaft auf.

In diesem Fall war es jedoch nie Freundschaft.

Was sind mir meine Freunde, was ist mir ihre Freundschaft wert? Zahle ich für Geld jeden Preis? Verkaufe ich also auch Freunde? Ist das alles nur eine Preisfrage bei mir?
Wenn ich Geld über Freundschaft stelle, steht es auch über der Liebe? Wie weit bestimmt Geld mein Leben, und will ich das wirklich?
Was wäre anders, wenn ich Freundschaft über Geld stellen würde? Wäre ich bereit, für Freunde einzustehen und sogar zu bürgen, dann aber gegebenenfalls auch zu zahlen?

Aufgabe wäre, eine Hierarchie im Leben zu finden, zu der ich stehen kann und deren Konsequenzen ich anschließend auch ohne Jammern bereit bin zu akzeptieren.

Urprinzipieller Bezug: Jungfrau-Merkur (Berechnung).

Lit.: PG.

Geld verdienen müssen

Geld verdienen müssen und den Zwang zur Berufstätigkeit empfinde ich als Belastung.

Arbeit ist die Miete, die wir dem Leben zahlen. Wenn Arbeit zur Last wird, stellt sich die Frage, was ich eigentlich tun will.

Wer soll für mich arbeiten, mich am Leben halten? Sollen das weiter die Eltern tun? Oder Vater Staat – im Sinne einer Beamtenlaufbahn oder eines bedingungslosen Grundeinkommens?

Warum führe ich dann kein Leben als Spät-Hippie und schnorre mich durch? Könnte ich damit glücklich sein?

Was steckt hinter meinen Wünschen? Bin ich einfach faul? Oder mir zu gut für Arbeit? Oder habe ich das richtige Arbeitsfeld bis jetzt noch nicht gefunden? Und was tue ich wann dafür, das zu ändern?

Arbeit lässt sich auch als Geschenk betrachten; zu arbeiten ist eine wundervolle Möglichkeit, sich zu entwickeln und zu verwirklichen. Diesbezüglich ließe sich mit gutem Gewinn auf allen Ebenen bei Khalil Gibran in seinem Buch *Der Prophet* über die Arbeit nachlesen.

Urprinzipieller Bezug: Saturn (Beitrag für das Ganze leisten, Verantwortung, Arbeit, Last), Jungfrau-Merkur (Arbeit ist die Miete, die wir dem Leben zahlen).

Lit.: SI.

Geringer Verdienst

Ich verdiene einfach nicht genug Geld und komme auf keinen grünen Zweig.

Wenn mich mein Gehalt so schlecht am Leben hält, liegt das an seiner Höhe oder an meiner Art, mit Geld umzugehen. Anders ausgedrückt: Wenn ich mir eine Badewanne vorstelle, fließt wirklich zu wenig Wasser hinein oder nur zu viel zu rasch ab?

Wieso glaube ich, dass ich nicht genug Geld (mit meiner Arbeit) verdiene? Ist es objektiv zu wenig, oder gebe ich nur zu viel zu rasch aus? In welchem Verhältnis stehen Einkommen und Ausgaben bei mir? Zerrinnt mir das Geld zwischen den Fingern?

Wichtig zu klären ist auch, ob mir die Arbeit, die ich mache, Beruf(ung) ist oder von mir nur als Job verstanden wird.

Was ist (mir) meine Arbeit überhaupt wert?

Ist mein Verdienst wirklich und ehrlich betrachtet – aus meiner und der Sicht anderer – zu gering im Vergleich zu anderen oder gemessen an meiner Leistung oder meinen Bedürfnissen? Diene ich dafür und wem? Anderen oder einer Sache, der zu dienen sich für mich lohnt?

Lohnt sich mein Lohn für mich überhaupt? Habe ich dafür Lohnendes geleistet, und für wen lohnt es sich, wenn es schon für mich hinten und vorn nicht reicht?

Hat mein Honorar (lat. honor = Ehre) mit Ehre zu tun? Gereicht es mir zur Ehre oder mehr der Firma? Ist diese Arbeit überhaupt ehrenhaft? Wäre es ehrenhaft und also honorig, für diese Arbeit mehr zu verdienen? Fühle ich mich durch diese Arbeit geehrt, oder wen oder was ehre ich damit?

Was sagt mein Gehalt über den Gehalt der Arbeit, für die es mir gezahlt wird? Wenn diese Arbeit, für die ich es erhalte, mich weder erhalten noch halten kann, was hält mich noch dort?

Wenn mein Salär (lat. sal = Salz; lat. salus = heil) nicht genug Salz in meine (Lebens-)Suppe bringt, wie kann ich das ändern? Ist meine Arbeit überhaupt das Salz in der Suppe meines Lebens, oder gibt es für mich viel Wichtigeres? Wenn ich gar kein gesalzenes, sondern eher ein dürftiges Salär bekomme, das mich bedürftig macht und für mein Heil nicht ausreicht, gereicht es wenigstens anderen – wie etwa meiner Familie – zum Heil? Oder empfinde ich mein Salär eher als Entschädigung für eine Arbeit, die mir und anderen oder der Welt eher schadet? Was tue ich mir und anderen mit dieser Arbeit an?

Ist dieses Einkommen, mit dem ich kein Auskommen finde, überhaupt ein angemessener Ausgleich für die Zeit, die ich dafür aufwende, es zu erarbeiten? Ist das Erhaltene ein fairer Ausgleich für das Gegebene?

Allgemein steht für mich zur Debatte, was ich bereit bin zu leisten, damit ich mir das leisten kann, was ich will und was mir entspricht – und natürlich auch konkret mehr zu fordern.

Was bin ich mir wert, und wird dieser Verdienst meinem Selbstwert gerecht?

Neige ich dazu, die Verantwortung für mein geringes Ein- und mangelndes Auskommen dem Kapitalismus zuzuschieben?

Immerhin könnte ich ja auch in einer Gruppe mit einem anderen Modell mein Heil suchen und für gute Arbeit gutes Essen und schönes Wohnen in Anspruch nehmen oder was der Entlohnungen mehr sind.

Urprinzipieller Bezug: Stier-Venus (Wert, Selbstwert), Saturn (Hemmung).

Lit.: PG; CD »Selbstliebe«.

Frustrierter Steuerzahler

Wir kleine Steuerzahler sollen immer alle retten. Um meine Sorgen und Nöte kümmert sich aber keiner.

Offenbar will ich den »Großen« die Verantwortung zuschieben, die sich aber zulasten ihrer eigenen Seele drücken. Sie könnten mir deshalb leidtun, allerdings kann ich das nicht so sehen.

Wäre ich auch gern ein Großer? Einer, der sich nicht ums Gemeinwohl schert, der sich aus purem Egoismus ein erbärmlich pompöses Grab schaufelt? Hätte ich auch gern so viel Einfluss und Macht und würde ich mich dann genauso benehmen wie diejenigen, die mich so ärgern? Was habe ich sonst noch mit denen gemein? Wenn ich das alles für ungerecht halte, wo bin ich selbst ungerecht? Vielleicht auch zu mir?

Was spricht eigentlich dagegen, andere oder sogar alle, eine ganze Nation oder sogar die Gemeinschaft der (EU-)Staaten zu retten? Rettung ist doch etwas Wundervolles. Eigentlich könnte ich stolz darauf sein, zu denen zu gehören, die zum Schluss wieder alle retten dürfen.

Urprinzipieller Bezug: Waage-Venus (Gerechtigkeit), Jungfrau-Merkur (vergleichen, kritisieren).

Lit.: SG, SP.

Reichtum für wenige, Armut für viele

Der Reichtum ist falsch und ungerecht verteilt. Die Kluft zwischen Arm und Reich wird immer tiefer, was mich bedrückt. Ich stehe dem hilflos gegenüber.

Nach dem Resonanzgesetz strebt Geld zu Geld und sammelt sich folglich bei den Wenigen, die damit kein Problem haben. Aber viele haben ein Problem mit der Auswirkung dieses Gesetzes. Diejenigen, die unter Mangel leiden, haben eine Resonanz zu diesem Mangel. Politiker versuchen dem seit Jahrzehnten entgegenzuwirken. Trotzdem ließ sich dieser Trend nie umkehren, sondern verschärfte sich im Gegenteil noch ständig. Von staatlicher Seite wird hier wenig Hilfe kommen, und wenn sie gewährt wird, ist es keine, die wirklich etwas bessert und etwas ändert.

Wer seine Position in diesem Lernspiel ändern will, muss das Resonanzgesetz verstehen lernen und sich entsprechend verhalten. Und Reiche könnten, diese Tendenz erkennend, bei sich umsteuern und über Stiftungen zurückgeben von dem, was sie so überreichlich erhalten und genommen haben – etwa im Sinn von Bill Gates und Warren Buffet, die beschlossen haben, die Hälfte ihres Vermögens zu spenden.

Wie steht es bei mir persönlich mit dieser Schere zwischen Arm und Reich? Woran bin ich reich und woran arm? Wo habe ich Überfluss und wo Defizite – in meinem Körper, meiner Seele, meinem Geist?

Bezüglich meiner Hilflosigkeit in dieser Situation könnte ich politisch arbeiten, was aber erfahrungsgemäß wenig ändern wird. Andererseits könnte ich meine Resonanz zu Geld erhöhen und mit dem verdienten Geld diejenigen Dinge tun, die notwendig sind. Das könnte mein Lebensgefühl deutlich verbessern.

Urprinzipieller Bezug: Jupiter (Überfluss, Reichtum), Saturn (Hindernis, Hemmung).

Lit.: PG; CD »Lebensprinzipien-Set: Jupiter, Saturn«.

Boni und Börsenzocker

Wenn ich nur die Schlagzeilen über Börsenzocker und Managerboni lese, packt mich die Wut. Da kriegen diese Leute in Spitzenpositionen, die mit so viel Verantwortung verbunden sind, ein Millionengehalt und übernehmen keine Verantwortung für ihr Handeln.

Meine Aggression kann nur etwas auslösen, das unbemerkt auch in mir ist. So habe ich mich zu fragen, ob ich in mir nicht – unbewusst – mit ähnlichen Tendenzen zu tun habe.

Würde ich insgeheim auch mal gern so leicht so viel Geld einstecken, ganz legal wie die Banker? Hätte ich auch gern solche Boni – einen großen Batzen quasi unverdientes Geld – einfach so, für meine Cleverness? Bei welcher Gelegenheit stehle ich mich auch gern aus der Verantwortung?
Wieso verdiene ich so wenig Geld? Diene ich zu wenig oder für meine Verhältnisse zu viel? Schwingt da Neid bei mir mit?

Meine Aufgabe wäre, der eigenen Aggression konstruktivere Ventile zu schaffen vom Sport bis zu mutigem, entscheidungsfreudigem Denken und Handeln. Und ich könnte sie auch gleich nutzen, um mir mehr zu nehmen, von dem was mir wichtig ist, statt auf andere zu projizieren, die das auf unseriöse

Art tun. Wenn ich mich obendrein noch mit meiner eigenen Gier versöhnen könnte, wäre auch das entlastend und könnte meine Wut auf noch größere Gierhälse besänftigen.

Urprinzipieller Bezug: Stier-Venus (Besitz, Geld), Mars (Wut, Aggression), Saturn (Verantwortung, Widerstand), Jungfrau-Merkur (typische Arbeitnehmerkritik), Sonne (Manager, Autorität).

Lit.: PG.

● Scheußliche (moderne) Welt

Wetterklagen

Das Wetter ist zu kalt, zu warm, zu nass, zu trocken, zu windig…

In fast allen Ländern der Welt ist das Wetter Gesprächsthema. Englischsprechende zum Beispiel benutzen das Wetter oft für Small Talk und als Eisbrecher, aber meist um einen Bezug zu sich herzustellen nach dem Motto: »Es goss in Strömen, und ich wurde schon auf dem Weg zum Auto klitschnass.« Oder: »Was für ein wunderschöner Tag, die Sonne hat mich geweckt.« Deutschsprachige scheinen im Gegensatz dazu eine Idealvorstellung von einem Bilderbuchwetter zu haben, von dem »richtigen« Wetter zu jeder Jahreszeit. Deshalb fangen Gespräche über das Wetter meist mit einer Klage an, weil das Wetter des Tages oder der Jahreszeit diesen Erwartungen nicht gerecht wird, etwa: »Es ist einfach viel zu heiß für diese Jahreszeit«, »Als

Kind hatten wir immer Schnee an Heiligabend«, »Der Sommer war viel zu kurz, kam zu früh und ging zu rasch vorbei.«

Wozu dient mir das Wetter? Zum Kommunizieren und (Mit-) teilen oder zum Klagen und Jammern? Brauche ich es als Vorwand, um meine Unzufriedenheit mit der Schöpfung und meinem Leben zum Ausdruck zu bringen?

Ich könnte es mir zur Aufgabe machen, mich mit der Schöpfung und dem darin herrschenden Wetter auszusöhnen. Schließlich gibt es kein falsches Wetter, nur falsche Kleidung – also könnte ich auch noch Anpassung lernen und mich dann dieser Schöpfung positiv öffnen.

Urprinzipieller Bezug: Jungfrau-Merkur (Anpassung an gegebene Lebensprinzipien, Nörgelei).

Lit.: CD »Lebensprinzipien-Set: Jungfrau-Merkur«.

Schlechte Nachrichten

Die Zeitungen und Nachrichtensendungen sind immer wieder voll von ärgerlichen Negativberichten und Katastrophenschlagzeilen, die mir die Lebensfreude rauben.

Ärger bedeutet, nicht einverstanden sein, in Widerstand gehen und sich wehren. Dahinter stehen sowohl der Wunsch nach einem anderen Leben, letztlich einer anderen Schöpfung, als auch die Botschaft an den Schöpfer und das Schicksal, dass sie Fehler gemacht haben.

Katastrophe klingt noch schlimmer, liefert aber in der griechischen Urbedeutung des Wortes die Lösung gleich mit, nämlich den Umkehrpunkt. Eine Katastrophe gibt uns die Möglichkeit, umzukehren und ganz neu anzufangen. Insofern sind Katastrophen wundervolle Chancen für komplette Neuanfänge. Und jedem Anfang wohnt der bekannte Zauber inne.

Inwieweit kann ich bereits in Ärgernissen die Hinweise auf meinen Widerstand sehen und in Katastrophen die Chancen erkennen, neu durchzustarten?

Ich sollte mir gestatten, mit den Licht- und Schattenseiten des Lebens entspannter umzugehen, und mich mehr für den eigenen Weg öffnen.

Urprinzipieller Bezug: Saturn (Widerstand), Pluto (Katastrophe, radikale Umkehr).

Glotzen

Ich sehe nur allgemeine Verblödung. Allein das Fernsehprogramm ist die reine Volksverdummung, und selbst in vermeintlich gebildeten Kreisen fehlt es an Intelligenz, Kreativität und Lebensart.

Zunächst wäre zu differenzieren, ob ich mir wirklich nur um meine Mitbürger Sorgen mache oder nicht in erster Linie um mich selbst, da ich mir offenbar meine Wünsche nach Bildung nicht erfülle.

Was würde ausgestrahlt, wenn ich über das Programm bestimmen könnte? Was braucht das Volk meiner Meinung nach? Was brauche ich?
Wie müsste die Gesellschaft beschaffen sein, in der ich leben will, die sich das Fernsehprogramm wünscht, das meinem Niveau entspricht?

Ich könnte ja mittels DVDs mein eigenes Programm gestalten – wenn es mir wirklich um Inhalte und nicht um das Projizieren geht. Wenn ich es besser weiß, sollte ich es auch besser tun.

Zu bedenken ist auch, dass sich im Bildungsbereich wahrscheinlich nur die Schwerpunkte verschieben, etwa in Richtung auf IT-Intelligenz im Knacken von Firewalls, während die Gelehrsamkeit alter Schule in den Hintergrund tritt. Die Bildung, jedenfalls die humanistische, nimmt ab, aber die IT- und die technischen Fähigkeiten nehmen zu. Die Kreativität hat sich andere Felder gesucht. Die Lebensart ist eine andere geworden.

Neige ich zu einer »Früher-war-alles-besser«-Nörgelei? Warum kann ich die Chancen der Gegenwart nicht erkennen und hänge am Alten, offenbar Überlebten, das kaum noch Anhänger findet? Was macht mich so konservativ? Und was genau halte ich wirklich für bewahrenswert?

Meine Aufgabe liegt darin, meine eigene Lebensart und -kunst zu entwickeln, eine Kreativität, die meiner Intelligenz und meinem Geschmack gerecht wird und meinem Niveau entspricht. Die Verdummung, die ich überall diagnostiziere, gilt es auch in mir selbst zu finden und zu überarbeiten.

Urprinzipieller Bezug: Jungfrau-Merkur (Kritik, Besserwisserei, Vergleiche), Saturn (Hemmnis), Zwillinge-Merkur (Information, Kommunikation).

Anglisierung

Die Anglisierung der Arbeitswelt und des ganzen Lebens stört mich sehr.

Das Angloamerikanische fasziniert offensichtlich weltweit am meisten Menschen, und sie übernehmen es freiwillig und geradezu begierig als eine Art Leitkultur. US-Amerikaner gehen mit enormem Selbstvertrauen davon aus, in *God's own country*, Gottes eigenem Land, zu leben, und das hat Wirkung, denn assoziiert werden damit jugendliche Kraft und Ausstrahlung, Begeisterungsfähigkeit und Idealismus. Immer wieder ziehen amerikanische Soldaten in die weite Welt hinaus, anderen zu helfen, was sich die Politiker dabei auch sonst noch denken mögen. Immerhin haben wir im deutschsprachigen Bereich davon sehr profitiert.

Was stört mich so besonders: Die eigene Unfähigkeit, mich auf Englisch auszudrücken, oder das Phänomen an sich, wie die englische Sprache die Welt erobert. Wie steht es um meine Sprachfähigkeiten? Wie um meinen Bezug zur eigenen Kultur?

Was tue ich, um dem Verfall der eigenen Kultur und der deutschen Sprache entgegenzuwirken? Helfe ich, die eigene Kultur und Sprache zu pflegen, und drücke ich mich gepflegt in ihr aus?

Es könnte ja wünschenswert sein, Englisch als (offizielle) Weltsprache anzuerkennen, die alle gemeinsam nutzen, während sie ihre eigene Kultur und Sprache bewahren. Das wäre auch die einfachste Lösung der weltweiten Sprachverwirrung, die der Bibel zufolge auf die Hybris angesichts des Turmbaus zu Babel zurückzuführen ist.

Urprinzipieller Bezug: Jupiter (Globalisierung), Zwillinge-Merkur (Kommunikation).

Gefährdete Privatsphäre

*Durch die IT-Welt geht unsere ganze Privatsphäre verloren.
Warum lassen wir uns das nur gefallen?*

Wenn für mich die moderne Informationstechnologie wirklich
eine so große Bedrohung ist, dann soll es offensichtlich um
meine Privatsphäre auch geschehen sein. Ein – vielleicht unbewusster – Teil von mir muss es wollen, denn niemand zwingt
mich, sie Facebook oder Twitter zu opfern oder meine Zeit im
Internet zu verbringen.

Wir leben in einer vom Uranusprinzip geprägten Zeit, in der
viele Grenzen fallen, um eine neue Art von Freiheit entstehen
zu lassen. Wenn alles offenliegt und jeder Zugriff auf alles bekommt, verschwindet natürlich auch der Reiz, zu spionieren
und zu jeder Form von Geheimniskrämerei. Vielleicht leben
wir viel entspannter, wenn allen alles offensteht und wir keine
Geheimnisse und keine Angst mehr vor ihrer Entdeckung haben müssten.

Ich sollte herausfinden, warum ich meine Privatsphäre freiwillig der Faszination der sozialen Medien opfere.

*Was macht mich so an, mein Bild um die Welt zu schicken?
Ist es das Gefühl, auch einmal ein kleiner Star zu sein, oder die
Hoffnung, meinen Stern auf diese Weise aufgehen zu lassen?
Was wäre meine Traumzahl von Freunden auf Facebook?
Und wie viele echte Freunde habe ich im richtigen Leben?
Und widme ich ihnen noch Zeit?
Welche Rolle spielt Qualität für mich, welche Quantität im
Hinblick auf Freundschaften oder beim Essen oder beim
Geld? Gehe auch ich längst den modernen Weg, auf dem
Quantität weit vor Qualität rangiert?*

Die IT-Welt hat politisch viel Freiheit geschaffen, indem sie Potentaten die Macht der Verheimlichung und Fehlinformation nahm. Sicher hat sie auch mir Freiheit geschenkt.

Was haben mir die modernen Informationstechnologien gebracht und was genommen? Und wie kann ich das Verhältnis für mich günstiger gestalten?

Vielleicht lebte ich ohne iPhone und iPad und ohne Facebook viel ruhiger und gelassener und käme mir und echten Freunden wieder näher. Natürlich würde ich dann auch viele virtuelle verlieren.

Bringen mich die vielen Kontakte, die ich habe, wirklich in Beziehung – zu den anderen, zu mir?

Ich könnte mich der Aufgabe widmen, auf meine ganz eigene, originelle und vielleicht sogar verrückte Art und Weise das Beste aus den IT-Möglichkeiten zu machen. Ich kann beginnen, mit ihrer Hilfe wirklich wichtige Verbindungen zu schaffen und Beziehungen zu knüpfen und meine Privatsphäre dem modernen uranischen Geist zu opfern. Oder ich kann das sein lassen und mich aus den sozialen Medien heraushalten.

Urprinzipieller Bezug: Uranus (moderne IT-Welt), Zwillinge-Merkur (Kommunikation).

Rüstung

Es ist ein Skandal, dass ein Land wie Deutschland Rüstungsgüter herstellt und exportiert!

Wir haben die Politiker, die uns entsprechen, und sie haben Deutschland zu einem der führenden Rüstungsexporteure der

Welt gemacht; es ist ein Spiegel der Situation an der Heimatfront. Wenn in Deutschland fast genau ein Viertel der Beziehungen »schlagende Verbindungen« sind, in denen regelmäßig geprügelt wird, ist es eigentlich gar nicht so erstaunlich, dass Rüstungsgüter ein deutscher Exportschlager sind. Gemessen daran sind Rüstungsproduktion und -export sogar noch gering, denn sie machen prozentual deutlich weniger an der deutschen Export-Industrieproduktion aus.

Wie bereit bin ich, Frieden in mir zu schaffen, in meiner Innenwelt und meinen Meditationen, in meiner und unserer Umwelt, zwischen den reichen und den Hungerländern, zwischen Menschen und Tieren? Wie bereit bin ich, meine Beziehungskriege zu entschärfen und auf dem Boden der Schicksalsgesetze und des Schattenprinzips Frieden zu stiften? In meiner Partnerschaft, in meinem Berufsumfeld, in meiner Beziehung zu meinen Kindern und Verwandten?

Meine Aufgabe besteht darin, zu lernen, wie ich meinen Mut steigern, meine Entscheidungsfähigkeit verbessern und mein Leben mit all seinen Problembereichen in Angriff nehmen kann. Das Mindeste wäre *Peace-Food-* Ernährung, wenn es mir wirklich um Frieden in der Welt – meiner Innen- und der Außenwelt geht.

Urprinzipieller Bezug: Mars (Kampf, Krieg, Auseinandersetzung, Bewaffnung), Waage-Venus (Frieden).

Lit.: A, PF.

Den Überblick verlieren

Wir stecken in der Komplexitätsfalle. Unübersichtlichkeit wird von Politikern, Bürokraten und Wirtschaftsbossen zum eigenen Vorteil gepflegt. Nur noch diejenigen verstehen diese Regelungen und Konzepte, die sie sich zum Vorteil erstellen.

Da ich mich so intensiv mit dem Thema beschäftige und es mich ärgert, sollte ich mich fragen, wo ich mit ähnlichen Vernebelungsstrategien und Verkomplizierungen arbeite.

Erkläre ich meinen Kindern unsere kleine und die große Welt da draußen so, dass sie sie verstehen können? Wo bin ich komplizierter als notwendig?
Bei welcher Gelegenheit verkompliziere ich mein und unser Leben? Wo erfinde ich selbst – zum Beispiel in meiner Partnerschaft oder unserem Zusammenleben – Regeln, die vor allem mir nützen? Wo finde ich die allgemein beklagten Missstände sonst noch speziell in mir und meinem Leben?

Urprinzipieller Bezug: Jungfrau-Merkur (Kritik, Berechnung; verwinkelte, unübersichtliche Konzepte).

Umweltschädigung und -verschmutzung

Die Ausrottung von Tier- und Pflanzenarten, vor allem das Bienensterben und andere Folgen von menschlichen Eingriffen in die Natur wie Monokulturen, Einsatz von Giften entsetzen und provozieren mich.

Was immer mich entsetzt und provoziert, bringt mich in Widerstand. Und natürlich ist es richtig, gegen solche Auswüchse und Formen menschlicher Hybris Widerstand zu leisten. Hier ist oft sogar Zivilcourage gefragt und gefordert. Widerstand ist aber immer auch ein Zeichen, dass ich nicht einverstanden bin, und zeugt daher von Wachstumsmöglichkeiten. So könnte ich mich fragen, was ich in mir alles an Lebensart absterben habe lassen, ob ich mit Giftigem zu sorglos umgehe wie etwa Flüchen und Verwünschungen und wo mein Leben zu einer einzigen Monokultur etwa bezüglich ein und derselben Arbeit verkommen ist.

Andererseits scheint die Sonne auf Heilige und Mörder gleichermaßen, und der Heilige lebt in der besten aller Welten – so das Ideal. Auf dem Weg dorthin gibt es wundervolle Gelegenheiten, gegen Unmenschlichkeit, Ungerechtigkeit und Fehlentwicklungen aufzustehen, allerdings in dem Wissen, dass es noch kein Zeichen von Befreiung oder Erleuchtung sein muss. Aber selbst das wäre möglich, denn auch Christus hat die Geldwechsler aus dem Tempel geworfen und Kranke geheilt. Später haben ein San Antonio oder Pater Pio sich auf die Seite der Schwachen gestellt im Andenken an den Christussatz »Was du dem Geringsten deiner Brüder tust, hast du mir getan«.

Es ist auch ein Gebot der Vernunft und Intelligenz, sich für die Bienen starkzumachen, hatte doch schon Einstein, dieser Ausbund an Intelligenz, vorausgesagt, dass bald nach den Bienen der Mensch sterbe. (»Keine Bienen mehr, keine Bestäubung mehr, keine Pflanzen mehr, keine Tiere mehr, kein Mensch mehr.«)

Woran erinnert mich diese Selbstzerstörung in meinem Leben? Wo habe ich ähnliche, mir nur nicht so bewusste Tendenzen und übersehe geflissentlich Konsequenzen?

Meine Betroffenheit kann mich in Situationen führen, in denen ich mich gegen die Schöpfung vergehe, ohne es zu bemerken, etwa weil ich mich über die Auswirkungen des Verzehrs von Tierprotein nicht informiere.

Wir können uns auf Franz von Assisi berufen und all die Buddhisten, die in Ehrfurcht vor allen fühlenden Wesen leben. Tiere und Pflanzen sind Lebewesen und uns ausgeliefert. Manfred Kyber sprach in Bezug auf Tiere von unseren jüngeren Brüdern und Schwestern. Für sie Verantwortung zu übernehmen ist ein Gebot nicht nur für Christen und Buddhisten, sondern für alle fühlenden Wesen.

Urprinzipieller Bezug: Saturn (Aussterben, Tod), Pluto (Zerstörung, Stirb-und-werde).

Tierquälerei

Es ärgert und bedrückt mich, wenn ich höre, wie viele Haustiere zur Reise- und Ferienzeit einfach ausgesetzt werden.

Auch als die deutsche Regierung mitsamt ihrer Beamtenschaft von Bonn nach Berlin umzog, quollen die Tierasyle in Bonn vor ausgesetzten Tieren über. Sein Haustier so im Stich zu lassen ist in der Tat ein furchtbares Zeichen für den kollektiven Schwund an Einfühlung und Mitgefühl. Wenn mich das Thema so stark berührt, und es sollte natürlich jeden fühlenden Menschen betroffen machen, kann ich in den Tiefen meiner Seele nach Herzlosigkeit und Rücksichtslosigkeit forschen.

Urprinzipieller Bezug: Mond (Haustiere), Saturn (Tod), Pluto (Herzlosigkeit, Gefühllosigkeit), Uranus (sich befreien von »lästigen Anhängseln«).

Lebensmittelverschwendung

Ich bin wütend, dass bei uns so viele Lebensmittel einfach weggeworfen werden.

Wenn mich das so sehr ärgert, liegt nach dem Resonanzgesetz der Verdacht nahe, dass ich selbst irgendwo Verschwendung betreibe und mir das nicht eingestehe. Insofern ist es wichtig, mich zu fragen, in welcher Form ich zu dieser Verschwendung selbst beitrage, etwa indem ich noch Tierprotein, also Fleisch, Fisch, Eier, Milchprodukte konsumiere. Dadurch wird am meisten Nahrung verschwendet, weil momentan die Tiere der Reichen die Nahrung der Armen fressen; es werden am meisten Kalorien vernichtet und gleichzeitig verhungern so viele Menschen. Vielleicht könnte ich in dieser Hinsicht noch mehr für Frieden auf Erden tun, statt mich über andere aufzuregen, die Nahrung für mich so sichtbar wegwerfen.

Urprinzipieller Bezug: Mars (Wut, Ärger), Jungfrau-Merkur (Umgang mit Ressourcen).

Lit.: PF.

Vergiftete Nahrung, Lebensmittelskandale

Dieses Gift im Essen, diese Lebensmittelskandale! Ich könnte kotzen!

Wenn ich so viel Angst vor all dem Gift habe, sollte ich auch auf meine eigene Giftproduktion achten.

Was bringe ich an giftigen Gedanken und Ideen hervor? Wo versuche ich durch Versprühen von Giftigem, meine eigene Situation zu verbessern?

Wo fühle ich mich nicht genährt in diesen modernen Zeiten?

Neunzig Prozent des Giftes gelangt über Tierprotein in unseren Organismus; Fisch und vor allem Milch(produkte) sind führend, was die Giftanreicherung angeht. Bei Kindern, die viel Fisch essen, lassen sich aufgrund der Quecksilberkonzentrationen in Fisch bereits Entwicklungsrückstände wissenschaftlich nachweisen. All das wird im Erwachsenenalter schlimmer statt besser, denn Gifte sammeln sich im Laufe des Lebens an. Soweit die schlechte Nachricht. Die gute ist, dass ich in diesem Moment aufhören und aus dem Elend aussteigen kann, indem ich mein Essverhalten ändere. Würden es alle tun, wäre das auch gleich das Ende des Nahrungselends, und Lebensmittelskandale blieben uns erspart.

Urprinzipieller Bezug: Jungfrau-Merkur (Kritik), Stier-Venus (Früchte von Mutter Erde), Neptun (Vergiftung), Pluto (Selbstzerstörung, Selbstvergiftung).

Lit.: PF.

Angst vor Seuchen

Impfseren reichen im Ernstfall nicht, und Antibiotika wirken längst nicht mehr – ich habe Angst vor Seuchen und Epidemien, die bei uns jederzeit ausbrechen könnten.

Wo Angst auf Fehlinformation beruht, reicht einfache Information zu ihrer Therapie. Die letzten Seuchen wie Schweinegrippe und davor Vogelgrippe waren Erfindungen der (Pharma-)Wirtschaft unter Mithilfe von Politik, Presse und bezahlter Wissenschaftsexpertise. Gegen erfundene Seuchen brauchen wir natürlich keine Impfungen. Aber viel wichtiger ist anzuerkennen, dass wir gar keine Impfungen, sondern eine wirksame Stärkung des Immunsystems brauchen. Doch daran lässt sich nicht gut verdienen, deshalb ist das kein großes Thema bei uns.

Die einzige wirkliche Gefahr ist das Versagen der Antibiotika. Hier befinden wir uns in einem Teufelskreis. Wenn diese massenweise in der Massentierzucht verwendet werden, wie es heute geschieht, bilden sich dadurch vermehrt Resistenzen. Außerdem erleichtert die Massentierzucht durch die Haltung Tausender von Tieren auf engstem Raum Neukombinationen im Erbgut der Erreger. So entstehen noch gefährlichere neue Keime. Ich kann mich schützen, indem ich mich gut ernähre im Sinne von *Peace Food*, mich gut bewege und bewusst meinen Aufgaben stelle.

Was steckt hinter meiner Angst vor Bakterien? Wovor habe ich wirklich Angst? Ist es der Tod? Wieso fühle ich mich so schutzlos und auf welchen Ebenen neben der körperlichen Ebene noch? Wie könnte ich mich besser schützen?
Wie könnte ich lernen, mehr loszulassen, und Lockerheit und (Selbst-)Vertrauen entwickeln, statt angstvoll zu leben?

Und wen es beruhigt: Impfseren, Antibiotika und Medikamente wie Tamiflu werden sicher nicht ausgehen, denn um deren Absatz kümmern sich die Verantwortlichen dieser Inszenierungen ja vor allem. Sie werden nur nichts nützen, tragischerweise auch in einem wirklichen Ernstfall nicht. Die Entwicklung guter Abwehrkraft bietet den besten Schutz; der Tischaufsteller »Das Geheimnis des Loslassens« (siehe Literaturverzeichnis) regt dazu an, diesem zentralen Thema Woche für Woche zu entsprechen.

Urprinzipieller Bezug: Saturn (Angst), Jungfrau-Merkur (Angst, dass Ressourcen nicht reichen, Angst um Gesundheit).

Lit.: A, PF.

Umweltfrevel, Missbrauch von Ressourcen

Für Landwirte lohnt es sich mehr, Brennstoff für Biogas zu erzeugen als Brotgetreide. Es bringt mich auf, dass Nahrungsmittel zu Treibstoffersatz missbraucht werden.

Dieser von mir schmerzlich registrierte Raubbau ist Ausdruck der kapitalistischen Welt, in der sich alles um Geld und Profit dreht. Die Seele und ihr Leid, das Mitgefühl mit Hungernden bleiben dabei vielfach auf der Strecke. Wenn mich das sehr tangiert – und es sollte jede fühlende Seele berühren –, kann es Anlass sein, mich zu fragen, ob auch ich zuweilen Effizienz und Praktikabilität über Mitgefühl stelle.

Wo versuche ich, das Beste (an Geld) bedenkenlos aus einem Projekt, einer Gelegenheit herauszuschlagen?
In welcher Weise neige ich zu einem Almosenwesen, um mein schlechtes Gewissen zu beruhigen, weil meine Arbeit auch nicht dem Mitgefühl, sondern der Profitmaximierung um beinahe jeden Preis dient?

Falls ich mich nicht vollwertig pflanzlich ernähre, mache ich genau dasselbe – und nicht einmal im Kleinen, sondern wirklich relevant für die Hungernden der Welt und letztlich das Leben auf diesem Planeten.

Urprinzipieller Bezug: Jungfrau-Merkur (Kritik, Ressourcen).

Lit.: PF; CD »Lebensprinzipien-Set: Jungfrau-Merkur«

● Gemeinschaftsleben im Großen und Kleinen

Globalisierungskritik

Die Globalisierung bringt nur Unglück.

Alles hat immer zwei Seiten. Mit Sicherheit verschärft die wirtschaftliche Globalisierung den Druck auf die Arbeitenden und lässt die Schere zwischen Arm und Reich immer weiter auseinandergehen. Andererseits rückt die Welt dadurch auch geistig näher zusammen; Wissen wird ebenfalls globalisiert. So kann etwa aufgrund der Wachsamkeit von Avaaz, einer internationalen Bürgerbewegung, heute kaum noch eine islamistische Rechtsprechung durchsetzen, dass vergewaltigte Frauen zur Strafe auch noch gesteinigt werden, gibt es inzwischen eine breite Front gegen Beschneidung von Mädchen, können Homosexuelle zunehmend freier leben. Bewusstheit und Toleranzdenken vermag sich auf diese Weise auszubreiten. Das Internet verbindet und schweißt zusammen; selbst schrecklichste Diktaturen geraten unter Druck und werden fallen.

Wieso übersehe ich die Vorteile globalen Denkens und Handelns?
Wo verbinde ich mich auf der (für mich) falschen Ebene mit den (für mich) falschen Leuten und Tendenzen?

Die einseitige Globalisierung von Wirtschaft und Kriminalität ist fraglos gefährlich, aber sie bietet gleichwohl wundervolle Chancen auf anderen Ebenen; hier ließe sich ein großes lohnendes Aufgabenfeld finden.

Urprinzipieller Bezug: Jupiter (Globalisierung), Saturn (Behinderung, Einschränkung, Angst).

Die Europäische Union in der Kritik

Die EU ist einfach schlecht.

Nichts ist ganz schwarz oder ganz weiß. Doch etwas hat mich zum Schwarzseher und Pessimisten werden lassen – zumindest bezogen auf die EU.

In welchen auch persönlichen Bereichen sehe ich ebenfalls schwarz?
Was habe ich gegen Gemeinschaft? Oder finde ich nur diese Gemeinschaft so problematisch?
Was stört mich an der EU besonders, welche Fehler empfinde ich als besonders gravierend? Wo gibt es Parallelen dazu in meinem Leben? Wo mache ich auf meiner kleinen Ebene dieselben Fehler?

Natürlich ist Brüssel ein Eldorado für Lobbyisten, gekaufte Politiker, die im Dienst großer Konzerne die Politik zu ihren Gunsten beeinflussen, die tatsächlich die Politiker ganz direkt kaufen, die auch die Wissenschaftler und ihre Studien zuerst finanzieren und dann lenken, die längst die Presse über Werbeeinschaltungen kontrollieren. Wer Politik, Presse und Wissenschaft auf seiner Seite hat, kann schon fast machen, was er will, und das tun die Konzerne längst, sie machen was sie wollen – und das ist nicht zum Besten der Gesellschaft, die sich das gefallen lässt.

Bei welcher Gelegenheit verhalte auch ich mich ähnlich? Wo erlaube ich meinem Ego und seiner Geld- und Machtgier, sich über mein(e) Gefühl(e) hinwegzusetzen, meine Emotionen, mein Ruhe- und Regenerationsbedürfnis zu ignorieren, nur weil es noch ein bisschen mehr Geld verdienen oder Karriereambitionen durchsetzen will?

Ich könnte mein Augenmerk auch auf die Vorteile der EU lenken und zum Beispiel genießen, dass ich ohne Grenzkontrollen weit komme und auch kein Geld mehr zu wechseln brauche, sondern in den EU-Staaten mit meinem und unserem gemeinsamen Geld bezahlen kann. Abgesehen davon kann ich mit Hilfe der Übung des ersten aufsteigenden Gedankens erkennen, worauf sich mein Anliegen, Missstände anzuprangern und beseitigt zu sehen, wirklich bezieht.

Urprinzipieller Bezug: Jungfrau-Merkur (gemeinsam wirtschaften).

Politikerschelte, Politikverdrossenheit

Ich bin sauer auf die Politikerkaste in Europa und weltweit. Die Politiker sind an allem schuld. Sie sollten auf eine einsame Insel verfrachtet werden, um dort die Konsequenzen ihres Machtstrebens, die Verstöße gegen die Natur und deren Gesetze am eigenen Leib zu erleben. Es gibt Politiker, die treiben mich in den Wahnsinn.

In der Demokratie spiegeln Politiker die Wählerschaft wider. Das Parlament repräsentiert die Bevölkerung. Das mag deprimierend sein, aber das sind die Tatsachen. Gehe ich zur Wahl, dann habe ich diese Politiker mit gewählt, und bin mit in der Verantwortung. Falls ich nicht zur Wahl gehe, brauche ich mich erst recht nicht zu beklagen.

Warum gründe ich keine eigene Partei oder schließe mich einer an, um alles besser zu machen?
Warum flüchte ich in solche Projektionen? Wobei es gleichgültig ist, ob ich auf Politiker, Wirtschaftsbosse oder Journalisten projiziere.

Wenn ich meine Rachegelüste in Bezug auf Politiker erkannt habe, könnte ich mich fragen, welche Rachegelüste ich gegen meine direkte Umgebung – angefangen von den Eltern bis zu Chefs – kultiviere oder sogar gegen mich selbst richte. Das kann bis zur Selbstzerstörung gehen, wie sie am deutlichsten in Autoimmunerkrankungen wird.

Was genau ist es, das mich an Politikern so aus der Ruhe und Fassung bringt? Wo finde ich Ähnliches in mir, das mich draußen und bei anderen so verrückt machen kann? Auf welcher möglicherweise ganz anderen Ebene finde ich dasselbe Prinzip in mir?
Könnte ich die Arbeit der Politiker wirklich besser machen?

Meine Aufgabe besteht darin, meine Projektionen bis hin zu Rachegelüsten zu durchschauen und die Frage zu klären, wie es um meine eigene Innen- und Außenpolitik steht. Schaffe ich es, in meinem Leben für ausgewogene, gerechte und förderliche Politik zu sorgen? Wenn ich die einzelnen Ressorts der Regierung, die Ministerien durchgehe, wie sind die bei mir besetzt und was leisten sie zum Wohlergehen meines Lebens?

Urprinzipieller Bezug: Pluto (Rache, Projektion), Jungfrau-Merkur (Besserwisserei, Kritik).

Lit.: KSy, A, »Woran krankt die Welt?«.

Zu viel staatliche Kontrolle

Der Staat mischt sich in zu viele Dinge ein, will alles kontrollieren. Ich fürchte diese Unfreiheit.

In der Wirtschaft mischt sich der Staat für die meisten zu wenig ein und hat sich durch Deregulierung aus dem Spiel gebracht.

In individuellen Bereichen mag er dagegen als zu stark kontrollierend empfunden werden. Aber das ist heute sicher geringer und damit besser als je zuvor in der Geschichte.

Warum fürchte ich Kontrolle? Was habe ich zu verbergen? Wo fühle ich mich eingeengt? Wo möchte ich unbeobachtet meinen eigenen Weg gehen und traue mich nicht? Projiziere ich dieses Mistrauen mir selbst gegenüber auf den Staat? Wie erginge es mir in einer Diktatur, die wirklich das Internet kontrolliert und sich überall einmischt?
Wobei wäre ich am liebsten völlig unbeobachtet, und wo fühle ich mich überwacht?

Meine Aufgabe besteht darin, mich mit meiner Angst vor Kontrolle und (Über-)Prüfung auseinanderzusetzen und herauszufinden, was ich gern verbergen würde.

Urprinzipieller Bezug: Jungfrau-Merkur (Misstrauen), Saturn (Staat), Pluto (Kontrolle, Machtmissbrauch).

Schmarotzertum

Die Langzeitarbeitslosen machen einen Kurs nach dem anderen und lehnen jede Arbeit ab. Die wollen doch gar keinen Job. Und diese Sozialstaatschmarotzer, die das soziale Netz in Anspruch nehmen, um sich ein bequemes Leben zu machen.

Lernunwillige Menschen gibt es überall. Sie tun sich selbst am meisten mit dieser Haltung an, weil lernen nachweislich glücklich macht. Und Langzeitarbeitslosigkeit gefährdet tatsächlich, auch im Hinblick auf Depressionen. Diese Menschen sind also nicht zu beneiden. Um meine Projektionen auf sie zurückzunehmen, könnte ich mich fragen:

Wo bin ich selbst lernfaul, und wie sehr erinnern mich diese lernunwilligen Menschen daran?

Wie unzufrieden bin mit meiner Arbeit? Würde ich sie am liebsten hinwerfen und mich ebenfalls fortbilden mit der Betonung auf fort?

Es mag auch sein, dass es Leute gibt, die das soziale Netz missbrauchen, und jeder Einzelne, der das tut und so sein Leben ruiniert, ist einer zu viel. Aber es ist eben deren Problem. Wer betrügt, tut vor allem sich selbst das an und muss mit diesem entsetzlichen Lebensgefühl fertigwerden. Es ist eine der Erkenntnisse, die aus den Schicksalsgesetzen folgen, dass wir immer nur uns selbst betrügen können. Also haben diese Menschen, die aus (geistiger) Not das Sozialsystem ausbeuten und damit möglicherweise denjenigen, die wirklich darauf angewiesen sind, die Unterstützung mindern, unser Mitgefühl verdient. Sie gehören zu den Ärmsten, denn geistige Not ist wahrscheinlich eine der schlimmsten.

Falls sich bei mir statt Mitgefühl heftige Aggression gegen »Schmarotzer« und »Arbeitsscheue« entwickelt, muss ich mich fragen, wo ich selbst jemanden oder ein System ausbeute – vielleicht auch das meines eigenen Körpers, dem ich mehr zumute, als er eigentlich ertragen kann, oder die eigene Seele missachte. Möglicherweise treibe ich Raubbau an beidem, Körper und Seele, und steuere auf einen Seeleninfarkt zu, ohne es zu merken.

Urprinzipieller Bezug: Jupiter (Fort- und Weiterbildung, Vision), Saturn (Hindernis, Hemmnis), Neptun (Sozialhilfe, sich durchschnorren), Jungfrau-Merkur (Kritik, Arbeitsleben).

Lit.: A, D, SI.

Versklavung durch herrschende Klasse, Machtkonzentration

Eine dünne Oberschicht, wenige reiche Familien, besitzen die Welt mittels Banken, Konzernen usw. Sie inszenieren Kriege, Unruhen und Kampagnen und versklaven uns. Es darf doch nicht sein, dass die Geschicke der Welt in den Händen so weniger Menschen liegen.

Offensichtlich ist es aber so, und Gott oder das Schicksal lässt es zu, so wie wir es auch letztendlich zulassen. Offenbar sollen wir auch daraus etwas lernen. Wenn mich das alles so stört, wie wohl die meisten, die aber auch nichts aktiv dagegen unternehmen, muss es in mir eine ähnliche, gleichsam analoge Situation geben.

Und ist es nicht ein ganz kleiner Teil meines Oberstübchens, nämlich die linke (archetypisch männliche) Gehirnhälfte, die in meiner Körper-, Seelen- und Geisteswelt die ganze Macht übernommen hat? Auf Zellebene sind es relativ wenigen Zellen, die gnaden- und rücksichtslos über das übrige Milliardenheer der Zellen herrschen. Diese wenigen Zellen der archetypisch männlichen Gehirnhälfte versklaven den ganzen übrigen Körper und lassen ihn verkommen. Sie ignorieren nicht nur die Muskeln, den Verdauungstrakt und das Herz, sondern auch die Seele und ihre Bedürfnisse und selbst das übrige Gehirn. Die linke Hirnhälfte inszeniert auch die Kriege im Körper, die Entzündungen, durch das Ignorieren entscheidender Themen und ihr Abdrängen auf die Ebene der Körperbühne.

Welche Dinge mache ich noch, von denen ich längst weiß, dass sie mir an Körper, Geist und Seele schaden? Wann werde ich konsequent in Bezug auf mich selbst? Wieso lasse ich auch in mir eine kleine Minderheit von Hirnzellen in der linken archetypisch männlichen Gehirnhälfte den ganzen Rest so gnadenlos beherrschen? Warum darf mein Ego über alles gehen, über meine Gefühle und Emotionen, über meine Seele und meinen Körper?

Aufgabe wäre, meine eigene Unausgewogenheit zu durchschauen und für Ausgleich zu sorgen. Dann könnte ich auch auf der äußeren Ebene effektiver gegen diese Missstände vorgehen, obwohl sie mich gar nicht mehr so in Emotionen bringen müssten, denn störend blieben sie doch.

Urprinzipieller Bezug: Stier-Venus (materielle Werte), Jungfrau-Merkur (Kritik), Sonne (Upper class, Ego), Jupiter (Feudalherrschaft), Pluto (Macht).

Lit.: SG, KSy.

Vernachlässigte Kinder

Die seelische Verelendung vernachlässigter Kinder macht mich traurig.

Kinder sind der Garant der Zukunft eines Volkes. Wenn sie in einem Land wie Deutschland immer seltener werden und unzureichende Förderung erfahren, lässt sich daran ablesen, wie nachrangig sie betrachtet werden. Die Defizite zeigen sich von fehlenden Kindergartenplätzen bis zu den Bildungsdefiziten in den Schulen. Das Volk der Dichter und Denker vernachlässigt seit Jahrzehnten die (Aus-)Bildung und daraus folgend auch die Kultur.

Dass Kinder in unserer Gesellschaft auch individuell vernachlässigt werden, ergibt sich aus dem heute herrschenden zeitlichen Druck, der Tendenz, dass beide Eltern arbeiten müssen, aber auch aus den persönlichen Prioritäten der Familien, die oft im Materiellen liegen.

Wie steht es um meine Kinder und mein inneres Kind? Wie werde ich dem Mondprinzip gerecht, einer gemütlichen Familiensituation? Was vernachlässige ich in dieser Hinsicht?

Meine Aufgabe liegt darin, im eigenen Körper- und Seelenland für Ordnung zu sorgen, mich meinem inneren Kind zuzuwenden und spielerische Elemente ins Leben zu integrieren. Dann kann ich gesellschaftlich auch besser dafür sorgen, dass den Kindern insgesamt mehr Achtung entgegengebracht und Sorge getragen wird.

Urprinzipieller Bezug: Mond (Kind, Familie), Neptun (Vernachlässigung, Mitleid).

Steigende Gewaltbereitschaft, Amoklauf

Die Gewaltbereitschaft steigt, da fühle ich mich nicht mehr sicher. Mich erschrecken die Amokläufe an Schulen oder in Behörden.

Brutale Überfälle auf der Straße, in der U-Bahn oder gar ein Amoklauf erschrecken wahrscheinlich jeden mehr oder weniger stark, weil sie als Schattendurchbruch an ein tiefes Grauen erinnern, das in jedem von uns schlummert, der noch unentdeckten Schatten in sich trägt. Diesbezüglich sitzen wir also alle im selben Boot. Die steigende Gewaltbereitschaft ist ein Indiz, dass das Aggressions- oder Marsprinzip auf unerlöster Ebene gelebt wird. Die Frage ist, ob es nur in der Gesellschaft passiert oder auch in mir selbst.

Wo fehlt es auch mir an Mut, Energie, Eigeninitiative, Ent-scheidungskraft, Konfrontationsbereitschaft, Fähigkeit zum Zupacken? Warum nehme ich mein Leben nicht couragiert in Angriff, statt Selbstzerstörung zuzulassen?

Zerstörung und Selbstzerstörung, wie wir sie etwa als Amok-lauf kennen, sind die beiden Aggressionsmöglichkeiten in ihrer unerlöstesten Form: der archetypisch männlichen Mars- und archetypisch weiblichen Pluto-Energie. Amok ist ein Wort aus dem Indonesischen und wird als Durchbruch des Schattens gesehen, für den in der balinesischen Kultur eine höhere Macht verantwortlich gemacht wird. Dabei dürften solche Durchbrü-che schon bei Kindern und Jugendlichen auf eine verzweifelte und völlig aussichtslose Situation der Betroffenen zurückzu-führen sein, die – mit Hass auf die Umwelt und sich selbst – nur noch wegwollen aus dieser Welt, die ihre Seele nicht respektiert und sie nicht trägt und die sie nicht mehr ertragen können.

Amokläufe zeigen uns zugleich die Begrenztheit funktiona-ler Maßnahmen. Sheriffs an den Schulen oder Beschränkun-gen im Waffenhandel sind wie ein Tropfen auf den heißen Stein, sie erreichen die Tiefe der Seele, das Schattenreich in kei-ner Weise. Jeder Amoklauf erinnert daran, dass der dunklen Kraft in uns allen nur mit einer mutigen Konfrontation und Lö-sung von Schattenthemen (Schattenarbeit) beizukommen ist.

Urprinzipieller Bezug: Mars (Aggression), Pluto (Gewalt, Zer-störung, Amok).

Lit.: A, SP, L-S-T.

Auf dem Weg zu Glück, Zufriedenheit und Erfolg

Natürlich ist es im Rahmen eines Buches nicht möglich, alle denkbaren Probleme und Widerstände zu bearbeiten, aber durch die Beachtung der Lebensprinzipien durchaus alle (arche-)typischen. Damit ist eine gewisse Vollständigkeit dennoch erreichbar. Wenn Ihnen nun wesentliche Probleme oder lästige Unsitten fehlen, können Sie sie mir mitteilen, und – wann immer möglich – werde ich sie in eine erweiterte Auflage aufnehmen, ganz ähnlich wie das seit vielen Jahren mit *Krankheit als Symbol* geschieht.

Doch das Ziel dieses Nachschlagewerks ist es natürlich nicht, immer mehr Ärgernisse zu finden, sondern sie im Gegenteil abzubauen. Ihre Widerstände, die zu Beschwerden an das Universum führen, können sich als Ergebnis der Beschäftigung mit diesem Buch tendenziell auflösen, weil Sie erkennen, wie sich Ihre eigene Verantwortung für Ihr persönliches Leben darin widerspiegelt. Sie reiben sich an diesen Problemen dann nicht mehr auf, sondern erkennen, dass Sie Fragen nur falsch gestellt und vor allem falsch adressiert haben; Sie lernen, sie gleich sich selbst zu stellen. So könnten anstelle der Klagen Dankbarkeit und Dankbarsein in Ihr Leben einziehen, und Ihr Einverstandensein mit dem, was ist, wird wachsen. Wer Byron Katies Aufforderung folgt und liebt, was ist, ist einverstanden mit der jeweiligen Wirklichkeit und erkennt darin (s)eine Aufgabe und Herausforderung, die gerade ansteht. So werden Klagen, Beschwerden und Projektionen vergehen zugunsten der

Bereitschaft, vor der eigenen Tür zu kehren. Und den Besen dazu haben Sie jetzt bereits in der Hand. Kehren Sie alles zusammen, und stecken Sie es, wie eingangs beschrieben, in jenen Ofen, der es verbrennt und in wertfreie Energie wandelt, die so wundervoll für konstruktive Entwicklungsprozesse anwendbar ist und zu Ihrer eigenen freien Verfügung steht!

So kann dieses Buch und Nachschlagewerk nicht nur in Krisensituationen helfen und Auswege zeigen, sondern sogar das Leben und die Einstellung dazu verändern im Sinn einer Lebensschule, wie ich sie ja auch in Seminaren anbiete und wie sie sich bewährt hat. Mit Hilfe der *Schicksalsgesetze* als Spielregeln, des *Schattenprinzips* und der *Lebensprinzipien* kann – wer immer mag – vom Verlierer und unzufriedenen Jammerer zum begabten, beschenkten und erfolgreichen Mitspieler werden in Lila, dem kosmischen Spiel, wie die Inder das Leben nennen. Erfolg kommt von folgen, und wenn Sie den Gesetzen folgen und Ihrem eigenen individuellen Weg, wird er nicht ausbleiben, sondern Sie geradezu verfolgen.

Erfolg ist genau wie Gesundheit nicht alles, aber ohne ist alles nichts. Letztlich geht es um Glück, und auch dieses folgt Regeln und Gesetzen und ist erreichbar und mit Hilfe der beschriebenen Auflösung der Widerstände Stück um Stück zu verwirklichen. Das habe ich mit so vielen Patienten und Klienten und mir selbst miterleben dürfen und wünsche es Ihnen von ganzem Herzen.

Ihr Ruediger Dahlke

Anhang

Abkürzungen

A	=	Aggression als Chance
D	=	Depression
G	=	Gewichtsprobleme
GV	=	Die große Verwandlung – wir sterben und werden weiterleben
KS	=	Der Körper als Spiegel der Seele
KSy	=	Krankheit als Symbol
L	=	Lebenskrisen als Entwicklungschancen
LP	=	Die Lebensprinzipien
L-S-T	=	Das Licht- und Schatten-Tagebuch
ME	=	Mythos Erotik
PF	=	Peace Food
PF-K	=	Peace Food Kochbuch
PG	=	Die Psychologie des Geldes
R	=	Raucherbuch
RE	=	Richtig essen
SchwL	=	Schwebend die Leichtigkeit des Seins erleben
SdS	=	Die Spuren der Seele – was Hand und Fuß über uns verraten
SG	=	Die Schicksalsgesetze
SI	=	Der Seeleninfarkt
SP	=	Das Schatten-Prinzip

Veröffentlichungen von Ruediger Dahlke

Neuerscheinungen

Peace-Food-Kochbuch. Gräfe und Unzer • Mythos Erotik – eine Lebenskraft tritt aus dem Schatten. Scorpio • Störfelder und Kraftplätze. Crotona • Geheimnis des Loslassens, Tischaufsteller. Gräfe und Unzer • Das Licht- und Schatten-Tagebuch. Arkana.

Grundlagenwerke

Die Schicksalsgesetze. Spielregeln fürs Leben. Resonanz, Polarität, Bewusstsein. Arkana, 2009 • Das Schatten-Prinzip. Die Aussöhnung mit unserer verborgenen Seite. Arkana, 2010 • Die Lebensprinzipien. Wege zu Selbsterkenntnis, Vorbeugung und Heilung (mit Margit Dahlke). Arkana, 2011 • Die Kraft der vier Elemente (mit Bruno Blum). Crotona, 2011 • Das senkrechte Weltbild (mit Nicolaus Klein). Ullstein, 2005.

Krankheitsdeutung und Heilung

Krankheit als Symbol. Ein Handbuch der Psychosomatik. Symptome, Be-Deutung, Einlösung. C. Bertelsmann, 15. vollständig überarb. u. erweiterte Aufl. 2007 • Seeleninfarkt. Zwischen Burn-out und Bore-out. Scorpio, 2012 • Burnout? Schnelltest & Erste Hilfe. Kartenset. Integral, 2012 • Krankheit als Sprache der Seele. Be-Deutung und Chance der Krankheitsbilder. Goldmann, 2008 • Krankheit als Weg (mit Thorwald Dethlefsen). Goldmann, 2000 • Frauen-Heil-Kunde (mit Margit Dahlke und Volker Zahn). Goldmann, 2003 • Aggression als Chance. Goldmann, 2006 • Depression. Wege aus der dunklen Nacht der Seele. Goldmann, 2010 • Krankheit als Sprache der Kinderseele (mit V. Kaesemann). Goldmann, 2010 • Herz(ens)probleme. Überarb. Neuausgabe Goldmann, 2011 • Das Raucherbuch. Überarb. Neuausgabe, Goldmann, 2011 • Verdauungsprobleme (mit Robert Hößl). Droemer Knaur, 2001.

Weitere Deutungsbücher

Die Spuren der Seele (mit Rita Fasel). Gräfe und Unzer, 2010 • Der Körper als Spiegel der Seele. Goldmann, 2009 • Woran krankt die Welt? Goldmann, 2003 • Die Psychologie des Geldes. Goldmann, 2011.

Krisenbewältigung

Lebenskrisen als Entwicklungschancen. Goldmann, 2002 • Von der großen Verwandlung. Crotona, 2011.

Gesundheit und Ernährung

Peace Food. Wie der Verzicht auf Fleisch und Milch Körper und Seele heilt. Gräfe und Unzer, 2011 • Richtig essen. überarbeitet 2011 (über www.heilkundeinstitut.at) • Das große Buch vom Fasten. Goldmann, 2008 • Die Notfallapotheke für die Seele. Goldmann, 2009 • Mein Programm für mehr Gesundheit. Südwest, 2009 • Vom Mittagsschlaf zum Powernapping. Nymphenburger, 2011 • Ganzheitliche Wege zu ansteckender Gesundheit. Co'med, 2011 • Sinnlich fasten (mit D. Neumayr). Nymphenburger, 2010 • Das große Buch der ganzheitlichen Therapien (Hrsg.). Integral, 2007 • Essens-Glück. Schirner, 2010 • Meine besten Gesundheitstipps. Heyne, 2008 • Entgiften – Entschlacken – Loslassen (über: www.heilkundeinstitut. at) • Fasten: Das 7-Tage-Programm. Südwest, 2011 • Das kleine Buch vom Fasten. Südwest, 2011 • Die wunderbare Heilkraft des Atmens (mit A. Neumann). Heyne, 2009 • Das Gesundheitsprogramm. Ullstein, 2009 • Fasten Sie sich gesund. Irisiana, 2004.

Meditation und Mandalas

Mandalas der Welt. Goldmann, 2012 • Reisen nach Innen. Allegria, 2004 • Meditationsführer: Wege nach innen (mit Margit Dahlke). Schirner, 2005 • Schwebend die Leichtigkeit des Seins erleben. Schirner, 2012 • Arbeitsbuch zur Mandala-Therapie. Schirner, 2010 • Mandala-Malblock. Neptun, 1984.

Worte der Weisheit

Weisheitsworte der Seele. Crotona, 2012 • Worte der Heilung.
Schirner, 2010 • Wage dein Leben jetzt! (über: www.heilkundeinstitut.at) • Worte der Dankbarkeit und des Vertrauens. Schirner,
2011 • Habakuck und Hibbelig (Roman). Allegria, 2004 • Kalender
des Jahres. Südwest.

Geführte Meditationen von Ruediger Dahlke

bei Arkana Audio (Downloads). Die geführten Meditationen
gibt es bei den Verlagen teils nur noch als Download, bei
www.heilkundeinstitut.at gibt es sie alle auch noch als CDs.

Grundlagen: Das Gesetz der Polarität • Das Gesetz der Anziehung •
Das Bewusstseinsfeld • Die Lebensprinzipien – 12 CD-Set • Die
4 Elemente • Elemente-Rituale • Schattenarbeit • Ärger und Wut.

Krankheitsbilder: Allergien • Angstfrei leben • Depression • Frauenprobleme • Hautprobleme • Herzensprobleme • Kopfschmerzen • Krebs • Leberprobleme • Mein Idealgewicht • Niedriger
Blutdruck • Rauchen • Rückenprobleme • Schlafprobleme •
Sucht und Suche • Tinnitus und Gehörschäden • Verdauungsprobleme • Vom Stress zur Lebensfreude.

Allgemeine Themen: Der innere Arzt • Heilungsrituale • Ganz entspannt • Tiefenentspannung • Energie-Arbeit • Entgiften – Entschlacken – Loslassen • Bewusst fasten • Den Tag beginnen •
Lebenskrisen als Entwicklungschance • Partnerbeziehungen •
Schwangerschaft und Geburt • Selbstliebe • Selbstheilung •
Traumreisen • Mandalas • Naturmeditation • Visionen.

Kindermeditationen: Märchenland (Arkana) • Ich bin mein Lieblingstier (Schirner).

Weitere geführte Meditationen und Übungen auf CD

7 Morgenmeditationen. Integral • Die Leichtigkeit des Schwebens.

Integral • Die Psychologie des Geldes (Übungen). LangenMüller •
Die Notfallapotheke für die Seele (Übungen). LangenMüller • Die
Heilkraft des Verzeihens. Integral • Eine Reise nach Innen. Aris-
ton • Erquickendes Abschalten mittags und abends. Integral •
Schutzengel-Meditationen. Integral.

Hörbücher

Körper als Spiegel der Seele. Gräfe und Unzer • Von der großen Verwandlung. Lagato • Krankheit als Weg • Die Spuren der Seele –
was Hand und Fuß über uns verraten.

Vorträge von Ruediger Dahlke auf CD

(alle Buchthemen) über: www.heilkundeinstitut.at

Filme

über Ruediger Dahlke: Unser Biogarten • Videobooks: DVD I: Geistige Gesetze – Spielregeln für ein glückliches Leben • DVD II: Krankheitsbilder – Die Sprache der Seele und ihre Bedeutung • DVD III:
Integrale Medizin – Therapien aus ganzheitlicher Sicht (alle bei www.
heilkundeinstitut.at).

mit Ruediger Dahlke: Am Anfang war das Licht • Awake • Der Heiler • Hesse – sein erstes Paradies (über www.heilkundeinstitut.at).

Adressen

Informationen zu Seminaren, Ausbildungen, Trainings, Vorträgen

Heil-Kunde-Institut Graz, Oberberg 92, A-8151 Hitzendorf

Telefon: +43-316-719 88 85, Telefax: +43-316-719 88 86

www.dahlke.at

E-Mail: info@dahlke.at

Seminar- und Gesundheits-Zentrum TamanGa – Regenerationsferien und Seminare mit Ruediger Dahlke und anderen Referenten

(25 Minuten vom Airport Graz)

Labitschberg 4, A-8462 Gamlitz

Telefon: +43-3453-33 600

www.taman-ga.at

Psychotherapien, Beratungen

Heil-Kunde-Zentrum Johanniskirchen

Schornbach 22, 84381 Johanniskirchen

Telefon +49-(0)85 64-819, Telefax: +49-(0)85 64-14 29

www.dahlke-heilkundezentrum.de

E-Mail: hkz-dahlke@t-online.de

Informationen zur Arbeit von Ruediger Dahlke

www.dahlke.at

Dahlke-Seminar-Zentrum: www.taman-ga.at

Internetportal: www.mymedworld.cc

Webshop: www.heilkundeinstitut.at

Register

Im Einklang mit den vielen Facetten der Seele

320 Seiten. ISBN 978-3-442-33881-8

Der Erfolgsautor Ruediger Dahlke nimmt uns mit auf eine Reise in das Schattenreich der menschlichen Seele. Wenn wir uns mit unseren verborgenen und ungelebten Seiten aussöhnen, können wir unser Potenzial entfalten und ganz werden.

Mit zahlreichen Übungen und Meditationen auf CD

arkana

Das Meisterwerk über Lebensweisheit

368 Seiten. ISBN 978-3-442-33856-6

Ruediger Dahlke beleuchtet alle geistigen Gesetze des Lebens. Wer diese Regeln kennt, lebt im Einklang mit dem Kosmos und kann sich unnötiges Leid ersparen. Ein Buch für alle, die den Weg zu einem tiefen Verständnis unseres Daseins entdecken wollen.

arkana

Das große Werk zu den zentralen Bausteinen des Lebens

736 Seiten. ISBN 978-3-442-33893-1

Ruediger Dahlke präsentiert die zwölf Ursprungsprinzipien, auf die sich alle Phänomene des Lebens zurückführen lassen. Aus diesen Archetypen können wir vieles über uns und den Kosmos lernen. Ruediger Dahlke zeigt, wie wir die Lebensprinzipien nutzen können, um im Einklang mit unserem Inneren und unserer Umwelt zu leben, Krankheiten vorzubeugen und Heilung zu erfahren.

arkana